KB126560

임베디드시스템 프로그래밍

EMBEDDED SYSTEMS PROGRAMMING

임베디드시스템 프로그래밍

EMBEDDED SYSTEMS PROGRAMMING

장춘서 지음

카오스북
CHAOS BOOK

[저자 약력]

장춘서 금오공과대학교 컴퓨터공학과 교수

임베디드시스템 프로그래밍

EMBEDDED SYSTEMS PROGRAMMING

펴낸날   2015년 3월 10일 초판 1쇄
지은이   장춘서
펴낸이   오성준
펴낸곳   카오스북
주소   경기도 파주시 문발동 507-9번지
출판등록   제 406-2012-000111호
전화   031-949-2765
팩스   031-949-2766
홈페이지   www.chaosbook.co.kr
편집   디자인 콤마
ISBN   978-89-98338-64-0 93000
정가   25,000원

머리글

본 교재에서는 임베디드 시스템의 기본 구조 및 동작 방식을 이해하고 리눅스 기반 임베디드 시스템 개발을 위한 크로스 개발 환경과 디바이스 드라이버 및 응용 프로그래밍 기법을 다루었다. 아울러 센서 네트워크 및 소형 운영체제를 이해하고 센서 네트워크에서의 다양한 응용 프로그래밍 예를 함께 다루었다.

이를 위하여 1장에서는 임베디드 시스템 구성 및 임베디드 시스템 개발에 필요한 리눅스 주요 명령어, 쉘 스트립트, 리눅스 make 기능과 리눅스 커널 소스에 대해 설명하였다. 2장에서는 리눅스 기반 임베디드 시스템의 크로스 개발 환경을 위한 툴체인 설치, 부트로더 및 NFS와 리눅스 파일 시스템에 대해 다루었다. 3장에서는 임베디드 시스템에 가장 많이 사용되는 CPU 코어인 ARM 프로세서의 구조, 동작 및 명령어 세트와 PXA 시리즈 프로세서에 대해 설명하였다. 4장에서는 임베디드 리눅스 기본 프로그래밍 예를 설명하였고 5장에서는 임베디드 리눅스 디바이스 드라이버 프로그래밍 예를 6장에서는 인터럽트를 사용하는 디바이스 드라이버 예를 다루었다.

7장에서는 센서 네트워크 및 소형 운영체제의 이해를 위해 Zigbee 네트워크와 Nano QPlus 기술로써 Nano Qplus 주요 API와 개발환경에 대해 설명하였다. 8장에서는 저전력 센서 노드에 많이 사용되는 AVR 계열 ATmega128의 구조, 명령어 세트, 인터럽트, 병렬 I/O 포트, 시리얼 포트, 타이머/카운터, A/D 컨버터 등을 다루어 센서 네트워크 응용 프로그램 개발에 적용할 수 있도록 하였다. 9장에서는 센서노드 기본 응용 프로그래밍 예를 다루고 10장에서는 여러 개의 센서노드로 구성된 센서 네트워크 환경에서의 응용 프로그래밍 예를 설명하였다. 이 교재를 통하여 리눅스 기반 임베디드 시스템을 위한 응용 프로그래밍 작성과 센서 네트워크 시스템에 대한 이해 및 활용 능력을 키울 수 있기를 바란다.

2015년 2월
저자 장춘서

목차

임베디드 시스템 및 임베디드 리눅스

1-1 | 임베디드 시스템 구성

임베디드 시스템(embedded system)은 내장형(embedded) 시스템이라고도 하며 내부에 CPU(마이크로프로세서), 메모리, 입출력 포트를 가지고 있어 특정한 기능을 수행한다. 즉 임베디드 시스템은 미리 정해진 특정한 기능들을 수행하기 위한 컴퓨터 시스템이 내부에 들어있는 기기라 할 수 있다. 임베디드 시스템은 내부에 컴퓨터 시스템 기능은 가지고 있으나 일반 컴퓨터로서의 기능이 아닌 특정한 용도만 가지고 있다는 점에서 개인용 컴퓨터 등 일반 컴퓨터와 구분된다(단 스마트폰은 음성 및 데이터 통신이 주 기능이므로 임베디드 시스템으로 볼 수 있으나 기능이 미리 한정되어 있지 않고 다양한 응용 프로그램을 설치할 수 있어 일반 컴퓨터의 기능도 가지고 있는 점에서 특수한 경우라 하겠다).

임베디드 시스템의 범위는 가정용, 산업용, 의료용 등 대단히 넓다. 임베디드 시스템의 예로 디지털 TV, 냉장고, 세탁기, 전기밥솥 등 주위에서 흔히 볼 수 있는 가정용 제품을 포함하여 초고속 모뎀을 비롯한 각종 네트워크 장비, 자동차 내부의 제어 장비, 산업용 제어 장비, 의료용 진단 장비 등 무수히 많은 경우를 들 수 있다.

임베디드 시스템용 프로세서

임베디드 시스템의 핵심인 프로세서는 단순한 기능을 가지는 경우 8비트 이하의 저기능 프로세서가 주로 사용되고 고급 기능의 임베디드 시스템 경우는 32비트 이상의 고기능 프로세서가 주로 사용된다. 32비트급 임베디드 시스템용 프로세서로는 ARM(Advanced RISC Machine) 계열 프로세서가 대표적이고 8비트급 프로세서로는 ATmel AVR 시리즈가 대표적이다.

ARM 계열 프로세서는 32비트 ARM CPU를 코어로 하여 시스템 구성에 필요한 여러 주변 모듈을 칩에 내장한 형태이다(최근 ARM 프로세서 버전은 64비트 구조도 사용된다). 칩에 포함되는 주요 모듈로는 메모리 컨트롤러, 인터럽트 컨트롤러, 타이머/카운터, LCD 컨트롤러, 네트워크 컨트롤러, USB 컨트롤러 등이 있으며, 이외에도 센서 신호와 같은 아날로그 신호의 디지털 변환을 위해 A/D 컨버터 등이 포함되기도 한다.

8비트급 임베디드용 프로세서로는 ATmel AVR 시리즈가 널리 사용되며 이 프로세서는 하나의 칩에 시스템 구성에 필요한 주요 모듈이 모두 포함되어 있는 마이크로 컨트롤러이다. 즉 하나의 칩으로 시스템 구성이 가능한 SOC(System on Chip)이다. AVR 시리즈는 칩 내부에 플래시 메모리가 있어 PC에서 작성한 프로그램 코드를 쉽게 칩 내부로 보내어 실행할 수 있다는 편리한 점이 있다. 내부에 포함된 주요 모듈로는 타이머/카운터, 인터럽트 컨트롤러, 병렬 입출력 포트, 직렬 입출력 포트, A/D 컨버터 등이 있어 다양한 용도로 쉽게 시스템을 구성해 사용할 수 있다. AVR 시리즈는 RISC 구조의 CPU를 갖춰 8비트급으로는 성능이 비교적 좋은 편이며 파워 절약 모드를 제공하는 등 전력 소모가 낮다. 따라서 배터리로 동작하는 소형 무선 센서노드 등에의 이용에도 적합하다. AVR 시리즈의 대표적인 예로 ATmega128 프로세서 등이 있다.

임베디드 시스템용 운영체제

단순한 기능의 임베디드 시스템은 내부에 운영체제 없이도 프로그램을 순차적으로 실행하다가 중간 중간에 인터럽트가 발생하면 이를 처리하면 된다. 그러나 현재 대부분의 임베디드 시스템은 다양한 고기능을 제공하여야 하므로 운영체제가 내장되는 경우가 많다. 이때 임베디드 시스템에 내장되는 운영체제는 사용 용도에 따라 실시간(real time)성이 필요한 경우와 그렇지 않은 경우로 구분할 수 있다.

실시간성이 필요한 임베디드 시스템의 경우 실시간 운영체제(RTOS: real time OS)가 사용되어야 하는데, 이는 정해진 시간 내에 주어진 작업을 처리하여 시스템이 결과를 출력할 수 있도록 하는 운영체제를 말한다. 즉 주어진 작업을 단순히 빨리 처리하기보다는 정해진 시간 안에 처리를 완료한다는 의미이다. 이를 위해 실시간 운영체제는 시스템 응답 속도, 인터럽트(interrupt) 처리속도, 확장성 등에서 우수한 성능을 가지도록 설계되며, 모듈화, 선점형 멀티태스킹, 스케줄링, 통합개발환경 등이 지원되어야 한다.

이와 같이 실시간이 중요시 되는 시스템을 하드 실시간 시스템(hard real-time system)이라고도 하며 이 경우는 정해진 시간 내에 작업한 결과가 반드시 출력되어야 하는 시스템이다. 이런 시스템의 예로는 산업장비 제어시스템, 비행기의 비행제어시스템 등 전통적 제어 시스템이 있고 응답시간이 정해진 한계를 초과하면 치명적인 결과가 생기는 경우이다.

반면 스마트폰을 비롯한 정보단말기나 가정용 전자제품의 경우 하드 실시간 시스템과는 달리 엄밀한 실시간성이 요구되는 것은 아니다. 따라서 이러한 임베디드 시스템의 경우 리눅스나 MS 윈도우즈 같은 비실시간 운영체제를 주로 사용한다. 임베디드 시스템에 사용되는 리눅스를 임베디드 리눅스라 하며 기본적으로 일반 리눅스에 기반을 두고 일부 실시간성을 추가하거나 일반 리눅스의 기능 중에서 해당 임베디드 시스템에 필요한 기능만 추려내어 커널 크기를 줄이고 최적화한 것이다(스마트폰의 운영체제인 안드로이드도 일반 리눅스에 기반을 둔 것이다).

1-2 │ 리눅스 디렉터리 구조

임베디드 리눅스는 일반 리눅스와 기본적인 내용에서는 동일하다. 일반 리눅스의 주요 디렉터리의 내용은 다음 그림 1-1과 같다.

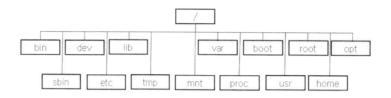

그림 1 -1   리눅스 주요 디렉터리 구조

- /

  리눅스 최상위 디렉터리(root 디렉터리)이다. 이 디렉터리 아래로 하위의 모든 디렉터리가 생성된다.

- **/bin**

  리눅스 기본 명령어들이 위치하는 디렉터리이다. 사용자들이 주로 사용하는 실행 명령어(예: cp, mv, vi) 들이 이 디렉터리에 포함되어 있다.

- **/sbin**

  리눅스 시스템 관리에 필요한 명령어가 위치하는 디렉터리이다.

- **/dev**

  각 디바이스(device)에 대한 디바이스 파일이 위치하는 디렉터리이다.

- **/etc**

  리눅스 환경 설정에 필요한 파일들(예: 비밀번호 파일, 네트워크 환경 설정 파일, 부트로더 환경 설정 파일 등)이 위치하는 디렉터리이다.

- **/usr**

  리눅스 응용프로그램, 시스템 파일, 각종 패키지 및 이들을 위한 라이브러리 파일 등이 위치하는 디렉터리이다. 시스템상에서 가장 큰 공간이 필요하다.

- **/root**

  사용자 ID가 root인 수퍼유저(관리자)의 홈 디렉터리이다.

- **/opt**

  사용자가 나중에 추가로 설치하는 패키지가 위치하는 디렉터리이다. 리눅스 설치 초기에는 비어 있다.

- **/lib**

  리눅스 기본 라이브러리(공유라이브러리, 커널 모듈 등)가 위치하는 디렉터리이다.

- **/mnt**

  임시로 마운트 되는 파일시스템들이 위치하는 디렉터리이다. CD-ROM 드라이브 경우 /mnt/cdrom, USB 메모리 경우 /mnt/usb 식으로 사용된다.

- **/proc**

  프로세스와 시스템 관련 정보를 제공하기 위한 목적의 가상 파일시스템을 위한 디렉터리이다. 가상 파일시스템이므로 여기에 있는 파일들은 일반 파일들과는 달리 실제 하드디스크에 위치하는 것은 아니다.

- **/var**

  내용과 크기가 자주 변경되는 파일들(예: 각종 로그 파일, 메일 임시 파일 등)이 저장되는 디렉터리이다.

- **/boot**

  부팅에 필요한 파일들이 위치하는 디렉터리이다. 따라서 리눅스 커널 이미지도 이 디렉터리에 위치한다.

- **/tmp**

  프로세스 실행 시 발생되는 임시 파일을 저장하기 위한 디렉터리이다.

- **/home**

  일반 사용자들의 홈 디렉터리이다. 사용자를 추가하면 이 디렉터리에 사용자 ID와 동일한 이름의 하위 디렉터리가 생성된다.

1-3 | 리눅스 주요 명령어

- **cat**: 텍스트 파일 내용을 화면에 출력한다(별도의 언급이 없는 한 이 절에서의 화면은 사용자가 리눅스에 로그인 한 후 실행한 터미널 프로그램 화면을 의미한다).

    💬 **예:** cat test.c → test.c 파일 내용을 화면에 출력한다.

- **cd:** 디렉터리를 이동한다.

    💬 **예:** cd /usr/bin → 현 디렉터리에서 /usr/bin 디렉터리로 이동

- **chmod:** 파일이나 디렉터리의 퍼미션(permission)을 설정한다.(change mode) 이때 퍼미션은 소유자(owner), 그룹(group), 그 외 사용자(others) 이상 세 가지 경우에 대해 각각 읽기(read), 쓰기(write), 실행(execute) 권한을 이진수로 표시한다. 즉 해당 파일이나 디렉터리에 대해 읽기 권한만 부여하려면 이진수로 100(=4), 쓰기 권한만 부여하려면 이진수로 010(=2), 실행 권한만 부여하려면 이진수로 001(=1)이 된다. 읽기와 쓰기 권한만 부여하려면 이진수로 110(=6)이 되고 읽기/쓰기/실행 권한 모두를 부여하려면 이진수로 111(=7)이 된다. 이때 각 권한의 표시는 소유자(owner), 그룹(group), 그 외 사용자(others) 순으로 나타낸다. 즉 파일 aaa에 대해 소유자(owner)에게만 읽기/쓰기 권한을 부여하는 경우 소유자(owner)의 퍼미션은 6, 그룹(group)은 0, 그 외 사용자(others)도 0이므로 이 파일의 퍼미션은 600이 된다. 디렉터리의 경우 쓰기 권한은 해당 디렉터리에 새로운 파일이나 하위 디렉터리를 생성할 수 있다는 의미이고 실행 권한은 해당 디렉터리 내부를 검색할 수 있다는 의미이다.

    chmod 명령은 위에서 설명한 숫자로 권한을 나타내는 방식 외에도 문자를 사용하는 방식도 있다. 즉 소유자에게 읽기 권한을 부여하기 위해서는 u+r을, 쓰기 권한을 부여하기 위해서는 u+w를, 실행 권한을 부여하기 위해서는 u+x를 사용한다. 그룹에게 읽기 권한을 부여하기 위해서는 g+r을 사용하고, 그 외 사용자(others)에게 쓰기 권한을 부여하기 위해서는 o+w를 사용하면 된다. 권한 제거를 위해서는 o−w 식으로 '−' 기호를 사용한다(o−w는 그 외 사용자(others)에게 쓰기 권한을 제거한다는 의미이다).

    💬 **예:** chmod 666 test.dat → 파일 test.dat에 대해 퍼미션을 666으로 설정한다(즉 모든 사용자가 해당 파일을 읽기/쓰기 할 수 있다).

    💬 **예:** chmod 700 exam2 → 파일 exam2에 대해 퍼미션을 700으로 설정한다(즉 이 파일의 소유자에게만 읽기/쓰기/실행 권한을 부여한다).

🗨예: chmod 755 exam3 → 파일 exam3에 대해 퍼미션을 755로 설정한다(즉 이 파일의 소유자는 읽기/쓰기/실행 권한을 모두 갖지만 나머지 사용자들은 읽기와 실행 권한만 가지며 해당 파일 내용을 수정할 수 없다).

🗨예: chmod u+rw exam4 → 파일 exam4의 소유자에게 읽기/쓰기 권한을 부여한다.

🗨예: chmod +x exam5 → 파일 exam5의 소유자에게 실행 권한을 부여한다.

그림 1-2에 'chmod 666 test.dat' 명령과 'chmod 700 exam2' 명령의 실행 화면 예를 보였다. 파일 test.dat와 exam2의 퍼미션이 주어진 대로 변화함을 볼 수 있다. 즉 파일 test.dat는 명령 실행 전 그 외 사용자(others)에게 읽기 권한만 있었으나 쓰기 권한도 추가되었고, 파일 exam2는 명령 실행 전 그룹에 읽기/쓰기 권한, 그 외 사용자(others)에게 읽기 권한이 있었으나 모두 삭제되었고 소유자는 읽기/쓰기 권한만 있다가 실행 권한도 추가되었다.

- **chgrp:** 파일이나 디렉터리의 그룹을 변경한다(이는 관리자만 실행 할 수 있는 명령이다).

  🗨예: chgrp project2 exam4 → 파일 exam4의 그룹을 project2로 변경한다(관리자 즉 root 계정에서만 실행할 수 있다).

- **chown:** 파일이나 디렉터리의 소유자를 변경한다(이는 관리자만 실행할 수 있는 명령이다).

  🗨예: chown gildong exam5 → 파일 exam5의 소유자(owner)를 gildong으로 변경한다(관리자 즉 root 계정에서만 실행할 수 있다).

- **cp:** 파일이나 디렉터리를 복사한다. 소스가 파일이고 목적지가 디렉터리일 경우 해당 디렉터리로 파일이 복사된다.

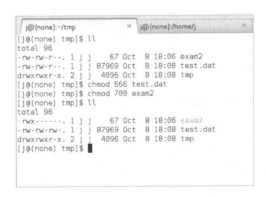

그림 1-2 chmod 명령의 실행 화면 예

예: cp test1.c test2.c → test1.c 파일내용을 파일 test2.c로 복사한다(새로운 파일 test2.c가 생긴다).

예: cp test3.c test_dir → test3.c 파일을 디렉터리 test_dir로 복사한다.

예: cp −r test_dir2/* test_dir3 → 디렉터리 test_dir2에 있는 모든 내용을 디렉터리 test_dir3로 복사한다(옵션 −r(recursive)은 하위 디렉터리까지 모두 포함하라는 의미).

- **df**
  하드디스크의 현재 사용량 및 남아 있는 용량을 파일시스템 별로 표시한다.

- **dmesg**
  커널 메시지를 화면에 출력한다. 주로 부팅 시 출력된 메시지를 볼 때 사용한다.

  예: dmesg | more : 한 화면씩 커널 메시지를 화면에 출력한다.

[참고]

리눅스에서 PC에 설치된 하드디스크의 디바이스 이름은 보통 첫 번째 하드디스크에 sda(또는 hda), 두 번째 하드디스크 sdb(또는 hdb) 식으로 부여한다. 디바이스 파일은 /dev 디렉터리에 위치하므로 /dev/sda, /dev/sdb가 하드디스크의 디바이스 파일의 실제 위치이다(hda나 hdb는 과거에 사용하던 병렬 IDE 타입 하드디스크의 디바이스 이름이다). 각 하드디스크에는 최대 4개까지 주파티션(primary partition)을 둘 수 있다. 만일 하나의 하드디스크에 4개 이상의 파티션이 필요하면 파티션 1개를 주파티션 대신 확장 파티션(extended partition)으로 설정하고 여기에 최대 12개까지의 논리 파티션을 생성할 수 있다.

fdisk 명령으로 하드디스크에 파티션을 생성하면 /dev/sda1, /dev/sda2, /dev/sda3 ... 식으로 파티션 번호가 매겨진다. 각 파티션에는 리눅스 파일시스템을 만들어야 사용할 수 있으며, 이때 아래 설명할 mkfs 명령을 사용한다. 파일시스템이 만들어지면 해당 파티션 내에 각종 디렉터리와 파일들이 생성/수정/삭제 될 수 있으므로 파일시스템을 만드는 명령 mkfs는 마이크로소프트 윈도우즈에서의 format 명령과 기능이 같다고 하겠다.

파일시스템은 만들어진 후 특정 디렉터리에 마운트 되어야 비로소 사용할 수 있다. 이때 사용하는 명령이 mount이며 사용법은 아래에 나온다.

마이크로소프트 윈도우즈에서는 디스크 파티션을 포맷하면(리눅스 용어로는 파일시스템을 만들면)자동으로 드라이브 이름(C: , D: , E: ..... 등)이 부여되어 바로 사용할 수 있는 반면, 리눅스에서는 파일시스템을 만들어도 디렉터리에 마운트 시켜야만 사용할 수 있는 점이 다르다.

- **fdsik**

  하드디스크 파티션을 생성/변경/삭제하는 명령

  🗨️**예:** fdisk /dev/hdb → 두 번째 하드디스크에 대해 파티션 설정을 한다. 실행 후 화면에서 fdisk의 각종 명령을 사용하여 파티션 관련 작업한다.

- **ifconfig**

  네트워크 인터페이스의 각 항목(IP 주소, 네트워크 마스크, 게이트웨이 주소 등)을 설정하거나 설정된 상태를 보여준다.

  🗨️**예:** ifconfig → 현 네트워크 인터페이스 상태를 보여준다. 여기에는 IP 주소, 하드웨어 MAC 주소, 송수신된 패킷 수, 사용되는 인터럽트 번호 등이 포함된다. 다음 그림 1-3은 ifconfig 명령의 실행 예이다. 여기서 'lo'는 항상 호스트 자신을 가리키는 가상 로컬 인터페이스로 IP 주소 127.0.0.1을 가진다. 네트워크 인터페이스 이름은 첫 번째 이더넷 카드일 경우 eh0, 두 번째 이더넷 카드일 경우 eh1 … 식으로 된다.

[참고]

터미널 화면에서 위의 ifconfig 명령보다 더 편리하게 IP 주소 등 네트워크 인터페이스의 각 항목을 설정할 수 있는 명령으로 system-config-network이 있다. 페도라 계열 리눅스에서 지원하며 만약 자신의 시스템에 설치가 되어있지 않다면 아래 명령으로 설치 할 수 있다(yum 명령은 다음 절에서 상세히 설명한다).

그림 1-3   IFCONFIG의 실행 예

```
yum install system-config-network
```

다음 그림 1-4은 터미널에서 실행한 화면 예이다. 이 화면에서 직접 IP 주소, 네트워크 마스크, 게이트웨이 주소, DNS 서버 주소 등을 입력 할 수 있다.

- **ls:** 현 디렉터리나 지정된 디렉터리에 있는 파일이나 하위 디렉터리를 보여준다. 상세한 내용을 보기 위해서는 −l 옵션을 붙이거나 ll 명령을 사용하면 된다. ll 명령을 사용하면 해당 디렉터리에 있는 파일이나 하위 디렉터리의 퍼미션, 소유자 및 그룹, 크기, 생성 날짜 등을 모두 보여준다.

  🗩**예:** ls /test → 디렉터리 /test의 내용을 표시한다.

  🗩**예:** ls −l a* → 현 디렉터리에서 a로 시작하는 모든 파일이나 디렉터리를 상세하게 보여준다.

  🗩**예:** ll → 현 디렉터리 내용을 상세하게 보여준다.

- **man:** 리눅스 명령, 함수, 유틸리티 등에 관한 기능 및 사용법을 보여주는 명령이다.

  🗩**예:** man ls → ls 명령의 매뉴얼(사용법)을 보여준다.

- **mkdir:** 디렉터리를 생성한다.

  🗩**예:** mkdir aaa → 디렉터리 aaa를 생성한다.

- **mke2fs:** 타입 ext2로 파일시스템을 만들어준다(이 명령에는 파일시스템 타입을 나타내는 t 옵션이 필요 없다).

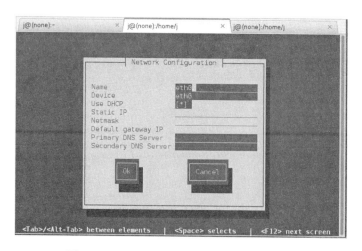

그림 1-4 system-config-network 실행한 화면 예

     💬**예**: mke2fs /dev/sda2 → 첫 번째 하드디스크의 두 번째 파티션에 타입 ext2로 파일 시스템을 만든다.

- **mkfs**: 파일시스템을 만들어 준다(make file system).

     💬**예**: mkfs −t ext3 /dev/sda3 → 첫 번째 하드디스크의 세 번째 파티션에 타입 ext3 로 파일시스템을 만든다. t 옵션은 파일시스템 타입을 나타낸다.

- **more**: 텍스트 내용을 한 화면씩 출력한다(다음 화면을 보려면 [스페이스] 키를 누른다).

     💬**예**: more aa1.c → aa1.c 내용을 한 화면씩 출력한다.

     💬**예**: ll | more → ll 명령(또는 ls −l 명령)의 결과를 한 화면씩 출력한다(여기서 '|'는 파이프 기능으로써 앞 명령의 수행 결과를 받아 다음 명령의 입력으로 전달해 준다).

- **mount**: mount 명령은 하드디스크, CD-ROM, USB 메모리 등 블록 디바이스에 있는 파 일시스템을 리눅스 디렉터리에 연결해 사용자가 이에 접근할 수 있도록 해준다. 마운트 시 킨 디바이스와의 연결을 끊을 때는 언마운트 동작 명령인 umount를 사용한다.

     💬**예**: mount /dev/cdrom /mnt/cdrom → CD-ROM을 디렉터리/mnt/cdrom에 마운 트 시킨다. 이때부터 CD-ROM 내용을 액세스할 수 있다.

     💬**예**: umount /mnt/cdrom → 디렉터리/mnt/cdrom에 마운트된 디바이스를 언마운 트(unmount) 시킨다. umount 명령 사용 시는 디바이스 이름을 지정하지 않아 도 된다.

- **mv**: 파일을 디렉터리 사이에서 이동시키거나 파일/디렉터리 이름을 변경한다.

     💬**예**: mv test.dat /tmp → test.dat 파일을 /tmp 디렉터리로 이동한다.

     💬**예**: mv test.dat test2.dat → test.dat 파일 이름을 test2.dat로 변경한다.

     💬**예**: test1_dir test2_dir → 디렉터리 test1_dir의 이름을 디렉터리 test2_dir로 변경 한다.

- **ping**: 목적지까지의 TCP/IP 네트워크 연결 상태를 테스트하는 데 사용한다. 일정 개수의 패킷을 보내어 돌아오는 시간, 손실된 패킷 수 등을 표시해 준다. 100% 패킷 손실이 발생하 면 목적지와 연결이 끊어진 경우이다.

     💬**예**: ping 202.31.186.33 → IP 주소 202.31.186.33과의 TCP/IP 네트워크 연결을 테

스트한다.

- **ps:** 현재 프로세스 상태를 보여준다.

  🔊**예:** ps −A → 모든 프로세스 상태를 보여준다. 결과는 보통 한 화면 크기보다 크므로 파이프를 사용해 ps −A | more 식으로 사용한다.

  🔊**예:** ps −aux → 각 프로세스 사용자 이름, 프로세스 시작 시간 등 상세한 전체 프로세스 정보를 보여준다. 그림 1-5에 실행 화면 예를 보였다.

여기서 USER는 프로세스 소유자 이름, PID는 프로세스 ID, %CPU는 해당 프로세스가 CPU를 사용하는 비율, %MEM은 해당 프로세스가 메모리를 사용하는 비율, VSZ는 프로세스가 사용하는 가상 메모리 크기, TTY는 프로세스가 실행된 터미널 이름, STAT는 프로세스의 현재 실행 상태를 각각 나타낸다. STAT가 R(running)이면 현재 실행되고 있는 상태, S(sleeping)이면 현재 잠시 중단 중인 상태, T는 종료된 상태를 각각 나타낸다.

- **rm:** 파일이나 디렉터리를 삭제한다. 단 디렉터리 삭제 시에는 −r(recursive) 옵션을 붙인다.

  🔊**예:** rm aa1.* → aa1. 로 시작하는 모든 파일(예:aa1.c, aa1.h, aa1.o 등)을 삭제한다.

  🔊**예:** rm −r temp_dir → 디렉터리 temp_dir를 삭제한다(비어 있지 않은 디렉터리라도 삭제할 수 있으나 각 파일마다 삭제 여부를 일일이 물어본다. 무조건 한 번에 디렉터리를 삭제하려면 'rm −rf 디렉터리 이름' 식으로 −rf 옵션을 붙이면 되지만 리눅스에서 이런 식으로 삭제되면 보통 복구가 불가능하므로 신중해야 한다).

```
[j@(none) dev]$ ps -aux
Warning: bad syntax, perhaps a bogus '-'? See /usr/share/doc/procps-3.2.8/FAQ
USER       PID %CPU %MEM    VSZ   RSS TTY      STAT START   TIME COMMAND
root         1  0.0  0.7   9752  7376 ?        Ss   05:02   0:02 /usr/lib/systemd/systemd
root         2  0.0  0.0      0     0 ?        S    05:02   0:00 [kthreadd]
root         3  0.0  0.0      0     0 ?        S    05:02   0:00 [ksoftirqd/0]
root         5  0.0  0.0      0     0 ?        S    05:02   0:00 [kworker/u:0]
root         6  0.0  0.0      0     0 ?        S    05:02   0:00 [migration/0]
root         7  0.0  0.0      0     0 ?        S    05:02   0:02 [watchdog/0]
root         8  0.0  0.0      0     0 ?        S<   05:02   0:00 [cpuset]
root         9  0.0  0.0      0     0 ?        S<   05:02   0:00 [khelper]
root        10  0.0  0.0      0     0 ?        S    05:02   0:00 [kdevtmpfs]
root        11  0.0  0.0      0     0 ?        S<   05:02   0:00 [netns]
root        12  0.0  0.0      0     0 ?        S    05:02   0:00 [sync_supers]
root        13  0.0  0.0      0     0 ?        S    05:02   0:00 [bdi-default]
root        14  0.0  0.0      0     0 ?        S<   05:02   0:00 [kintegrityd]
root        15  0.0  0.0      0     0 ?        S<   05:02   0:00 [kblockd]
root        16  0.0  0.0      0     0 ?        S<   05:02   0:00 [ata_sff]
root        17  0.0  0.0      0     0 ?        S    05:02   0:01 [khubd]
root        18  0.0  0.0      0     0 ?        S<   05:02   0:00 [md]
root        25  0.0  0.0      0     0 ?        S    05:02   0:00 [kworker/u:1]
root        36  0.0  0.0      0     0 ?        S    05:02   0:02 [kswapd0]
root        37  0.0  0.0      0     0 ?        SN   05:02   0:00 [ksmd]
```

그림 1-5 ps −aux 명령 실행 화면 예

- **rmdir:** 비어 있는 디렉터리를 삭제한다(디렉터리에는 파일과 하위 디렉터리 등 수많은 내용이 있을 수 있으므로 보호 차원에서 디렉터리 삭제 전에는 내용을 직접 비워야 한다).

   💬예: rmdir aaa → 비어 있는 디렉터리 aaa를 삭제한다.

- **rpm:** RPM(RedHat Package Manager)형태의 파일(확장자 .rpm)을 풀어 설치하고 관리할 수 있게 해주는 패키지 관리 프로그램이다. 레드햇(페도라) 계열 리눅스에서 주로 사용한다. 이를 사용하면 rpm 형태의 파일로 묶여 있는 프로그램(패키지)을 쉽게 설치/업데이트/삭제할 수 있다.

   단 rpm의 단점은 패키지 의존성 문제이다. 예로 A라는 rpm 패키지를 설치하기 위해서 B라는 rpm 패키지가 필요한 경우가 있으며 이런 경우 사용자가 직접 B라는 rpm 패키지를 찾아서 먼저 설치해 주어야 한다. 이러한 단점을 해결 한 것이 뒤에 나오는 yum 명령이다. 단 yum 명령은 레드햇(페도라) 계열 리눅스에서 제공한다.
   rpm 명령에서의 주요 옵션은 다음과 같다.

- **rpm −i:** 설치(install) 옵션

- **rpm −qa:** 질의(query) 옵션(a는 모든 패키지를 조사하라는 'all' 의미)

- **rpm −U:** 업데이트(update) 옵션

- **rpm −ih:** 설치 시 얼마나 진행되었나 하는 표시를 "#"를 사용해 알려준다.

- **rpm −iv:** 설치 파일 이름 등 진행 상황을 상세히(verbose) 보여준다.

- **rpm −e:** 제거(erase) 옵션

- **rpm −V:** 검증(verify) 옵션

   💬예: rpm −ih aaa.rpm → 파일 aaa.rpm을 풀어 설치한다. 설치 시 얼마나 진행되었나 하는 진행상황 표시를 '#'를 사용해 보여준다.

   💬예: rpm −qa → 시스템에 설치된 전체 rpm 패키지를 화면에 출력한다. 내용이 많을 경우 'rpm −qa | more' 하면 한 화면씩 볼 수 있다.

   💬예: rpm −qa | grep tftp → TFTP 프로그램인 'tftp'가 설치되어 있는지 확인한다. rpm −qa 를 통해 시스템에 설치된 전체 rpm 패키지가 출력되게 하고, 이 결과를 파이프를 통해 grep 명령으로 보내어 그중 tftp 문자열이 들어간 부분만 화면에 출력한다.

일반적인 rpm 패키지라면 앞에서 언급한 yum 명령(다음 절에서 설명)을 사용하는 것이 더 편리하다. yum도 rpm과 마찬가지로 레드햇(페도라) 계열 리눅스에서 사용하는 패키지 자동 설치 및 업데이트 명령이다. 예를 들어

```
yum install '패키지 이름'
```

식으로 사용하여 주어진 패키지를 설치한다. rpm의 단점인 패키지 의존성 문제가 없고 인터넷 연결만 되면 자동으로 패키지를 다운로드하여 설치하므로 더욱 편리하다(단, yum 으로 설치가 안되는 패키지도 있으며 이런 경우는 직접 rpm 파일을 구해서 rpm 으로 설치 해야 한다).

- **shutdown:** 리눅스 시스템을 종료한다.

  🐾**예:** shutdown −r now → 셧다운 후 다시 리부팅한다.
  🐾**예:** shutdown −h now → 셧다운 하면서 PC 파워를 OFF한다.

- **su:** substitute user 의미로서 다른 사용자로 바꾸어 쉘(shell)을 새롭게 시작한다. 명령어 다음에 사용자 ID가 생략되면 관리자, 즉 root로 바꾼다는 의미이다.

  🐾**예:** su proj → 사용자 ID를 proj로 사용자 쉘을 새롭게 시작한다. 즉 사용자를 바꾼다.

- **uname:** 시스템 관련 정보를 화면에 출력한다.

  🐾**예:** uname −r : 커널 버전을 출력한다.

  🐾**예:** uname −a : OS 이름, 호스트 이름, 커널 버전 등 시스템의 전체 정보를 출력 한다.

- **vi:** 리눅스 기본 텍스트 편집기이다

  🐾**예:** vi example.c → 파일 example.c를 생성 또는 편집한다.

vi는 터미널 화면에서 실행되므로 문서 편집을 위해서는 직접 명령을 입력해야 한다. 사용상 다소 불편하지만 사용 환경이 터미널 화면으로 제한된 경우에는 이를 사용할 수밖에 없으며 주요 명령어를 익히면 상당히 효율적으로 문서 편집을 할 수 있어 시스템 관리자들은 지금도 많이 사용한다(리눅스에서는 vi에 익숙하지 않은 사용자들을 위해서 그래픽 환경의 텍스트 편집기로 gedit도 제공한다). 주요 vi 명령어는 다음과 같다.

i : 문서 입력 상태로 된다(insert).

a : 문서 입력 상태로 된다. 기존 라인의 끝에 추가로 입력된다(append).

x : 현 커서가 위치한 문자를 삭제한다(DEL 키도 동일한 동작을 한다).

dd : 현재 라인을 삭제한다(delete).

yy : 현재 라인을 복사한다(yank).

ESC : 문서 입력 상태에서 빠져 나온다.

':' : 명령 입력 상태로 된다. 이때 화면 마지막 라인에 프롬프트 ':'가 표시된다. 이 상태에서 vi 여러 명령어를 사용할 수 있는데 주로 사용되는 명령으로는 w(write), q(quit), s(substitute) 등이 있다. w는 입력된 내용을 저장하고, q는 vi를 종료한다. 즉 wq를 치면 저장 후 종료한다. q는 종료 명령이지만 단독으로 사용하면 작업 중 문서 내용이 상실될 수가 있으므로 '종료를 원하면 !를 붙이라'는 의미의 메시지가 출력된다. 따라서 저장하지 않고 종료하려면 q! 하면 된다. s는 특정 문자열을 찾아 변환 시킬 때 사용한다. 예로 s/aaa/bbb 하면 문서 내용에서 문자열 'aaa'를 찾아 'bbb'로 변환 시킨다. 특정 문자열을 찾으려면 /aaa 식으로 하면 된다.

화면 내에서 커서 이동을 위해서는 상하좌우 화살표 키나 h, j, k, l 키를 사용한다.

문서 편집 완료 후 저장 및 종료하기 위해서는 대문자 ZZ를 치거나 위에서 설명한 대로 ':'를 쳐서 명령 입력 상태로 간 후 wq를 치면 된다.

리눅스 압축관련 명령

- **tar**: 원래는 테이프 저장장치에 저장(tape archive)하는 목적이나 현재는 여러 파일과 디렉터리를 하나의 파일로 묶는 용도로 주로 사용한다. 압축 기능은 없다. 이 명령으로 생성되는 파일 이름은 제한이 없으나 확장자를 tar로 하면 나중에 tar로 묶은 파일임을 알 수 있어 편리하다. 묶을 때는 옵션 cf를 사용하고 풀 때는 옵션 xf를 사용한다(옵션 c는 create, f는 file, x는 extract를 각각 의미한다).

  - 예: tar cf test_dir.tar test_dir → 디렉터리 test_dir의 모든 내용을 test_dir.tar라는 파일로 묶어준다.

  - 예: tar xvf test_dir.tar → test_dir.tar 파일을 푼다. tar 파일을 푼 후에는 디렉터리 test_dir이 생기고 여기에 파일들이 들어 있다. v(verbose) 옵션은 진행 중 파일의 목록을 화면에 보여주므로 필요시 사용하면 되며 생략이 가능하다.

- **gzip과 gunzip**: 파일 압축(gzip)과 해제(gunzip) 기능을 가지며 압축 효율이 초기 유닉스 압축 프로그램인 compress보다 높아 많이 사용한다. 압축 후 파일 확장자로 .gz가 붙는다.

  - 예: gzip test.tar → 압축 후 파일 test..tar.gz가 생성된다.

  - 예: gunzip test.tar.gz → 압축 해제 후 파일 test.tar가 생성된다.

  - 예: gzip −d test.tar.gz → gunzip과 동일하다.

  - 예: tar cfz test.tar.gz test → 'z' 옵션을 주면 디렉터리 test 내용을 tar로 묶은 후 이를 다시 gzip으로 압축하여 파일 test.tar.gz가 마지막으로 생성된다. 즉 tar와 gzip 명령을 한 번에 실행시킨 효과이다.

  - 예: tar xfz test.tar.gz → 'z' 옵션을 주면 파일 test.tar.gz을 gunzip으로 압축 해제 후 다시 tar로 풀어낸다. 즉 gzunip과 tar 명령을 한 번에 실행시킨 효과이다.

- **bzip2/bunzip2**: gzip보다 더 높은 압축 효율을 보여주며 반면 압축에 걸리는 시간은 조금 더 길다. 압축 후 파일 확장자로 .bz2가 붙는다.

  - 예: bzip2 test.tar → 압축된 파일 test.tar.bz2가 생성된다.

  - 예: bunzip2 test.tar.bz2 → 압축 해제된 파일 test.tar가 생성된다.

  - 예: tar xfj test.tar.bz2 → 'j' 옵션을 주면 파일 test.tar.bz2를 bunzip2로 압축 해제 후 다시 tar로 풀어낸다. 즉 bunzip2와 tar 명령을 한 번에 실행시킨 효과이다.

- **xz**: 최근의 압축 프로그램이다. 압축을 위한 옵션은 −z이고 압축 해제를 위한 옵션은 −d이

다. 파일 확장자로 .xz를 가진다. 최근 리눅스 tar 명령은 xz 형식으로 압축된 tar 파일을 풀수 있는 J 옵션을 제공한다.

🔈예: xz −z linux-3.15.2.tar → 압축된 파일 linux-3.15.2.tar.xz가 생성된다.

🔈예: xz −d linux-3.15.2.tar.xz → 해제된 파일 linux-3.15.2.tar가 생성된다.

🔈예: tar xJf linux-3.15.2.tar.xz → tar 명령의 J 옵션을 사용하여 xz 형식으로 압축된 tar 파일을 한 번에 풀어준다.

1-4 | 리눅스 기타 명령어

- **alias:** 리눅스 명령어에 대한 단축 명령을 만들 수 있다(작업 중 자주 사용해야 하는 명령어를 간단히 실행하는데 편리하다). 보통 홈 디렉터리의 .bashrc 파일에 필요한 alias 명령어들을 모두 만들어 두면 로그인할 때 자동으로 alias 명령어들이 적용되어 이후 편하게 작업할 수 있다.

  🔈예: alias cd1='cd /opt/nfs/root' → 리눅스 터미널 화면에서 cd1을 입력하면 디렉터리 /opt/nfs/root로 이동한다.

  🔈예: alias ? man → 리눅스 각종 명령/함수/유틸리티에 관한 기능과 사용법을 보여주는 man 명령을 간단히 '?'로 실행시킬 수 있다.

- **arch:** 현재 사용 중인 컴퓨터의 CPU 명을 보여준다.

- **bg:** 중단된 프로세스를 백그라운드(background)에서 실행시킨다.

  🔈예: bg 5321 → 중단된 프로세스 ID 5321번을 백그라운드에서 실행시킨다.(프로세스를 처음부터 백그라운드에서 실행시키려면 리눅스 명령어 또는 실행 프로그램명 뒤에 '&'를 붙인다.)

- **cal:** 리눅스 터미널 화면에 달력을 표시한다.

- **clear:** 리눅스 터미널 화면을 지운다.

- **date:** 리눅스 터미널 화면에 현재 날짜와 시간을 표시한다.

- **dirs:** 현재 기억된 디렉터리 목록을 보여준다. 디렉터리 목록에 디렉터리를 넣기 위해서는 pushd 명령을 사용하고 디렉터리 목록에서 디렉터리를 제거하기 위해서는 popd 명령을

사용한다.

- **echo:** 입력된 내용을 그대로 터미널 화면에 출력한다.

- **env:** 현재 사용 중인 쉘(shell)의 환경변수 목록을 보여준다(리눅스 기본 쉘은 bash이다).

- **find:** 리눅스 시스템 내에서 주어진 파일의 위치를 찾거나 해당 파일에 대해 명령을 실행하는 명령이다. 옵션으로 찾고자 하는 파일 이름(−name), 파일 크기(−size), 파일 타입(−type) 등을 지정할 수 있다. 파일을 찾은 후 위치를 화면에 출력하려면 −print 옵션을 사용하고 해당 파일에 대해 명령을 실행하려면 −exec 옵션을 사용한다.

  💬**예:** find . −name '*.tar' −print → 현 디렉터리부터 시작해 하위 디렉터리까지 전부 조사해 파일 확장자가 .tar 인 파일을 모두 찾아 화면에 출력한다. 그림 1-6은 이의 실행 예이다.

```
[j@(none) ~]$ find . -name '*.tar' -print
./JangBack 0.4G/1유틸모음 rpm,tar/boa-0.94.13.tar
./JangBack 0.4G/boa-0.94.13.tar
./JangBack 0.4G/Etc/dillo.tar
./JangBack 0.4G/Etc/arm-jpeg-6b.tar
./JangBack 0.4G/Etc/USB.tar
[j@(none) ~]$
```

그림 1-6 find 명령 실행 화면 예

- **fg:** 백그라운드에서 실행 중인 프로세스를 포그라운드(foreground)에서 실행되도록 한다(해당 프로세스에 대해 터미널 화면에서 키보드 입력이 가능한 상태가 된다).

- **gedit:** 리눅스 기본 텍스트 편집기 vi가 터미널 창 내에서 동작하므로 직접 편집 명령어를 기억하고 사용해야 하는 불편함이 있어 텍스트 파일 편집을 리눅스 X 윈도우 상에 쉽게 할 수 있는 프로그램이다. 터미널 창에서 해당 명령을 실행하면 그래픽 사용자 인터페이스를 갖춘 새 윈도우가 실행되고 여기서 쉽게 문서 편집을 할 수 있다.

- **genisoimage:** CD(DVD) 이미지 파일인 ios 파일을 생성하는 패키지이다(해당 패키지가 설치되어 있지 않으면 'yum install genisoimage' 명령으로 설치 후 사용한다).

  💬**예:** genisoimage −r −J −o test.iso /test → 디렉터리 /test에 대한 ios 파일을 생성한다. 생성된 iso 파일은 CD(DVD) 드라이브와 마찬가지로 시스템에 마운트하여 사용할 수 있다. 마운트 명령은 'mount −o loop test.iso /mnt/test' 식으로

생성된 ios 파일명과 마운트할 디렉터리를 지정하면 된다.

- **head:** 텍스트 파일의 처음 10줄을 화면에 보여준다.

- **history:** 현재까지 사용했던 명령어 목록을 보여준다.

- **kill:** 지정된 프로세스에게 리눅스 시그널을 보낸다.

  💬**예:** kill -9 3652 → 프로세스 ID 3652번에게 시그널 번호 9을 보낸다. 보통 실행 중인 특정 프로세스를 강제로 종료할 때 사용한다.

- **hostname:** 현 리눅스 컴퓨터의 이름을 보여준다.

- **unalias:** alias 명령을 해제한다.

- **useradd(또는 adduser):** 사용자 계정을 추가한다. 이 명령은 관리자 권한으로만 가능하다.

  💬**예:** useradd test → 사용자 ID 'test'를 추가한다.

- **userdel**
  사용자 계정을 삭제한다. 이 명령은 관리자 권한으로만 가능하다.

  💬**예:** userdel sonnim → 사용자 ID 'sonnim'을 삭제한다.

- **which:** 주어진 리눅스 명령어의 경로(실행파일 위치)를 표시한다.

  💬**예:** which uname → 리눅스 명령어 uname의 경로를 보여준다.

- **who:** 로그인된 사용자의 정보를 보여준다.

- **yum:** rpm 패키지를 사용하는 레드햇(페도라) 계열 리눅스에서 사용하는 패키지 자동 설치 및 업데이트 명령이다. 설치하려는 패키지 설치 시 다른 패키지가 필요한 경우 이를 자동으로 먼저 설치함으로써 패키지 의존성 문제를 해결한다. rpm 명령 사용 시에는 rpm 파일을 다운 받아 직접 설치해야 하지만 yum에서는 인터넷으로 연결된 rpm 파일 저장소에서 자동으로 다운되어 설치되므로 훨씬 편리하다. 단 yum 사용을 위해서는 인터넷에 연결되어 있어야 한다.

  💬**예:** yum install '패키지 이름' → 주어진 패키지를 설치한다. 한 번에 여러 개 패키지를 설치할 수도 있다. (우분투(ubuntu) 계열 리눅스에서는 이와 유사한 명령으로 apt-get install 명령이 있다. 보통 root 권한으로 실행하므로 sudo를 앞에 붙

여 sudo apt-get install '패키지 이름' 식으로 실행한다.)

💬예: yum −y install system-config-network → 패키지 system-config-network를 설치한다. 옵션 −y는 패키지 설치 시 Yes/No를 물어보는 경우 자동으로 Yes라는 의미이다.

💬예: yum update → 업데이트된 모든 패키지를 설치한다.

💬예: yum update '패키지 이름' → 주어진 패키지를 업데이트한다.

💬예: yum list installed → 현 시스템에 설치된 모든 패키지를 보여준다.

💬예: yum remove '패키지 이름' → 설치되어 있는 패키지를 삭제한다.

💬예: yum info '패키지 이름' → 주어진 패키지의 정보를 보여준다.

💬예: yum info updates → 업데이트 서버에 있는 패키지의 정보를 보여준다.

1-5 | 리눅스 쉘 스크립트

쉘 스크립트(shell script)는 쉘에서 사용되는 명령어들로 구성된 텍스트 파일이며 파일에 실행 권한을 부여하면 쉘 스크립트 내의 쉘 명령어들이 실행되어 파일 처리나 시스템 관리 등 여러 유용한 작업을 할 수 있는 프로그램이 된다. MS 윈도우즈의 배치 파일과 유사하다. 변수, for() 문, if() 문 등 C 언어와 유사한 문법을 가지며 프로그램 내에서 다양한 쉘 환경변수를 사용할 수 있다. 일반 텍스트 파일이므로 vi나 gedit 등으로 작성하면 된다.

쉘 스크립트의 시작은 #! /bin/sh 라인으로 시작한다. 다음에 간단한 예를 보였다.

```
#! /bin/sh
echo "사용자 이름 = " $USERNAME
echo "홈 디렉터리 = " $HOME
exit 0
```

여기서는 쉘 환경변수 $USERNAME과 $HOME을 사용해 사용자 이름과 홈 디렉터리를 화면에 출력한다. 실행을 위해서는 위 내용을 파일(예: test.sh)로 저장하고 이 파일에 실행 권한을 부여하고(예: chmod +x test.sh), 파일 이름을 쳐서 실행하면 된다(예: ./test.sh).

[참고]

주요 쉘 환경 변수

쉘 스크립트에서 자주 사용되는 주요 쉘 환경변수는 다음과 같다.

HOME : 사용자 홈디렉터리

HOSTNAME : 현 리눅스 호스트 이름

USERNAME : 사용자 이름

PATH : 실행파일을 찾는 경로(이 경로에 없는 실행파일은 전체 경로를 모두 표시해 주어야 한다).

PWD : 현 작업 디렉터리

TERM : 로그인한 터미널

SHELL : 현재 로그인해서 사용 중인 쉘

PS1 : 첫 번째 명령 프럼프트

PS2 : 두 번째 명령 프럼프트

다음은 입력한 두 개의 숫자를 더해서 결과를 화면에 출력하는 간단한 쉘 스크립트 예이다.

```
#! /bin/sh
echo "첫번째 숫자 입력"
read digit_1
echo "두번째 숫자 입력"
read digit_2
$sum = 'expr $digit_1 + $digit_2'
echo "합 = " $sum
exit 0
```

위에서 expr은 변수 $digit_1과 $digit_2가 문자열 형태이므로 이를 숫자로 인식시키기 위해 사용되었다.

다음은 입력한 파일이 존재하고 일반 텍스트 파일이면 앞부분 10줄을 출력하는 쉘 스크립트 예이다. if() 문에서 −e는 파일이 존재하면 true인 조건을 나타내고 −f는 일반 파일인 경우 true인 조건을 나타낸다(−d는 디렉터리인 경우 true인 조건을 나타낸다).

```
#! /bin/sh
read tmp
if [ -e $tmp ]
then
 echo "해당 파일 존재"
 if [ -f $tmp ]
     head $tmp
 fi
else
 echo "해당 파일 없음"
fi
exit 0
```

다음은 사용자 정의 함수를 사용하는 쉘 스크립트 예이다.

```
#! /bin/sh
my_sum() {
 echo "사용자 정의 함수"
 echo 'expt $1 + $S2'
}

echo "첫번째 숫자 입력"

read digit_1

echo "두번째 숫자 입력"

read digit_2

my_sum $digit_1 $digit_2

\exit 0
```

다음은 rpm 패키지를 자동 설치하는 쉘 스크립트 예이다.

```
#! /bin/sh
echo -n "툴체인 설치? [y/n] : "
read INP
if [ "$INP" = 'y' ]
then
 rpm -ivh Toolchain/arm-binutils.i386.rpm
 rpm -ivh Toolchain/arm-gcc.i386.rpm
 rpm -ivh Toolchain/arm-glibc.i386.rpm
fi

echo " 설치 완료"
```

여기서는 사용자가 'y'를 입력하면 rpm 명령을 사용하여 현 디렉터리 하위 디렉터리인 Toolchain에 있는 rpm 패키지 파일(임베디드 시스템 개발에 필요한 툴체인)을 자동으로 설치한다.

1-6 | 리눅스 시리얼 통신 기능

임베디드 시스템 개발 시 사용하는 리눅스의 대표적인 시리얼 통신 프로그램으로 미니컴 (minicom)이 있다. 대부분의 리눅스 버전에 포함되어 있으며 없는 경우 추가로 설치하면 된다. 이 시리얼 통신 프로그램이 정상적으로 동작하려면 호스트와 임베디드 시스템(타깃 시스템) 사이에 시리얼 포트끼리 서로 연결되어 있어야 하고, 통신 속도(bps), 포트 번호, 제어 방법 등 시리얼 통신을 위한 파라미터도 서로 일치해야 한다.

먼저 시리얼 통신을 위한 각종 파라미터의 설정을 위해 호스트의 콘솔(터미널)에서

```
minicom -s
```

명령을 입력하면 다음 그림 1-7의 화면이 나온다.

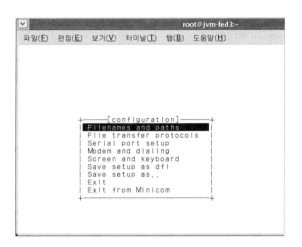

그림 1-7　minicom -s 실행화면

여기서 상하 화살표 키를 사용해 "serial port setup" 항목을 선택하면 시리얼 포트, 전송속도, 흐름제어(flow control) 등을 설정하는 다음 그림 1-8 화면이 나온다.

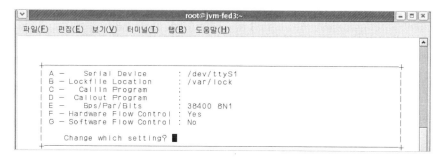

그림 1-8 "serial port setup" 항목 선택 화면

이 화면에서 먼저 'A'를 사용해 사용할 호스트의 시리얼 포트를 정해준다. 보통 /dev/ttyS1, 또는 /dev/ttyS0로 준다. 이는 PC의 COM2, COM1 포트에 각각 대응한다. 다음 E 키를 누르면 시리얼 통신 파라미터를 설정하는 다음 그림 1-9 화면이 나온다.

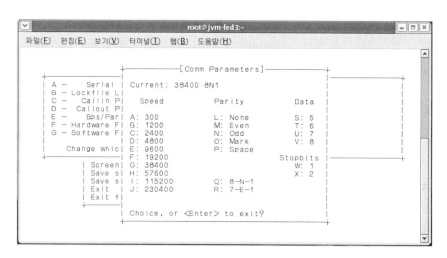

그림 1-9 시리얼 통신 파라미터 설정 화면

이 화면에서

```
Current: 38400 8N1
```

부분은 현재 전송속도가 38400 bps(bits per second) 이고 데이터 전송 단위가 8비트씩이며 패리티비트는 사용하지 않고 스톱비트로 1비트를 사용한다는 의미이다. 만일 타깃 시스템과의 전송속도가 115200 bps라면 'I'를 눌러 전송속도를 변경하면 된다. 타깃 시스템의

전송속도는 부트로더의 시리얼 통신 루틴에서 결정된다. 보통 전송 속도 이외에는 기본 값인 8N1을 그대로 사용하면 된다.

설정이 완료되면 [엔터] 키를 쳐서 빠져나오고 그림 1-10 화면에서 지금까지의 설정 사항을 저장하기 위해 "Save setup as dfl" 항목을 선택한다. 마지막으로 "Exit" 항목을 선택하여 설정 과정에서 빠져나오면 된다.

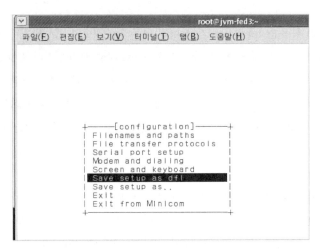

그림 1-10   설정 사항의 저장

1-7 | 리눅스 make 기능

리눅스 make 기능은 프로그램 개발 과정에서 수시로 수정되는 여러 소스 파일들의 연관관계를 파악하여 자동으로 컴파일 및 실행파일을 만들어 준다. 리눅스 make는 현 작업 디렉터리에 파일명이 Makefile이나 makefile인 파일이 있으면 그 파일의 내용을 수행하는 방식으로 동작한다. 리눅스 make의 기본 사용법은 다음과 같다.

```
make [-f makefile]
```

옵션 부분이 생략되면, 즉 그냥 'make' 라고만 치면 파일명이 Makefile이나 makefile인 파일을 찾아 실행하고 옵션 –f를 사용하면 특정한 make 파일을 지정할 수 있다. 옵션 –f를 사용한 예는 다음과 같다.

```
make -f led_drive_make
```

Makefile은 make가 이해할 수 있는 일종의 쉘 스크립트 언어이며 기본 구조는 다음과 같이 target, dependency, command의 세 항목으로 이루어진다.

```
    target : dependency
[tab]command
[tab]command
    ......
```

여기서 target 항목은 command가 수행된 이후 최종적으로 생성되는 결과 파일을 지정하며, command 항목이 컴파일 명령이라면 오브젝트(object) 파일이나 실행(execution) 파일이 target의 이름이 된다. dependency 항목에는 서로 연관관계가 있는 파일 이름들이 나열된다. command 항목에는 일반 리눅스 명령들이 들어가고 제일 앞에 tab 문자로 시작해야 한다. 위에서 [tab] 부분이 이를 나타낸다. dependency 항목의 파일들이 수정되었거나 현 디렉터리에 target 항목이 가리키는 파일이 없을 때 command 항목의 명령들이 차례대로 수행된다.

다음의 Makefile은 3개의 파일(ex1.c, ex2.c, ex3.c)을 컴파일하여 실행파일을 얻는 예이다. 여기서 target 항목에 지정된 실행파일 "ex"가 생성되기 위해서는 ex1.o, ex2.o, ex3.o 파일이 필요함을 보여준다. 따라서 최초 make 명령을 주면(이 Makefile은 보통 프로그램 소스 파일과 동일한 디렉터리에 위치하며 이때 그냥 'make' 라고만 치면 된다), 컴파일 명령인 gcc −c ex1.c, gcc −c ex2.c, gcc −c ex3.c가 차례로 수행되어 오브젝트 파일 ex1.o, ex2.o, ex3.o 가 차례로 생성되고 마지막으로 링크 동작을 위해 gcc −o ex ex1.o ex2.o ex3.o 명령이 수행되어 실행파일 ex가 생성된다.

```
ex : ex1.o ex2.o ex3.o
  gcc -o ex ex1.o ex2.o ex3.o
ex1.o : ex.h ex1.c
  gcc -c ex1.c
ex2.o : ex.h ex2.c
  gcc -c ex2.c
ex3.o : ex.h ex3.c
   gcc -c ex3.c
```

이후 ex2.c 와 ex3.c 파일이 수정되었다면 다시 make 라고 치면 자동으로 gcc −c ex2.c 와 gcc −c ex3.c 가 실행되고 이어 gcc −o ex ex1.o ex2.o ex3.o 가 실행되어 수정된 내용이 반영된 실행파일이 만들어진다. 만일 헤더파일인 ex.h 파일이 수정되었다면 이 파일은

ex1.o, ex2.o, ex3.o 모두에 연관되어 있으므로 3개 파일이 모두 다시 컴파일되며 최종적으로 링크를 위해 gcc −o ex ex1.o ex2.o ex3.o gcc 가 실행되어 수정된 내용이 반영된 실행파일이 다시 만들어진다.

리눅스 make에서는 매크로를 사용할 수 있는데 이를 사용하면 정의된 문구를 대치하므로 긴 문구나 반복되는 문구를 대신하면 편리하다. 매크로 정의는

매크로 이름 = 문구

식으로 하고 사용 시에는 $(매크로 이름) 식으로 한다. 사용 예를 보였다. 여기서는 두 개의 매크로 EXOBJ 와 EXHDR가 사용되었다.

```
EXOBJ = ex1.o ex2.o ex3.o
EXHDR = ex1.h ex2.h ex3.h
ex : $(EXOBJ)
 gcc −o ex $(EXOBJ)
ex1.o : $(EXHDR) ex1.c
 gcc −c ex1.c
ex2.o : $(EXHDR) ex2.c
 gcc −c ex2.c
ex3.o : $(EXHDR) ex3.c
  gcc −c ex3.c
```

매크로에는 위와 같이 사용자가 자유롭게 정의해 사용할 수 있는 매크로 외에도 시스템에서 미리 정해져 있는 매크로, 즉 Pre-defined 매크로가 있다. Pre-defined 매크로 목록을 보기 위해서는

make −p

명령을 주면 된다. 이들 중 일부를 다음 표 1-1에 보였다. Pre-defined 매크로는 시스템에서 설정된 초기값 이외에 다른 값을 설정해 자유롭게 사용할 수 있다.

Pre-defined 매크로가 다른 값을 설정할 수 있는 반면 내부(internal) 매크로는 원래 정의된 의미가 있으며 이를 바꿀 수 없는 매크로이다. 다음 표 1-2에 내부 매크로의 몇 가지 예를 보였다.

표 1-1 Pre-defined 매크로

Pre-defined 매크로 이름	기능
CC	C 컴파일러를 나타냄(보통 cc 또는 gcc)
CFLAGS	컴파일러 명령어의 옵션
LD	로더를 나타냄(보통 ld)
LDFLAGS	로더 명령어의 옵션
AS	어셈블러를 나타냄(보통 as)
ASFLAGS	어셈블러 명령어의 옵션
CPPFLAGS	g++ 컴파일러 명령어의 옵션

표 1-2 내부 매크로의 예

내부(Internal) 매크로 이름	기능
$*	확장자가 없는 현재의 target 파일
$@	현재의 target 파일
$^	기본 소스파일들
$<	현재의 target 파일보다 더 최근에 갱신된 파일 이름

아래에 내부 매크로의 사용 예를 보였다.

```
ex.o : ex.c ex1.h
    gcc -c $*.c
```

위에서 $* 는 현재의 target 파일(ex.o)에서 확장자가 없는 것을 나타내므로 ex가 되며 따라서 명령부분은 "gcc -c ex.c" 가 된다. 내부 매크로의 다른 사용 예를 아래에 보였다.

```
EX = ex1.o ex2.o ex3.o
ex : $(EX)
    gcc -o $@ $^
```

위에서 $@ 은 현재의 target 파일이므로 ex이고, $^는 기본 소스 파일들(확장자가 .c 인 파일들)이므로 명령부분은 "gcc -o ex ex1.c ex2.c ex3.c"가 된다

리눅스 make에서는 레이블을 사용할 수 있다. Makefile 파일에서 target 부분 이후에 dependency 항목이 오지 않을 경우 해당 target은 레이블(label)로 인식되며 이때 이 레이블은 make 명령의 파라미터로 사용될 수 있다.

다음은 레이블을 사용하여 작성한 Makefile의 예이다.

```
EXOBJ = ex1.o ex2.o ex3.o
EXHDR = ex1.h ex2.h ex3.h
ex : $(EXOBJ)
 gcc -o ex $(EXOBJ)
ex1.o : $(EXHDR) ex1.c
 gcc -c ex1.c
ex2.o : $(EXHDR) ex2.c
 gcc -c ex2.c
ex3.o : $(EXHDR) ex3.c
  gcc -c ex3.c
delete :
    rm $(EXOBJ)
```

위에서 레이블 "delete" 다음에 dependency 항목이 없고 다음 줄에 명령부분이 온다. 따라서

```
make delete
```

와 같이 입력하면 "rm $(EXOBJ)" 명령이 실행되어 매크로에 의해 정의된 세 개의 파일 ex1.o ex2.o ex3.o 가 삭제된다.

1-8 │ 리눅스 커널 및 설치

리눅스의 핵심 기능을 제공하는 커널은 최초 버전 1.0부터 시작하여 현재 버전 3이 주로 사용된다. 리눅스 커널 버전 표시는 2.6 식으로 메이저 버전(2)에 이어 마이너 버전(6)이 오며 동일 버전 내에서도 2.6.39 식으로 일부 수정 사항을 나타내는 릴리스(release) 번호(여기서는 39)가 붙는다.

과거에는 리눅스 커널의 마이너 버전이 홀수이면 개발 버전, 짝수이면 안정 버전임을 의미하였다. 버전 2.5까지 이와 같이 구분해 사용하였다. 예를 들어 버전 2.4는 마이너 버전 번호 4가 짝수이므로 안정 버전이고 버전 2.5는 마이너 버전 번호가 홀수이므로 개발 버전

이었다. 이런 구분은 안정 버전인 2.6 이후 사용하지 않으며 2.8은 건너뛰었고 이후 버전 3.0 부터 시작하여 2014년 현재 버전 3.16 까지 나와 있다. 그러나 3.0 대 버전이라 하여 이전 버전 2.6에 비해 커다란 변화가 있는 것은 아니며 일부 기능 추가 및 지원되는 디바이스 드라이버(그래픽 칩 등)가 보완되는 식이다.

[참고]

리눅스 커널 버전

커널 버전 1.0: 리눅스 최초 버전이며, 지원하는 프로세서가 인텔 80x86 계열 및 당시 고성능 프로세서였던 Alpha CPU에 국한되었다.

커널 버전 2.0: PowerPC, SUN의 Sparc 등 여러 CPU를 지원하기 시작하였고, 복수 개의 프로세서를 지원하는 SMP(symmetric multiprocessing) 기능도 가능하였다. 현재 우리가 사용하는 리눅스의 뼈대를 갖춘 버전이다.

커널 버전 2.2: 커널 버전 2.0에서 성능에 문제가 있었던 TCP/IP 프로토콜 스택을 보강하였고, 파이어월(firewall) 등 네트워크 관련 서비스를 강화하였다.

커널 버전 2.4: 2.2 버전의 한계인 파일 최대크기(2 GB)의 제약을 없애고, 플러그앤플레이(Plug & Play) 기능, USB 지원, 저널링 파일시스템(journaling file system)의 채용, 네트워크 기능 보강 및 SMP 기능도 개선해 최대 8개까지(기존은 4개까지)의 CPU를 지원할 수 있게 되었다.

커널 버전 2.6: 64비트 프로세서 지원, SMP 기능의 향상, 메모리의 확장성, 시스템 처리 성능 및 안정성이 개선되었고, MMU(memory management unit)가 없는 마이크로프로세서용 리눅스 커널인 uCLinux를 포함하고, 여러 임베디드용 프로세서들에 대한 지원도 추가하였다.

커널 버전 3.x: 2011년에 처음 3.0이 발표되었고 일부 파일시스템의 성능 개선 및 UDP 프로토콜의 성능개선 등이 있다. 현재 대부분의 스마트폰에 사용하고 있다(안드로이드 버전 4.x에 사용 중). 이후 계속 버전 업데이트 중에 있다. 과거 버전 2.x 대에서는 마이너 버전의 업데이트가 상당한 기간과 비교적 주요한 기능 변화를 가지고 이루어진 반면 3.x 대에서는 마이너 버전의 업데이트가 짧은 기간에 자주 이루어지고 있다.

현재 설치된 리눅스 커널 버전을 보려면 로그인하여 터미널 창에서 명령어 "uname −r" 하면 된다.

리눅스 커널 소스는 현재 https://www.kernel.org/ 사이트에서 얻을 수 있다. 그림 1-11에 이 사이트의 초기 화면을 보였다.

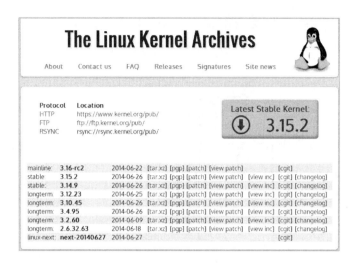

그림 1-11 http://www.kernel.org/ 사이트 초기 화면

여기서 보면 커널 버전별로 압축 파일을 다운로드 받을 수 있는데 노란색 단추 부분이 현재 안정된 최신 버전으로 현재 버전 3.15.2로 되어있다. 이 노란 단추를 부르면 압축된 커널 소스 파일 linux-3.15.2.tar.xz가 다운로드된다(과거에는 소스 파일압축에 tar.gz, tar.bz2 형식을 주로 사용했으나 2014년부터 tar.xz를 사용한다). 최근 리눅스 tar 명령은 xz 형식으로 압축된 파일을 풀 수 있는 J 옵션을 제공한다.

```
tar xJf linux-3.15.2.tar.xz
```

리눅스 tar 명령이 J 옵션을 지원하는 않는 경우는 다음의 xz 명령을 사용해 압축 해제된 tar 파일을 얻은 후 tar 명령을 사용하면 된다.

```
xz -d linux-3.15.2.tar.xz
tar xf linux-3.15.2.tar
```

압축 파일 형식이 .gz인 경우는 tar 명령의 z 옵션을 사용하면 된다.

```
tar xzf linux-2.6.15.4.tar.gz
```

압축 파일 형식이 .bz2인 경우는 tar 명령의 j 옵션을 사용하면 된다.

```
tar xjf linux-2.6.15.4.tar.bz2
```

이상과 같이 압축 방식(.xz, .gz, .bz2)에 따라 옵션을 달리해 압축을 풀면 아래 그림 1-12와 같은 리눅스 커널 소스 디렉터리 구조가 생긴다.

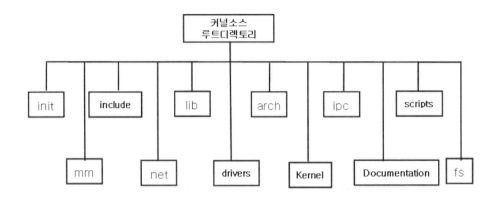

그림 1-12 리눅스 커널 소스 디렉터리 구조

커널 소스 주요 디렉터리별 기능들은 다음과 같다.

- **kernel 디렉터리**

  커널의 중심이 되는 소스 부분(스케줄링, 프로세스 관리, 시그널 처리 등)이 들어 있으나 일부 프로세서에 종속적인 커널 코드는 디렉터리 arch/'프로세서명'/kernel에 있다. arm 프로세서 경우는 arch/arm/kernel에 있다. 이 디렉터리에는 커널의 기능별로 소스 파일이 분리되어 있고 예로 module.c, timer.c, signal.c, sched.c 등이 있다.

- **init 디렉터리**

  여기에는 main() 루틴을 가지고 있는 main.c 소스 파일이 위치한다. 부트로더로부터 실행권을 넘겨받은 커널은 프로세서에 종속적인 설정을 한 후 main.c 소스에 있는 main() 루틴으로 이동하여 커널 초기화 과정이 시작된다.

- **include 디렉터리**

  프로세서 종류별로 나누어진 서브디렉터리로 구성되며 각 서브디렉터리에는 커널 코드를 컴파일하는 데 필요한 헤더파일들이 있다. ARM 프로세서의 경우는 디렉터리asm-arm 에 해당 헤더파일들이 있다.

- **arch 디렉터리**

  프로세서 유형별로 서브디렉터리를 가지고 있으며 프로세서에 종속적인 커널 코드를 포함하고 있다. 이들 프로세서별 각 디렉터리 내에는 기능별로 여러 서브디렉터리로 구성되며 그림 1-13에 커널 2.6 버전에서의 arm 디렉터리 내부를 보였다. 여기서 mach-pxa 디렉터리가 arm 프로세서를 CPU 코어로 사용한 인텔 PXA 시리즈용이다.

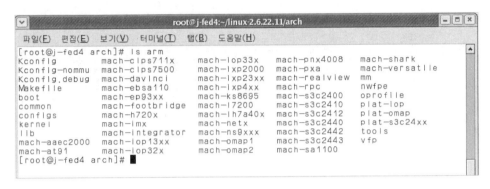

그림 1-13 arch/arm 디렉터리 내부

- **drivers 디렉터리**

  여기는 디바이스 드라이버 코드를 가지고 있으며 각 디바이스 드라이버에 대한 코드가 들어 있는 서브디렉터리를 가진다. 다음 그림 1-14는 커널 2.6 버전에서의 drivers 디렉터리 내부이다. 여기서 보면 블록 디바이스 드라이버 코드가 들어있는 block, 문자 디바이스 드라이버 코드가 들어 있는 char, 네트워크 장치 디바이스 드라이버 코드가 들어 있는 net, PCMCIA 디바이스 드라이버 코드가 들어 있는 pcmcia 등으로 나뉘어 있다.

그림 1-14 drivers 디렉터리 내부

- **net 디렉터리**

  여기에는 각 서브디렉터리별로 리눅스에서 지원하는 통신 프로토콜 소스 코드가 들어
  있다. 그림 1-15에 net 디렉터리 내용을 보였다.

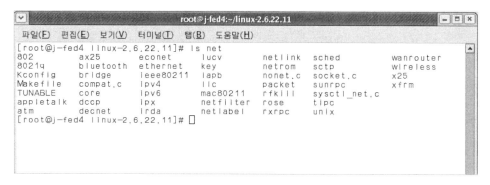

그림 1-15   net 디렉터리 내용

  여기서 디렉터리 ipv4는 TCP/IP 버전 4의 소스가 있고 디렉터리 ipv6은 버전 6의 소스
가 있으며 디렉터리 bluetooth에는 무선 네트워크 프로토콜인 블루투스(Bluetooth)의 구
현 소스가 들어 있다.

  그 밖에 mm 디렉터리는 메모리 관리 코드를 가지고 있고, ipc 디렉터리는 리눅스 커널
이 지원하는 프로세스 간 통신(InterProcess Communication)인 파이프, 시그널, 소켓, 메
시지 패싱, 공유 메모리 등에 대한 소스 코드가 들어 있다.

  또 fs 디렉터리에는 리눅스 기본 파일시스템인 EXT2나 EXT3 외에도 리눅스에서 지원
하는 다른 운영체제의 다양한 파일시스템 구현을 위한 소스들을 가지고 있다. lib 디렉터리
에는 커널의 라이브러리 코드를 가지고 있고 scripts 디렉터리에는 커널 환경 설정 및 커널
컴파일 시 사용되는 perl 이나 tcl 등의 스크립트 파일들이 위치한다.

리눅스 설치

리눅스 설치를 위해서는 리눅스 커널과 각종 필수 유틸리티 및 응용프로그램을 포함한 패키
지를 사용하는데 대표적으로 Fedora(페도라), Ubuntu(우분투), CentOS(센토스) 등이 있
다. Fedora는 과거 개인 사용자가 많이 사용했던 RedHat(레드햇) 계열의 후속이므로 현재
도 가장 많이 사용되고, Ubuntu도 개인용(데스크 탑)으로 많이 사용된다. CentOS는 주로
서버용으로 사용된다.

PC에 리눅스를 설치하는 방법은 다음의 세 가지로 나눌 수 있다.

1. 별도의 하드디스크에 설치: 설치 후 실제 환경에서 동작한다. 기존 MS 윈도우즈가 설치된 PC에 별도의 하드디스크를 부착 후 설치한다. 설치 시 리눅스 부트 매니저에 의해 멀티부팅으로 설정이 되고(설치 후 부팅 시 리눅스와 기존 MS 윈도우즈 중 선택해서 부팅할 수 있다.), 실제 환경에서 동작하므로 속도가 빠르다.

2. 하나의 하드디스크의 남는 파티션에 설치: 기존 MS 윈도우즈가 설치된 PC의 하드디스크에 별도의 파티션이 있는 경우 추가로 하드디스크를 부착할 필요 없이 이 파티션에 설치한다. 역시 설치 시 리눅스 부트 매니저에 의해 멀티부팅으로 설정이 되고, 실제 환경에서 동작하므로 속도가 빠르다.

3. MS 윈도우즈 환경에서 VMware나 Virtual Box(버추얼박스) 등 가상머신을 통한 설치: 가장 편리하나 설치 후 가상 환경에서 동작하므로 속도가 느리다. MS 윈도우즈에서 하나의 프로그램 창 내에서 리눅스가 실행된다.

이상의 방법 중 세 번째 방법이 가장 쉽고 편리하므로 여기서는 MS 윈도우에서 VMware나 Virtual Box(버추얼박스)를 통한 설치를 설명한다(VMware나 Virtual Box는 리눅스에 설치할 수도 있다. 이때는 리눅스에서 MS 윈도우즈를 사용할 수 있다).

먼저 설치하려는 리눅스 배포판 파일을 구해야 하는데 인터넷 상에서 쉽게 검색해 다운로드할 수 있다(리눅스 배포판 파일은 보통 CD/DVD 이미지(image) 파일인 .iso 형태가 흔하다). 임베디드 시스템 개발을 위해서는 최신 버전일 필요는 없으며 개발하려는 임베디드 시스템의 크로스 컴파일러 등 교차 개발환경을 설치할 수 있으면 된다.

페도라 과거 버전 7~버전 17까지의 다운로드 링크는 아래와 같으나 현재 더 이상 공식 지원 되고 있지는 않다.

http://archives.fedoraproject.org/pub/archive/fedora/linux/releases/

현재 페도라 최신 버전은 다음 공식 페도라 사이트에서 다운 받을 수 있다.

http://fedoraproject.org

다운로드된 파일은 CD/DVD 이미지(image) 파일인 .iso 형태이다(예: Fedora-17-i386-DVD.iso).

VMware를 사용한 설치는 먼저 MS 윈도우즈에 VMware(또는 무료인 VMware Player)를 설치하고 이 VMware 환경에서 리눅스를 설치하는 것이다. 즉 VMware를 먼저 설치하고 이를 실행시킨 후 이 VMware 실행창 내에서 리눅스를 설치한다. 이때 CD나

그림 1-16 VMware 플레이어 설치 후 실행화면

DVD 대신 설치 이미지 파일(iso 파일)을 그대로 사용 할 수 있어 편리하다.

현재 VMware 사이트는 www.vmware.com이며 이곳에서 무료 버전인 VMware 플레이어를 다운로드할 수 있다. 그림 1-16은 VMware 플레이어 설치 후 실행화면이다.

여기서 "Create a New Virtual Machine"을 누르면 그림 1-17 화면에서 리눅스를 설치

그림 1-17 리눅스 설치 화면

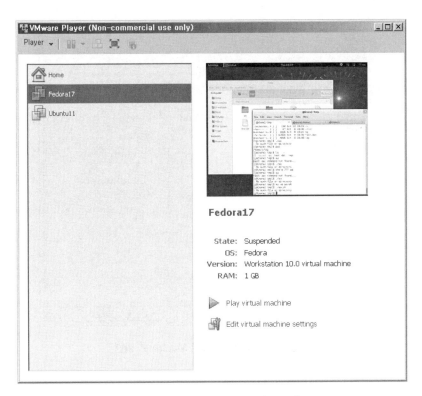

그림 1-18　설치된 가상 머신(리눅스)

할 수 있다. 이때 DVD 드라이브나 리눅스 이미지 파일 중 선택해서 설치할 수 있다.

　설치 과정은 과거 리눅스 패키지 버전들에 비해 매우 단순해졌으며 설치에 사용하는 언어, 키보드 언어, 관리자(root 계정) 비밀번호 정도만 입력하면 쉽게 설치된다.

　설치 후 화면 좌측 상단에 가상 머신(virtual machine) 아이콘이 생기고 이 아이콘을 한 번 누르면 그림 1-18 화면에서 가상 머신 상태를 보거나 설정을 변경할 수 있다. 이 그림에서는 두 개의 가상 머신(리눅스)이 설치된 경우이며 각각의 이름이 Fedora17과 Ubuntu11로 되어있다. 이름은 자유롭게 변경할 수 있다. 여기서 "Play Virtual Machine" 단추를 누르면 리눅스가 시작된다(또는 아이콘을 두 번 클릭하면 바로 리눅스가 시작된다).

　이 화면에서 "Edit Virtual Machine"을 누르면 그림 1-19 화면에서 환경 설정(메모리, 하드디스크, 네트워크, USB, 시리얼포트 등)을 할 수 있다.

　그림 1-20은 VMware 플레이어 내에서 리눅스가 실행된 화면이다(로그인하여 터미널 창을 띄운 경우이다).

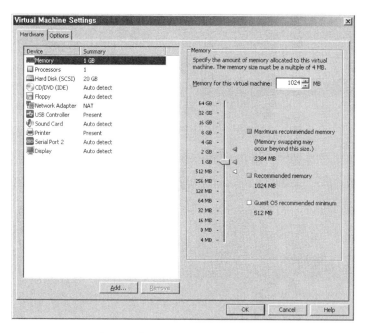

그림 1-19 "Edit Virtual Machine" 화면

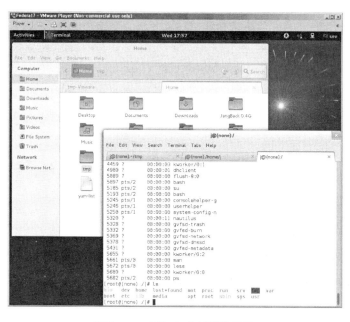

그림 1-20 리눅스가 실행된 화면

이상에서 설명한 VMware와 유사한 기능을 제공하는 Virtual Box(버추얼박스)를 통한 리눅스 설치도 많이 사용한다. VMware 경우와 마찬가지로 MS 윈도우에 버추얼박스를 먼저 설치하고 이 버추얼박스 환경에서 리눅스를 설치한다. 설치 시 역시 리눅스 설치 이미지 파일(iso 파일)을 그대로 사용할 수 있다.

오라클에서 제공하는 버추얼박스 사이트는 현재 www.virtualbox.org이며 이곳에서 무료 버전인 버추얼박스를 다운로드할 수 있다. 다운로드 링크는 현재 www.virtualbox.org/wiki/Downloads 인데 추후 변경될 수 있다. 현재 4.3 버전이 제공되고 있다.

버추얼박스 설치 후 그림 1-21의 관리자 화면이 나온다(이미 2개의 운영체제가 설치된 후의 화면이다).

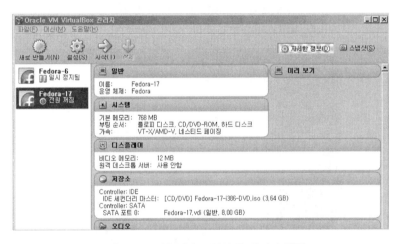

그림 1-21   버추얼박스 설치 후 관리자 화면

여기서 가상머신(리눅스)을 설치하기 위하여 "새로 만들기" 메뉴 단추를 클릭하여 그림 1-22의 화면에서 설치할 운영체제 이름 등을 입력한다. 그림 1-23은 그림 1-22의 화면에서 "다음" 단추를 누른 화면이다. 여기서는 가상머신에서 사용할 메모리 크기를 설정한다.

그림 1-24는 그림 1-23의 화면에서 "다음" 단추를 누른 화면이다. 다음에는 리눅스를 설치할 하드드라이브 관련 설정 사항들이 나온다. 아래 부분은 디스크 크기를 설정하는 화면으로 여기서는 8GB로 하고 있다.

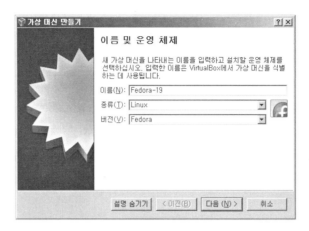

그림 1-22 가상머신 만들기 초기 화면

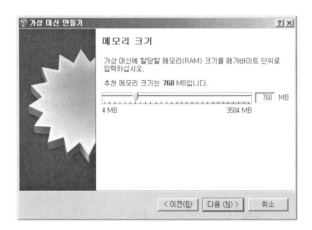

그림 1-23 가상머신 만들기 메모리 크기 설정 화면

그림 1-25는 시동 디스크 선택화면으로 여기서 설치할 리눅스 이미지 파일(iso 파일)을
선택한다. "시작" 단추를 누르면 가상머신(리눅스) 설치가 시작된다.

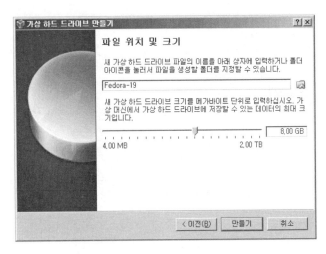

그림 1-24　가상 하드드라이브 만들기 화면

그림 1-25　시동 디스크 선택 화면

　　이후 설치가 완료되면 관리자 화면의 "설정" 단추를 눌러 그림 1-26의 설정 화면에서 시스템, 디스플레이, 오디오, 네트워크, USB 등 각종 디바이스 관련 설정을 할 수 있다. 그림은 네트워크를 설정한 화면이다. 연결 방식을 "NAT"로 하면(기본값) 호스트 IP 주소를 공유하여 바로 인터넷에 연결할 수 있고 "브리지 어댑터"로 하면 네트워크에 직접 연결된다. "브리지 어댑터" 연결 방식은 임베디드 보드와 호스트(PC)를 LAN 케이블로 연결할 때 사용한다.

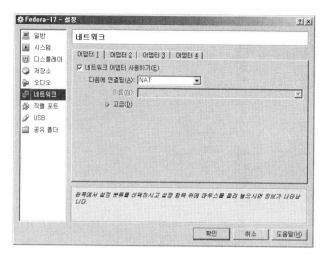

그림 1-26   버추얼 박스 설정 화면

그림 1-27은 설치된 리눅스로 부팅 후 로그인한 화면이다(제목 줄에 Oracle VM VurtualBox 라고 쓰여 있다).

그림 1-27   설치된 리눅스로 부팅 후 로그인한 화면

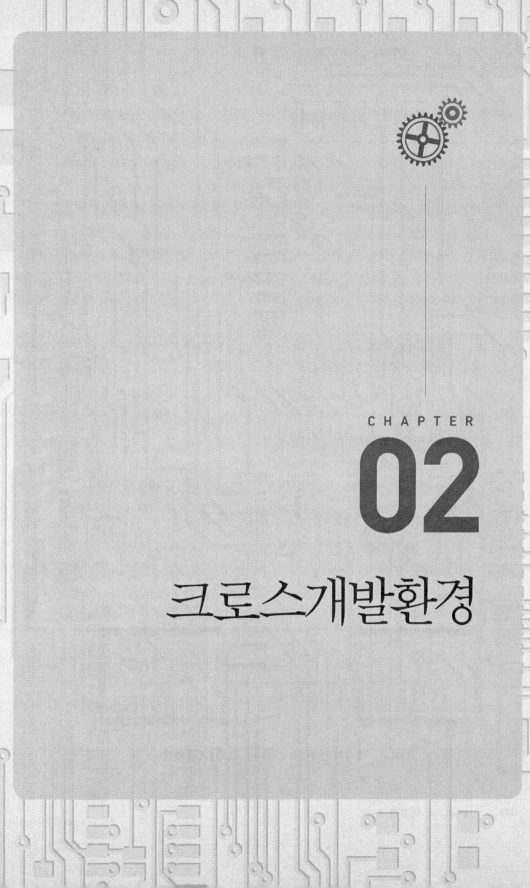

CHAPTER

02

크로스개발환경

2-1 │ 크로스개발환경 및 툴체인

임베디드 시스템의 개발을 위해서는 호스트 컴퓨터(주로 PC나 노트북이 사용되며 앞으로 간단히 호스트라고 한다.)에 타깃시스템(개발 대상인 임베디드 시스템)용의 프로그램 작성을 위한 각종 프로그램 개발 관련 도구가 설치되어야 한다. 이와 같은 타깃시스템 프로그램 개발을 위해 호스트에 설치되는 각종 패키지를 크로스개발환경(cross development environment)이라 한다.

개발하고자 하는 타깃시스템(임베디드 시스템)의 운영체제가 리눅스인 경우(즉 임베디드 리눅스) 호스트의 운영체제도 리눅스인 경우가 보통이다(MS 윈도우인 경우도 있다). 여기서는 호스트의 운영체제로 레드햇 계열 페도라(Fedora) 버전 리눅스를 사용하는 것을 전제로 설명한다. 우분투(Ubuntu) 등 다른 버전 리눅스는 대체적으로 동일하나 일부 명령어나 디렉터리 구성 등에서 약간 다른 부분이 있다.

그림 2-1에 크로스개발환경에서 호스트와 임베디드 시스템(타깃보드)의 기본 연결을 보였다. 여기서 시리얼 연결은 호스트와 타깃시스템 사이에서 가장 기본적인 저속 통신 기능을 제공한다. 개발 과정에서 호스트 측에서 임베디드 시스템에 대한 부팅 명령이나 리눅스 명령을 주거나 임베디드 시스템에서 발생한 출력 메시지를 호스트 측에서 보는 데 주로 사용된다. 임베디드 시스템은 개발 단계에서 기본 통신을 위해 보통 시리얼 포트를 갖추고 있다. 이를 호스트의 시리얼 포트와 서로 연결한다.

호스트가 PC인 경우 보통 뒷면에 시리얼 포트가 하나 또는 두 개(COM1, COM2) 있으며 노트북인 경우는 시리얼 포트가 없으므로 USB/시리얼 변환 포트를 이용한다. 이후 호스트에서 시리얼 통신 프로그램을 사용해 타깃 시스템과 서로 통신할 수 있게 된다. 이를 위해 임베디드 시스템의 부트로더는 시리얼 통신 기능을 가지고 있다. 개발자가 임베디드 시스

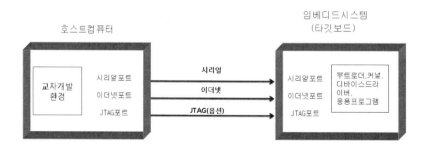

그림 2-1 호스트 컴퓨터와 임베디드 시스템과의 연결

템에 주는 각종 명령 및 임베디드 시스템에서 출력하는 각종 실행 결과 및 커널 메시지들은 모두 시리얼포트를 통해서 이루어진다.

이더넷 연결은 이더넷 케이블(UTP 케이블)을 통한 100/1000Mbps의 고속 전송이 가능하므로 개발 단계에서는 주로 호스트와 임베디드 시스템 사이의 파일 전송에 사용된다. 이더넷 연결이 없는 임베디드 시스템이라면 저속이지만 시리얼 연결이 개발 과정에서의 파일 전송에 사용된다. 개발 후에는 제품 동작에 필요한 네트워크 인터페이스 역할을 한다. JTAG(joint test action group) 연결은 하드웨어 수준의 디버깅 및 호스트에서 작성된 부트로더를 임베디드 시스템의 플래시메모리에 쓰는 역할을 한다. 이 부분은 개발 단계에서는 필요하지만 제품화 이후에는 필요 없는 경우가 많다.

툴체인(Toolchain)

호스트의 프로세서와 개발 대상인 임베디드 시스템(타깃 시스템)의 프로세서는 대부분 다른 경우가 많다. 호스트(PC)의 프로세서는 대부분 인텔 80 × 86 계열인데 이 프로세서가 임베디드 시스템에 사용되는 경우는 거의 없다. 따라서 호스트(PC)에서 컴파일된 실행코드는 인텔 80 × 86 계열용이므로 임베디드 시스템에서 실행될 수 없다. 호스트에서는 임베디드 시스템용 프로세서에 대한 실행코드를 생성하기 위하여 크로스 어셈블러(cross assembler)나 크로스 컴파일러(cross compiler)가 필요하다.

임베디드 시스템용 프로세서로는 스마트폰이나 고성능 제어 기기에 많이 사용되는 32/64비트 ARM 계열과 저전력 센서 네트워크 등에 많이 사용되는 마이크로컨트롤러인 AVR 시리즈 등이 있다. 이들을 위한 크로스 어셈블러 및 크로스 컴파일러는 모두 공개되어 있어 쉽게 구할 수 있다. 이와 같은 크로스어셈블러 및 크로스컴파일러와 링커(linker), C 라이브러리 등을 모두 포함하여 호스트에서 개발하고자 하는 해당 임베디드 시스템(타깃 시스템)용 프로그램을 개발할 수 있도록 하여 주는 소프트웨어의 묶음을 툴체인(Toolchain)이라 한다.

툴체인(Toolchain) 설치에는 다음의 두 가지 방법이 있다.

1. tar 파일로 묶인 GNU 소스 파일을 구해 호스트(PC)에서 직접 컴파일하여 설치하는 방법
2. 이미 해당 임베디드 시스템용으로 만들어진 패키지를 구해 설치하는 방법(이들 패키지는 보통 rpm 파일로 되어 있으며 이 방법이 사용상 편리하다).

첫 번째 방법인 소스 파일을 구해 호스트(PC)에서 직접 컴파일하여 설치하는 경우 보통

다음 과정을 거친다.

1. 소스 압축을 푼다(예: 소스 파일이 binutils-2.16.tar.bz2 라면 bzip2로 압축된 것이
   므로 "bunzip2 binutils-2.16.tar.bz2" 명령을 사용해 압축을 풀어 binutils-2.16.
   tar 파일을 얻고 다시 "tar xf binutils-2.16.tar" 명령을 사용해 tar 파일을 푼다. 또
   는 "tar xfj binutils-2.16.tar.bz2" 명령을 사용해 한 번에 압축을 풀 수도 있다).
2. 생성된 디렉터리로 이동해 configure 명령을 실행시킨다(압축을 풀면 실행파일
   인 configure가 생성된다). configure 명령 실행 시 적당한 옵션을 준다(예: "./
   configure --target=arm-linux --with-cpu=xscale" 이 경우는 target 옵션으로
   arm-linux, cpu 옵션으로 xscale을 준 예이다).
3. make 명령으로 컴파일한다.
4. make install 명령으로 컴파일된 결과 파일들을 지정된 디렉터리에 설치한다.

두 번째 방법인 rpm 패키지를 구해 설치하는 경우는 간단히 "rpm -ivh 패키지 파일명"
식으로 rpm 명령을 사용하면 된다. rpm 패키지 설치 시는 패키지 파일에 따라 실제로 설치
되는 디렉터리가 달라진다. 예로 /opt/cdt/xscale/bin 디렉터리에 설치되었다면 이 디렉터리
에 다음 파일들이 생성된다.

arm-linux-as: ARM 프로세서용 크로스어셈블러
arm-linux-gcc: 크로스컴파일러
arm-linux-ld: 링커
arm-linux-strip: 실행파일에서 심벌 등을 제거하여 실행파일 크기를 줄이는 프로그램

툴체인 설치를 모두 마치면 실행파일이 들어 있는 디렉터리의 위치(위의 경우 /opt/cdt/
xscale/bin)를 리눅스 셸(shell)에 알려주어야 한다. 리눅스의 기본 셸은 bash이므로 bash
의 환경변수 PATH에 "/opt/cdt/xscale/bin"을 추가하면 된다. 이렇게 하기 위해서 자신의
홈디렉터리(사용자 id가 root 인 경우 /root)에서 .bash_profile 파일을 편집기(예: vi)로 열
어 PATH 라인 뒤에 ";/opt/cdt/xscale/bin" 라고 추가하면 된다. 그림 2-2에 이를 보였다.
저장 후 빠져나오고 다음 명령을 사용해 변경된 환경변수 내용을 적용시킨다.

```
source ~/.bash_profile
```

변경된 PATH 내용을 확인하려면 리눅스 'env' 명령을 사용하여 현 환경변수 값을 화
면에 표시할 수 있다(PATH 부분에 "/opt/cdt/xscale/bin" 이 추가되어 있음을 확인하면

된다). 이후부터는 터미널 창에서 'arm-linux-gcc'만 입력하면 바로 /opt/cdt/xscale/bin/
arm-linux-gcc가 실행된다.

그림 2-2 환경변수 PATH 수정 화면

툴체인 설치 테스트를 위해 다음의 소스를 test.c 파일로 만든다.

```
#include <stdio.h>
main (int argc, char **argv)
{
    printf("hello world\n");
}
```

다음

```
arm-linux-gcc -o test test.c
```

명령으로 크로스컴파일시킨 후

```
file test
```

명령으로 실행파일 test의 정보를 본다. 이때 그림 2-3과 같이 " ... ARM, version .... " 부분이 나오면 제대로 크로스컴파일된 것이다.

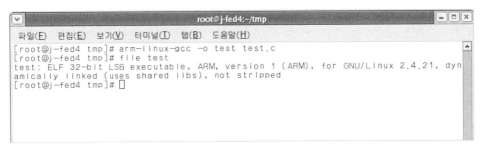

그림 2-3 'file test' 명령 실행 화면

2-2 | 부트로더

부트로더(boot loader)는 파워 온 시 임베디드 시스템의 각종 하드웨어를 초기화하고 기본적인 통신 기능을 제공하며 플래시메모리나 ROM에 들어 있는 운영체제 커널 부분을 주 메모리(RAM)로 이동시켜 운영체제의 부팅을 시작하는 기능을 한다. 부트로더의 주요기능을 표 2-1에 보였다.

표 2-1 부트로더 주요기능

기능	세부기능
하드웨어 초기화	- 메모리 타이밍 초기화 - 프로세서 속도 초기화 - 인터럽트 초기화 - GPIO(general purpose input output) 포트 초기화 - UART(universal asynchronous receiver transmitter) 포트 초기화
운영체제(리눅스) 부팅	- 커널 이미지를 RAM으로 이동하고 커널에 프로그램 실행권을 넘김
파일 이동	- 호스트에서 커널 이미지나 파일들을 가져오기
통신 기능	- 시리얼 포트(UART) 및 TCP/IP 기능을 포함한 이더넷 인터페이스 제공
플래시 메모리 관리	- 플래시메모리 지우기/쓰기

JTAG(Joint Test Action Group)

임베디드 시스템 개발 초기에는 부트로더 자체가 없으므로 이를 임베디드 시스템 플래시메모리에 넣어주기 위한 방법이 필요한데, 보통 JTAG(Joint Test Action Group) 인터페이스를 주로 사용한다. JTAG은 하드웨어 디버깅을 목적으로 프로세서의 모든 외부 핀에 대해 데이터를 넣거나 외부 핀의 데이터를 읽어 들일 수 있는 기능을 제공한다. 보통 5개의 신호를 사용하며, 이 중 TDI(Test Data In), TDO(Test Data Out), TCK(Test Clock Input)가 주요 신호이다. 임베디드 시스템 개발 초기에 하드웨어 디버깅을 하거나 부트로더 전송에 주로 사용된다.

호스트 PC에서 개발한 부트로더를 임베디드 시스템으로 전송하기 위해서는 먼저 임베디드 시스템의 JTAG 커넥터와 호스트 PC의 프린터 포트를 JTAG 시리얼 케이블로 연결한다. 다음 호스트 PC에서 부트로더 전송 기능을 하는 명령어에 전송할 부트로더 파일명을 입력하면 된다. 다음에 사용 예를 보였다.

🐾 예: Jflash-Xscale u-boot.bin

여기서 Jflash-Xscale이 PXA 계열 프로세서에서 JTAG을 통한 부트로더 전송 명령이고 u-boot.bin이 전송할 부트로더 파일명이다(이 파일명은 달라 질 수 있다). 부트로더에는 여러 종류가 있으며 이 중 ARM 프로세서 계열에는 소스가 공개되어 있는 uboot(http://sourceforge.net/projects/u-boot/)나 blob(http://sourceforge.net/projects/blob/)가 주로 사용된다. 부트로더를 만들기 위해서는 공개된 소스를 가져와 개발하고자 하는 임베디드 시스템에 따라 변경해 주어야 하는 부분만 수정한 후, 호스트에서 해당 임베디드 시스템용 크로스컴파일로 컴파일하면 된다.

부트로더 명령어

여기서는 부트로더 uboot의 명령어를 설명한다.

- **help**
  부트로더 명령어 종류와 기능을 나타낸다. 그림 2-4에 help 명령 실행화면을 보였다('?'도 동일한 기능이다). 특정 부트로더 명령어의 사용법을 보려면 'help 명령어' 식으로 입력하면 된다. erase 명령(플래시메모리 내용을 지운다)의 사용법을 보여주는 'help erase' 실행 화면을 그림 2-5에 보였다.

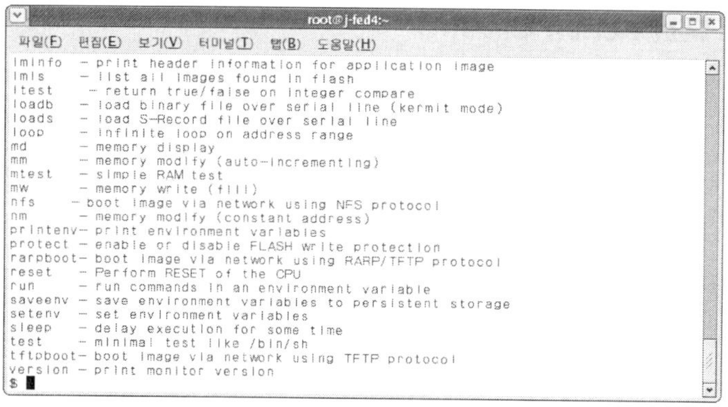

그림 2-4 부트로더 help 명령 실행 화면

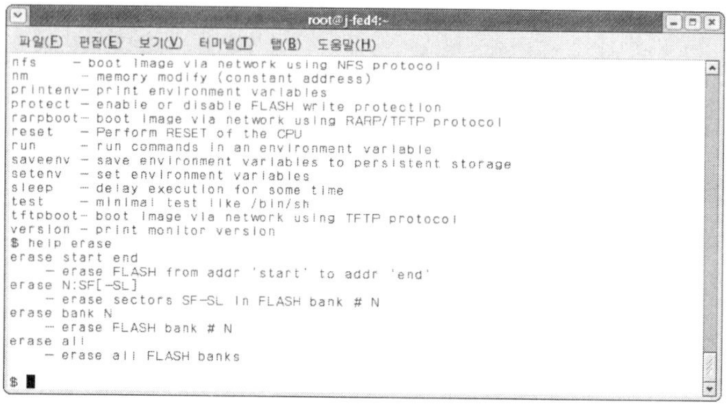

그림 2-5 'help erase' 명령 실행 화면

- **printenv**

  부트로더에 현재 설정된 전체 환경변수 값을 화면에 출력한다. 'printenv 환경변수' 식으로 명령어 다음에 환경변수가 오면 해당 값만 출력한다. 부트로더 주요 환경변수는 다음과 같다.

  » bootdelay: 임베디드 시스템 파워 ON 후 자동 부팅이 시작되기까지의 지연시간이다. 이 시간 내에 아무키나 치면 자동 부팅이 중단되고 부트로더 명령어 사용 상태로 들어간다.

  » baudrate: 호스트와 연결하는 시리얼(UART) 포트의 전송속도이다. 단위는 초당 비트 수인 bps(bit per second)이다.

» ipaddr: 임베디드 시스템(타깃 보드)의 자체 IP 주소이다. 보통 공식 IP 주소가 아닌 z192.168로 시작하는 내부 IP 주소를 사용한다(예: 192.168.31.5).

» serverip: 호스트(tftp 서버)의 IP 주소이다.(tftp를 통한 파일 전송에 필요하므로 정확한 호스트의 주소를 입력해야 한다. 호스트는 보통 인터넷 연결을 위한 공식 IP 주소를 가지지만 임베디드 시스템(타깃 보드)과 연결하기 위해서는 192.168로 시작하는 내부 IP 주소를 함께 가지도록 구성하는 경우가 많다(예: 192.168.31.10).

» netmask: 임베디드 시스템(타깃 보드)의 IP 주소에서 사용할 네트워크 마스크이다. 보통 IP 주소 클래스 C의 네트워크 마스크인 255.255.255.0을 사용한다.

» ethaddr: 임베디드 시스템의 이더넷 인터페이스의 48비트 하드웨어 주소이다. MAC(media access control) 주소라고도 한다. IP 주소와 달리 임베디드 시스템의 네트워크 인터페이스 칩에 고정되어 있다.

» bootcmd: 자동으로 부팅될 때 실행되는 명령어를 가지고 있다.

» bootargs: 부팅 시 커널에 전달되는 파라미터이다.

그림 2-6에 printenv 명령 실행 화면을 보였다. 여기서는 위에서 설명한 환경변수 baudrate = 115200, bootdelay = 6, serverip = 192.168.1.49, ipaddr = 192.168.1.50 등의 값이 설정되어 있음을 볼 수 있다.

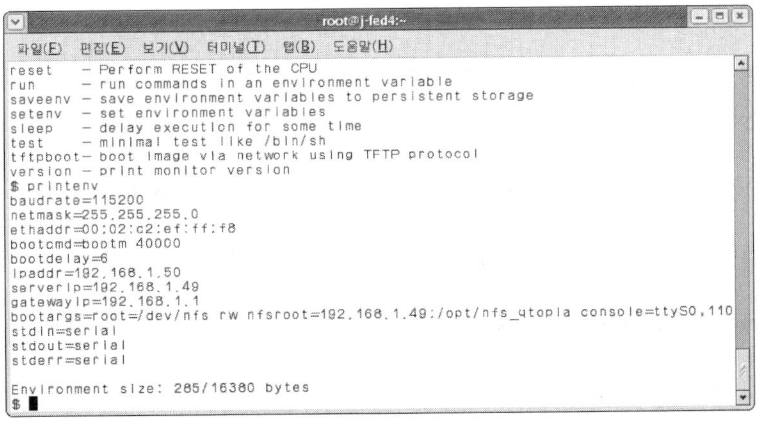

```
root@j-fed4:~
파일(F)  편집(E)  보기(V)  터미널(T)  탭(B)  도움말(H)
reset    - Perform RESET of the CPU
run      - run commands in an environment variable
saveenv  - save environment variables to persistent storage
setenv   - set environment variables
sleep    - delay execution for some time
test     - minimal test like /bin/sh
tftpboot- boot image via network using TFTP protocol
version  - print monitor version
$ printenv
baudrate=115200
netmask=255.255.255.0
ethaddr=00:02:c2:ef:ff:f8
bootcmd=bootm 40000
bootdelay=6
ipaddr=192.168.1.50
serverip=192.168.1.49
gatewayip=192.168.1.1
bootargs=root=/dev/nfs rw nfsroot=192.168.1.49:/opt/nfs_utopia console=ttyS0,110
stdin=serial
stdout=serial
stderr=serial

Environment size: 285/16380 bytes
$ █
```

그림 2-6   printenv 명령 실행 화면

- **setenv**

  지정된 환경변수 값을 설정한다. 명령어 다음에 환경변수 이름과 값이 온다. 환경변수 값을 설정 후에 플래시 메모리에 저장하려면 saveenv 명령을 사용한다.

  💬 예:

  ```
  setenv ipaddr 192.168.0.5
  setenv serverip 192.168.0.9
  setenv bootdelay 5
  ```

- **saveenv**

  현재 모든 환경변수 값을 플래시 메모리에 저장한다.

- **bootm**

  부팅을 시작하는 명령어이다. 명령어 다음에 플래시메모리에 들어 있는 커널 시작 주소와 Ramdisk 시작 주소가 온다. 단 NFS로 부팅 시에는 Ramdisk를 사용하지 않으므로 커널 시작 주소만 온다.

  💬 예:

  ```
  bootm 40000 240000 → 커널 시작 주소=40000, Ramdisk 시작 주소=240000
  bootm 40000 → NFS로 부팅 시는 커널 시작 주소만 온다.
  ```

  이 bootm 명령어와 관련된 환경변수로 bootcmd 와 bootargs가 있다.

  환경변수 bootargs는 부팅 시 커널에 전달될 파라미터를 가지고 있으며 루트파일시스템으로 NFS를 사용하는 경우,

  ```
  setenv bootargs root=/dev/nfs rw nfsroot=nfs서버IP주소:nfs디렉터리
  ```

  식으로 값을 설정하고, Ramdisk(initrd)를 사용하는 경우,

  ```
  setenv bootargs root=/dev/ram
  ```

  식으로 값을 설정한다. NFS를 사용하는 경우의 예는 다음과 같다.

  ```
  setenv bootargs root=/dev/nfs rw nfsroot=192.168.0.9:/opt/nfs
  ```

  환경변수로 bootcmd는 자동으로 부팅될 때 실행되는 명령어를 가지고 있으므로

  ```
  setenv bootcmd bootm 커널주소 ramdisk 주소
  ```

식으로 값을 설정한다. 이의 예를 다음에 보였다.

🔖**예**: setenv bootcmd bootm 40000 240000

NFS를 사용하는 경우 위에서 ramdisk 주소 부분은 필요 없다.

- **tftp**
  tftp 서버로부터 파일을 가져온다. 명령어 다음에 파일명이 온다.

🔖**예**: tftp vmlinux.uboot

호스트(tftp 서버)에서 새로운 커널을 가져와 플래시메모리에 쓰기 위해서는 먼저 erase 명령을 사용해 플래시메모리의 커널 저장 영역을 지운다. 다음에 이의 예를 보였다(명령에서 숫자는 타깃 보드에 따라 달라 질 수 있다).

🔖**예**: erase 40000 1FFFFFF

다음 위의 **tftp** 명령어를 사용해 **tftp** 서버로부터 파일을 가져온다. 이때 다운로드 받은 커널 이미지(예: vmlinux.uboot)는 DRAM 영역에 있으므로 이를 플래시메모리 영역으로 **cp.b** 명령어를 사용해 복사한다. 다음에 이의 예를 보였다(명령에서 숫자는 타깃 보드에 따라 달라 질 수 있다).

🔖**예**: cp.b a6000000 40000 8a3d46

여기에서 a6000000은 커널 이미지가 들어 있는 DRAM 시작 주소이고, 40000은 이 커널 이미지가 저장될 플래시메모리 시작 주소이며, 8a3d46는 커널의 실제 크기이다. 당연히 커널의 실제 크기는 수정된 커널마다 다르며 **tftp** 명령 종료 후 화면에 전송된 파일(커널)의 실제 크기가 표시되므로 이를 사용하면 된다.

이와 같은 부트로더 명령어들의 사용을 위해서는 호스트와 임베디드 시스템을 시리얼 라인으로 연결 후 시리얼 통신 프로그램(예: minicom)을 실행시킨다. 다음 임베디드 시스템의 파워를 ON 후 호스트에서 빨리(보통 3초 이내) 아무 키나 친다. 이때 시리얼 통신 프로그램 화면에 부트로더 프롬프트가 나타나면 부트로더 명령어를 사용할 수 있는 상태이다(임베디드 시스템의 파워 ON 후 그냥 두면 보통 자동 부팅 과정으로 넘어가며 이 상태에서는 부트로더 명령어를 사용할 수 없다).

부트로더에서의 TFTP 사용

부트로더는 네트워크 인터페이스(이더넷)를 통해 호스트에서 커널 이미지나 파일들을 가져오는 기능을 제공한다. 이때 FTP 기능을 축소한 간단한 파일 전송 프로그램인 TFTP(trivial FTP)를 사용한다. TFTP는 FTP에 비해 사용자 인증과정(사용자 ID와 비밀번호 입력)이 없고 접속된 서버 내에서 디렉터리를 이동할 수 없고 서버에서 미리 설정한 디렉터리에만 연결된다. 또 서버 디렉터리 내의 파일명을 볼 수도 없다. TFTP는 실행 코드가 작아 부트로더에 넣기 쉽고 실행을 위한 명령어는 보통 'tftp'이다.

이와 같이 TFTP는 기능이 매우 단순하고 제한되어 있으므로 일반적인 파일 전송에 사용하는 FTP와는 달리 임베디드 시스템 개발 단계에서 커널 이미지를 가져오는 데 주로 사용한다. 또 운영체제를 로컬 하드디스크에 갖고 있지 않은 네트워크 컴퓨터의 부팅 용도에도 사용된다.

다음에 부트로더(uboot) 명령어 'tftp'를 사용하여 호스트로부터 새로운 리눅스 커널을 가져와 플래시메모리에 저장하는 과정을 순서대로 보였다.

1. 먼저 부트로더 명령어 setenv를 사용해 임베디드 시스템의 IP 주소와 TFTP 서버(호스트)의 IP 주소를 설정해준다. 여기서는 임베디드 시스템의 IP 주소를 192.168.1.25, 서버(호스트)의 IP 주소를 192.168.1.26로 가정하였다. 설정 후에는 saveenv 명령어를 사용해 설정 값을 플래시메모리에 저장한다.

   💬예: setenv ipaddr 192.168.1.25

   　　　 setenv serverip 192.168.1.26

   　　　 saveenv

2. 부트로더 명령어 erase를 사용해 플래시메모리의 커널 저장 영역을 지운다. 여기서는 커널 저장 시작 주소를 40000으로 하였다.

   💬예: erase 40000 1FFFFFF

3. 부트로더 명령어 tftp를 사용해 커널 파일(vmlinux.uboot)을 가져온다. 이때는 미리 호스트의 /tftpboot 디렉터리에 크로스개발환경에서 해당 임베디드 시스템에 맞추어 컴파일해서 만든 커널 파일이 있어야 한다.

   ```
   tftp vmlinux.uboot
   ```

4. 부트로더 명령어 cp.b를 사용해 커널 이미지(커널 파일)를 플래시메모리 영역으로

복사한다. 다운로드 받은 커널 이미지는 일단 RAM에 들어있으므로 이를 플래시메모리 영역으로 복사한다.

💬**예:** cp.b 90000000 40000 8a3d46

여기서 90000000은 RAM 시작 주소, 40000 플래시메모리의 커널 시작 주소, 8a3d46은 커널 이미지 실제 크기를 각각 나타낸다. 물론 임베디드 시스템(타깃 보드)이 다르면 이 숫자도 달라진다. 커널 이미지 실제 크기는 tftp 명령 실행 후 화면에 보여지는 파일 전송량을 보면 알 수 있다.

이때 임베디드 시스템과 호스트 사이는 시리얼 통신 라인과 네트워크 라인(이더넷 UTP 케이블)이 모두 연결되어 있어야 한다. 시리얼 통신 라인은 부트로더에게 tftp 명령어를 보내기 위한 것이고 호스트에서 임베디드 시스템으로의 실제 파일 전송은 네트워크 라인을 통해 행해진다.

2-3 | NFS

NFS(network file system)는 네트워크에 연결된 다른 컴퓨터의 하드디스크 일부(파일 및 디렉터리)를 자신의 로컬 하드디스크처럼 사용할 수 있게 한다. NFS는 유닉스/리눅스에서 기본적으로 지원하는 기능이다. 임베디드 시스템 개발 단계에서 NFS를 사용하면 호스트의 하드디스크에 있는 파일들을 마치 임베디드 시스템에 들어있는 것처럼 사용할 수 있어 매우 편리하다(물론 개발 이후에는 사용하지 않는다).

NFS 서비스는 NFS 클라이언트와 NFS 서버로 구성되며 그림 2-7에 이를 보였다. 동작을 위해서는 양쪽 사이에 네트워크(이더넷) 연결이 필요하다. 이 그림에서 NFS 서버는 자신의 하드디스크 일부 내용을 다른 사용자(NFS 클라이언트)가 외부에서 접근 할 수 있도록 허용하며 이를 NFS 엑스포트(export) 동작이라 한다.

호스트 관리자는 호스트를 NFS 서버로 동작시키기 위해 호스트의 /etc/exports 파일을 먼저 작성해야 한다. 이 파일에는 NFS 클라이언트(임베디드 시스템)에게 제공할 디렉터리 이름이 들어가며 여기에는 읽기, 쓰기 등의 권한 설정도 함께 표시된다. 다음은 /etc/exports 파일의 예이다.

💬**예:** /mnt/project 192.168.1.*(rw)

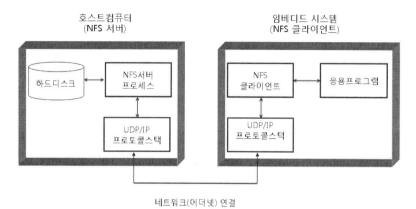

그림 2-7 NFS 서버와 클라이언트의 연결

💬**예:** /test/nfs 192.168.1.30(rw, no_root_squash)

라인의 첫 번째 필드는 외부로 허용할 NFS 서버의 디렉터리를 나타내고, 다음 필드는 이 디렉터리를 사용할 수 있는 상대방(NFS 클라이언트)을 나타낸다(보통 IP 주소나 도메인 이름을 사용한다. 이것이 없으면 해당 디렉터리가 누구에게나 오픈되었다는 의미이다). 괄호 안에는 해당 디렉터리의 접근 허용 옵션을 나타낸다. 접근 허용 옵션으로 rw는 읽고 쓰기가 가능하고(read/write), ro는 읽기 권한(read-only)만 주어진 경우이다.

NFS 서버에서 /etc/exports 파일의 내용을 수정했으면 이를 새롭게 적용하기 위해 다음 명령을 실행한다.

```
/etc/init.d/nfs restart
```

이와 같이 하여 NFS 서버에서의 설정은 끝나고 NFS 클라이언트로부터의 연결 요청을 기다리는 상태가 된다. 그러나 기본적으로 최근 리눅스 버전은 네트워크 보안의 강화를 위해 방화벽을 이용해서 외부로부터 들어오는 대부분의 통신 포트를 막아두고 있다. 따라서 이와 같은 상태에서는 NFS 클라이언트로부터의 연결 요청도 막히게 되므로 임베디드 시스템 개발 환경에서는 필요에 따라 방화벽을 해제 상태로 두는 경우가 있다. 이를 위해서는 'iptables -F' 명령을 실행하면 된다.

NFS 클라이언트에서 NFS 서버와 연결하기 위해서는 리눅스 mount 명령에서 마운트 할 파일시스템 타입을 나타내는 옵션 -t에 nfs를 다음과 같이 사용한다.

```
mount -t nfs 'NFS서버 export 디렉터리' 'NFS클라이언트 디렉터리'
```

위 mount 명령 실행 후 NFS 서버가 내보낸(export) 디렉터리가 NFS 클라이언트에 마운트되어 NFS 클라이언트에서 자신의 디렉터리처럼 사용할 수 있다. 실제 사용 예는 다음과 같다.

💬예: mount -t nfs 192.168.1.30:/test/nfs /mnt

위 예의 경우 NFS 클라이언트에서 자신의 /mnt 디렉터리에 가면 서버 디렉터리인 /test/nfs 내용이 모두 있는 것을 볼 수 있다. 즉 서버의 /test/nfs 내용이 모두 클라이언트 자신 내부에 있는 것처럼 사용할 수 있는 것이다.

임베디드 시스템 개발 과정에서 임베디드 시스템을 NFS 클라이언트로 동작시키면 임베디드 시스템 내부(플래시메모리)에는 루트파일시스템을 두지 않고 부팅 과정에서 호스트인 NFS 서버로부터 이 루트파일시스템을 가져와 사용할 수 있다. 이와 같이 하면 개발 과정에서 자주 변경해야 하는 임베디드 시스템의 루트파일시스템을 자신이 아닌 호스트에 둔 셈이므로 개발자는 호스트에서 작업하여 수정된 파일을 호스트 내의 NFS 디렉터리로 그냥 보내면 된다. 즉 호스트에서 직접 임베디드 시스템의 루트 파일시스템 내용을 수정할 수 있는 효과를 갖는 셈이다. 임베디드 시스템 부팅 과정에서 호스트가 제공하는 이 NFS 디렉터리가 루트파일시스템으로 마운트되므로 임베디드 시스템에서는 마치 자신 내부에 루트파일시스템이 있는 셈이 되어 매우 편리하다. 이 루트파일시스템은 개발 완료 후에는 임베디드 시스템 내부 (플래시메모리)에 위치해야 한다.

2-4 | 부트로더에 의한 부팅 과정

임베디드 시스템 부팅 과정은 NFS를 이용한 부팅과 자체 부팅의 경우 서로 다르다. NFS를 이용한 부팅은 임베디드 시스템 내부(플래시메모리)에는 부트로더만 있고 부팅 과정에서 호스트로부터 커널과 루트파일시스템을 가져와 사용하는 경우이다. 이와 같은 경우는 개발 단계에서 흔히 사용하며 호스트와 임베디드 시스템 사이는 네트워크 연결(이더넷 연결)이 되어 있어야 하고, 호스트에는 TFTP 서버 프로그램과 NFS 서버 프로그램이 설치되어 있어야 한다. 이때의 부팅순서는 다음과 같다.

1. 임베디드 시스템의 부트로더는 리눅스 커널을 호스트에 요청한다. 이때 호스트는 압축된 리눅스 커널 이미지를 TFTP를 사용해 임베디드 시스템에 전송하고 수신된 리눅스 커널 이미지는 임베디드 시스템의 RAM 영역에 저장된다.

2. 부트로더는 RAM에 로드된 커널로 실행권을 넘겨 커널의 압축이 해제되고 리눅스 부팅 과정이 시작된다.

3. 부팅 과정 중 NFS 기능을 사용하여 루트파일시스템을 마운트하여 부팅이 계속된다.

4. 부팅 완료 후 호스트에서 시리얼 통신 프로그램(minicom)을 통해 임베디드 시스템에 로그인한다(로그인 이후 자기 것으로 보이는 루트 파일시스템은 실제는 호스트에서 NFS를 통하여 제공하는 것이다).

자체 부팅의 경우는 임베디드 시스템 내부(플래시메모리)에 부트로더, 커널 이미지 및 루트파일시스템 모두 가지고 있는 경우이며, 이때는 호스트와의 네트워크 연결이 필요하지 않다. 이때의 부팅순서는 다음과 같다.

1. 임베디드 시스템의 부트로더는 초기화 과정이 끝난 후 플래시 메모리 내에 압축된 상태로 저장되어 있는 커널에 프로그램 실행권을 넘겨 리눅스 커널이미지와 압축된 파일시스템이 들어 있는 이미지(initrd 이미지)를 RAM 영역으로 이동한다.

2. 커널 이미지는 압축이 해제되며 RAM의 커널 실행 영역으로 이동하고 압축된 initrd 이미지도 압축이 해제되며 RAM의 Ramdisk 영역으로 이동한다.

3. 커널이 실행되며 부팅 과정 중 Ramdisk의 내용을 루트파일시스템으로 마운트하여 부팅이 계속된다.

4. 부팅 완료 후 호스트에서 시리얼 통신 프로그램(minicom)을 통해 임베디드 시스템에 로그인하여 필요한 작업을 수행한다.

2-5 | 루트 파일시스템

루트(root) 파일시스템은 리눅스에서 최상위 파일시스템이며 리눅스 자체의 동작을 위해서는 반드시 필요하다. 임베디드 시스템 개발 과정에서 루트 파일시스템을 만드는 과정은 반드시 포함된다. 루트 파일시스템은 개발 과정에서는 편의상 앞에서 설명한 호스트의 NFS 디렉터리에 두는 경우가 많지만 개발이 완료되면 반드시 임베디드 시스템 내부의 플래시 메모리로 옮겨야 한다. 임베디드 시스템에서의 루트 파일시스템에는 일반 리눅스 경우와 달리 임베디드 시스템에서 반드시 필요로 하는 파일들만 넣어 그 크기를 최소화할 필요가 있다.

리눅스에서 커널 부팅 과정은 루트 파일시스템이 마운트되고 프로세스 ID 1번인 init 프로세스가 생성될 때 까지이고 이후 단계는 시스템 초기화 과정이다. 이때 시스템 초기화 과정에 필요한 각종 파일들은 모두 루트 파일시스템 내에 있어야 한다. 이 파일들에는 쉘 실행 파일인 bash, init 프로세스 실행 시 필요로 하는 각종 라이브러리(/lib/libc.so.6 등), 초기화 소스가 들어 있는 각종 쉘 스크립트 파일 및 각종 설정 파일 등이 있다.

이 외에도 시스템 초기화 과정 이후 임베디드 시스템 작동에 필요한 각종 유틸리티 파일들과 사용자 응용 프로그램 파일들 및 이들 응용 프로그램이 필요로 하는 각종 라이브러리 파일들도 모두 루트 파일시스템에 있어야 한다.

필수 디렉터리 생성

여기서는 호스트 컴퓨터의 /test/nfs 디렉터리에 임베디드 시스템의 루트 파일시스템을 생성하고 이 디렉터리를 NFS를 사용하여 임베디드 시스템에 마운트시켜 동작하는 것으로 가정하였다. 먼저 루트 파일시스템을 구축할 /test/nfs 디렉터리로 가서 리눅스에서 사용되는 필수 디렉터리를 생성한다. 이때 생성할 디렉터리는 bin, sbin, etc, etc/rc.d, lib, lib/modules, dev, usr, usr/bin, root, proc, mnt, var, var/run, var/log 등이다. 다음에 이를 위한 명령어 예를 보였다.

> 예: cd /test/nfs
>
>   mkdir bin, sbin, etc, etc/rc.d, lib, lib/modules, dev, usr, usr/bin ......

다음 dev 디렉터리로 이동하여 mknod 명령을 사용해 임베디드 시스템에서 필요한 디바이스 파일들을 생성한다. 다음에 이를 위한 명령어 예를 보였다.

> 예: mknod null c 1 3
>
>   mknod zero c 1 5
>
>   mknod console c 5 1

다음 필요한 라이브러리 파일들을 /test/nfs/lib 디렉터리로 복사한다. 여기서 라이브러리 파일들은 교차개발환경 설치 시 해당 임베디드 시스템에 맞추어 이미 크로스 컴파일된 파일들이다. 복사할 라이브러리 파일들은 표준 C 라이브러리인 libc-2.3.2.so를 비롯하여 libm-2.3.2.so, libdl-2.3.2.so, libnsl-2.3.2.so, libcrypt-2.3.2, libnss_compat-2.3.2.so, ld-2.3.2.so 등이다(현 실행 파일이 필요로 하는 라이브러리 목록은 라이브러리의 종속성을 보여주는 명령 ldd를 사용하면 볼 수 있다).

다음 /test/nfs/lib 디렉터리로 이동하여 이곳으로 복사한 라이브러리 파일들에 대한 심벌릭 링크(symbolic link)를 'ln -s' 명령을 사용해 다음 예와 같이 만든다.

🗨예: cd /test/nfs/lib

　　　ln -s ./libc-2.3.2.so libc.so.6

　　　ln -s ./libm-2.3.2.so libm.so.6

　　　ln -s ./libdl-2.3.2.so libdl.so

　　　ln -s ./libdl-2.3.2.so libdl.so.2

　　　ln -s ./libnsl-2.3.2.so libnsl.so.1

　　.................

심벌릭 링크가 설정되면 심벌 링크 파일을 통해 실제 파일을 억세스할 수 있다. 예를 들어 심벌 링크 파일인 libdl.so를 통해 실제 파일 libdl-2.3.2.so가 억세스된다.

init 프로그램 설치

이상의 과정에서 루트 파일시스템의 필수 디렉터리가 생성되었으면 다음 단계로 시스템 초기화를 수행하는 init 프로그램을 설치한다. init 프로그램 설치 과정에서 필요 실행 파일들이 루트 파일시스템의 해당 디렉터리(예: /test/nfs/sbin, /test/nfs/bin, /test/nfs/usr/bin 등)에 복사되므로 이들 디렉터리들이 미리 생성되어 있어야 한다. init 프로그램의 대표적인 것으로는 SysV init이 있다. 소스는 FTP 사이트인 ftp.debian.org에서 구할 수 있다. 다운로드 받은 파일은 다음 명령으로 압축을 푼다(여러 버전이 있으며 여기서는 파일 예를 sysvinit_2.86.ds1.orig.tar.gz로 하였다).

```
tar -xzf sysvinit_2.86.ds1.orig.tar.gz
```

다음 위 명령으로 생성된 sysvinit-2.86.ds1.orig/src 디렉터리로 이동한다. 그림 2-8에 이 디렉터리 내용을 보였다.

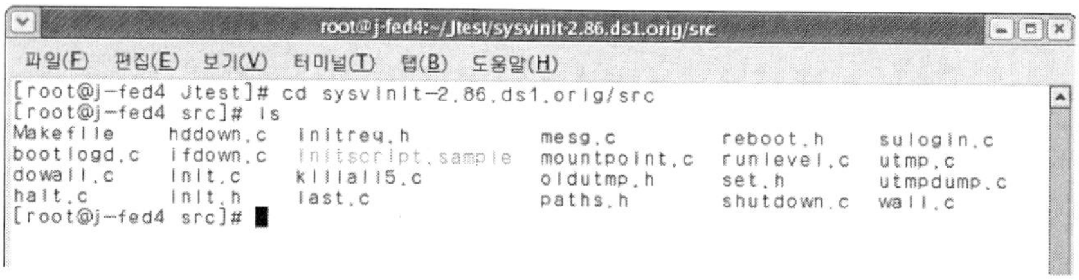

그림 2-8　sysvinit-2.86.ds1.orig/src

이 디렉터리의 Makefile은 C 컴파일러를 가리키는 매크로인 CC가 'CC=gcc'로 되어 있으므로 다음 명령으로 C 컴파일러를 ARM 크로스 컴파일러로 지정하여 컴파일한다.

```
make CC=arm-linux-gcc all
```

컴파일 후 다음 명령을 실행하여 /test/nfs 디렉터리에 init 프로그램을 설치한다. 여기서 ROOT는 src 디렉터리의 Makefile 내에 정의된 매크로로서 init 프로그램을 설치하려는 루트 파일시스템의 위치를 나타낸다.

```
make ROOT=/test/nfs install
```

init 프로그램은 파일 /etc/inittab 내용을 수행하므로 이 파일을 호스트의 /test/nfs/etc 디렉터리에 다음 예와 같이 만들어준다(호스트의 /test/nfs/etc 디렉터리는 NFS로 임베디드 시스템에 마운트되면 임베디드 시스템의 /etc에 해당한다).

```
# The default runlevel.
id:3:initdefault:

# Boot-time system configuration/initialization script.
si::sysinit:/etc/rc.d/rc.sysinit

# What to do in single-user mode.
~~:S:wait:/sbin/sulogin

# What to do when CTRL-ALT-DEL is pressed.
ca:12345:ctrlaltdel:/sbin/shutdown -t1 -r now

# What to do when the power fails/returns.
pf::powerwait:/etc/init.d/powerfail start
pn::powerfailnow:/etc/init.d/powerfail now
po::powerokwait:/etc/init.d/powerfail stop

# /sbin/getty invocations for the runlevels.
1:2345:respawn:/sbin/getty 38400 tty1
2:23:respawn:/sbin/getty 38400 tty2

# Example how to put a getty on a serial line (for a terminal)
#T0:2345:respawn:/sbin/getty -n -l /sbin/autologin 115200 ttyS0
T0:12345:respawn:/sbin/getty -L ttyS0 115200 vt100
```

위 /etc/inittab 파일에 나와 있는 '/etc/rc.d/rc.sysinit' 파일은 초기화 과정에서 수행되는 쉘 스크립트이며 디렉터리 /test/nfs/etc/rc.d에 다음 예와 같이 만들어준다.

```
#!/bin/sh
# /etc/rc.d/rc.sysinit - run once at boot time
#
# Set the path
PATH=/bin:/sbin:/usr/bin:/usr/sbin
export PATH


if [ -f /etc/sysconfig/network ]; then
    ./etc/sysconfig/network
else
    NETWORKING=no
    HOSTNAME=localhost
fi

mount -n -o remount,rw /

# Set the hostname.
hostname $HOST_NAME

mount -f /
mount -n -t proc /proc /proc

mount -a
```

위의 rc.sysinit 파일이 쉘(/bin/sh)에 의해 실행되려면 파일의 퍼미션(permission)이 실행 가능 상태이어야 한다. 따라서 다음 명령을 주어 이 파일을 실행 가능하도록 만든다.

```
chmod +x /test/nfs/etc/rc.d/rc.sysinit
```

다음 /etc/fstab 파일을 아래 예와 같이 만들어 마운트할 디바이스들을 지정한다.

```
/dev/root    /       ext2    ro      0 0
/dev/ram0    /tmp        ext2    defaults        0 0
none    /proc       proc    defaults      0 0
none     /dev/pts     devpts mode=0622   0 0
```

passwd 파일 작성

init 프로그램 설치를 마치면 로그인과 관련된 파일들을 만들어 주어야 한다. 먼저 사용자 계정을 가지는 passwd 파일을 작성한다. 이 파일의 위치는 원래 /etc 디렉터리이므로 루트 파일시스템 구축 과정에서는 /test/nfs/etc 디렉터리에 두면 된다.

이 파일 내의 사용자 계정은 root ID 한 개만 만들어도 되며, 만일 임베디드 시스템에서 웹서버를 동작시키려면 웹서버 프로세스 실행 권한을 위한 nobody 계정도 만들어야 한다. 파일 내용의 예를 다음에 보였다. 처음 필드가 사용자 ID이고 다음 필드가 비밀번호인데 리눅스에서는 보안을 위해 비밀번호를 /etc/shadow 파일에 따로 보관하므로 모두 'x'로 되어 있다.

```
root:x:0:0:root:/root:/bin/bash
bin:x:1:1:bin:/bin:
daemon:x:2:2:daemon:/sbin:
nobody:x:999:999:Nobody:/:
```

passwd 파일의 파일 접근 권한은 일반 사용자에게는 Read 권한만 부여하고 관리자만 이 Read/Write 권한을 모두 갖게 되어 있다. 이렇게 권한을 부여하기 위해서는 chmod 명령을 사용해 다음과 같은 식으로 하면 된다. 단, 임베디드 시스템에서는 일반 사용자가 없는 경우가 많으므로 반드시 이렇게 할 필요는 없다.

```
chmod 644 /test/nfs/etc/passwd
```

다음 passwd 파일의 사용자 계정에 대한 비밀번호를 가지고 있는 shadow 파일을 작성한다. 이 파일의 위치도 /test/nfs/etc 디렉터리에 둔다. 이 파일의 내용의 예를 다음에 보였다.

```
root::0:0:99999:7:-1:-1:33637592
bin:*:10897:0:99999:7:::
daemon:*:10897:0:99999:7:::
nobody:*:10897:0:99999:7:::
```

위에서 root:: 부분은 암호가 설정되어 있지 않다는 의미이다. shadow 파일의 파일 접근 권한은 일반 사용자에게는 모두 금지되고 관리자만이 Read 권한을 갖게 되어 있다.

다음 그룹 계정을 가지는 group 파일을 작성한다. 이 파일의 내용의 예를 다음에 보였다.

```
root::0:root
bin::1:root,bin,daemon
daemon::2:root,bin,daemon
sys::3:root,bin,adm
tty::5:
mem::8:
kmem::9:
console:x:101:
nobody::999
```

BusyBox 설치

루트 파일시스템 구축의 마지막 단계로 BusyBox를 사용하여 임베디드 시스템에 필요한 각종 리눅스 유틸리티 및 응용 프로그램들을 설치하는 과정을 설명한다. 현재 BusyBox 소스 코드는 다음 사이트에서 구할 수 있다.

```
http://www.busybox.net/downloads/
```

여기에는 여러 버전의 소스들이 있는데 현재 버전 1.22까지 나와 있다.(2014년 기준) 여기서는 버전 1.8을 예를 들어 설명한다. 다운로드 받은 파일(busybox-1.8.0.tar.bz2)을 다음 명령으로 압축을 푼다. 여기서 tar 명령 옵션 j는 소스 파일 확장자 .bz2를 풀기 위해 사용되었다.

```
tar -xjf  busybox-1.8.0.tar.bz2
```

다음 명령으로 생성된 디렉터리(예: busybox-1.8.0)로 이동 후 그림 2-9의 BusyBox 환경 설정 화면을 띄운다.

```
cd busybox-1.8.0
make menuconfig
```

이 화면에서 개발하려는 임베디드 시스템에서 필요로 하는 각종 사항만을 골라 선택 또는 해제할 수 있다. 그림 2-9 화면에서 Coreutils 항목을 선택하면 그림 2-10 화면이 나온다. 여기서는 리눅스에서 자주 사용되는 일반 사용자용의 각종 유틸리티 및 응용 프로그램들의 목록이 나온다. 화면 좌측 아래의 + 표시는 목록이 아래로 계속된다는 표시이며 화살표 키를 사용해 목록을 아래로 계속 볼 수 있다.

이들 중 임베디드 시스템에서 필요한 것만 선택하고 나머지는 모두 선택 해제한다. 화면에서는 초기값이 모두 선택으로 되어 있는데 예를 들어 달력을 표시하는 cal 명령은 필요없으므로 해제한다. 이와 같이 임베디드 시스템에서 필요 없는 항목들은 가능하면 선택 해제해서 파일시스템 크기를 줄이도록 한다.

그림 2-9 BusyBox 환경 설정 초기 화면

그림 2-9 화면에서 Linux System Utilities 항목을 선택하면 그림 2-11 화면이 나온다. 여기서는 시스템 유지/관리에 필요한 각종 유틸리티의 목록이 나오며 이들 중 임베디드 시스템에서 필요한 것만 선택하고 나머지는 모두 선택 해제한다(예를 들어 플로피 디스켓 포맷 명령인 fdformat은 필요 없으므로 해제한다).

그림 2-10 BusyBox Coreutils 항목

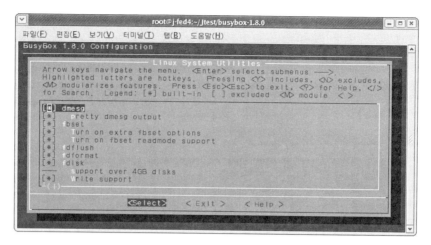

그림 2-11　BusyBox Linux System Utilities 항목

　　그림 2-9 화면에서 Networking Utilities 항목을 선택하면 그림 2-12 화면이 나온다. 여기서는 네트워트 관련 각종 유틸리티의 목록이 나오며 이들 중 임베디드 시스템에서 필요한 것만 선택하고 나머지는 모두 선택 해제한다.

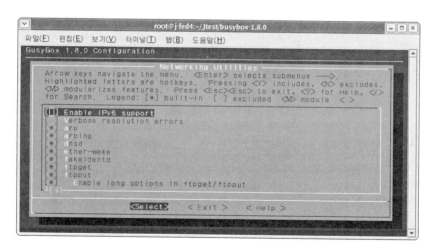

그림 2-12　BusyBox Networking Utilites 항목

　　그림 2-9 화면에서 Linux Module Utilities 항목을 선택하면 그림 2-13 화면이 나온다. 여기서는 모듈 관련 각종 유틸리티의 목록이 나오며 이들 중 임베디드 시스템에서 필요한 것만 선택하고 나머지는 모두 선택 해제한다.

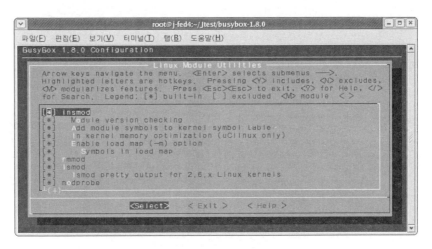

그림 2-13 BusyBox Linux Module Utilities 항목

그림 2-9 화면에서 Login/Password Management Utilities 항목을 선택하면 그림 2-14 화면이 나온다.

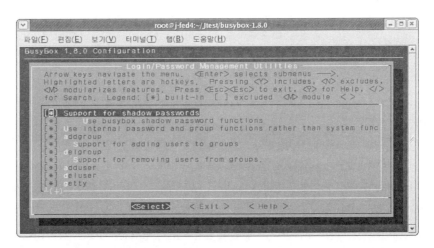

그림 2-14 BusyBox Login/Password Management Utilities 항목

여기서는 로그인 및 사용자 관리와 비밀번호 관련 각종 유틸리티의 목록이 나오며 이들 중 임베디드 시스템에서 필요한 것만 선택하고 나머지는 모두 선택 해제한다. 예를 들어 그룹이나 사용자를 시스템에 추가/삭제하는 명령인 addgroup, delgroup, adduser, deluser 등은 임베디드 시스템에서 대부분 필요 없으므로 모두 선택 해제한다.

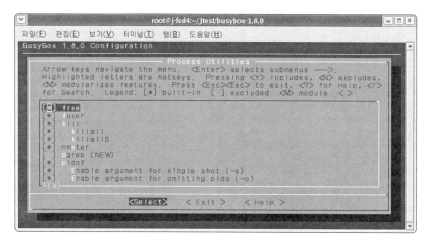

그림 2-15 BusyBox Process Utilities 항목

그림 2-9 화면에서 Process Utilities 항목을 선택하면 그림 2-15 화면이 나온다. 여기서는 프로세스 운영 및 관리를 위한 각종 유틸리티의 목록이 나오며 이들 중 임베디드 시스템에서 필요한 것만 선택하고 나머지는 모두 선택 해제한다.

BusyBox 설정이 모두 완료되면 그림 2-9 환경 설정 초기 화면에서 'Exit'를 선택하여 설정 내용을 저장 후 종료한다.

다음 크로스 컴파일 및 설치를 한다. 이를 위해 다음 명령을 사용한다.

```
make  CROSS_COMPILE=arm-linux- all
make install
```

위의 make 명령에서 CROSS_COMPILE=arm-linux- 부분은 BusyBox 소스 디렉터리의 Makefile에서 크로스 컴파일러를 지정하는 매크로로 CROSS_COMPILE을 사용하기 때문에 포함되었다. 설치 과정이 끝나면 _install 디렉터리가 생성되고 이 디렉터리 아래의 bin과 sbin 디렉터리를 구축하려는 루트 파일시스템 디렉터리(여기서는 /test/nfs)로 복사한다.

2-6 | 램디스크

램디스크(Ramdisk)란 메모리에 일반 하드디스크에서와 같은 파일시스템을 구축한 것이다. 램디스크를 이용하면 메모리에 파일들을 둘 수 있으므로 메모리를 하드디스크처럼 사용 할 수 있다. 물론 RAM상에 존재하므로 전원 OFF 시에는 내용이 소멸되나 속도가 매우 빠르며 임베디드 시스템에서는 플래시 메모리와 함께 사용되어 서로 보완하는 효과가 있다. 램디스크는 하드디스크가 없는 임베디드 시스템에서 루트 파일시스템을 구축하는 데 필요하며 루트 파일시스템만이 아니라 일반 파일시스템도 여기에 둘 수 있다.

램디스크에 일반 파일시스템을 구축하는 과정은 다음과 같다.

1. 다음 명령에 의해 4M바이트 크기의 연속된 파일 공간을 얻는다.

```
dd if=/dev/zero of=tmp-fs bs=1k count=4096
```

여기서는 파일명을 tmp-fs로 하였다. dd 명령은 if(input file)로 지정된 /dev/zero 내용(즉 null)을 of(output file)로 지정된 tmp-fs에 주어진 크기만큼 채운다. 여기서 bs(block size)는 1K 바이트이고 count로 나타낸 블록 개수는 4096이므로 결국 4M바이트 크기의 파일이 얻어진다.

2. 다음의 명령으로 파일시스템을 생성한다. 여기서 mke2fs는 파일시스템 생성 명령이다. 그림 2-16에 이 명령의 실행 화면을 보였다.

```
mke2fs tmp-fs
```

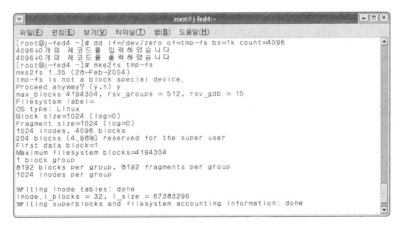

그림 2-16   mke2fs tmp-fs 실행 화면

3. 이와 같이 만들어진 파일시스템을 다음 명령으로 디렉터리 /mnt에 마운트한다.

```
mount -o loop tmp-fs /mnt
```

mount 명령에서 -o loop는 마운트 옵션으로 루프백(loopback) 디바이스를 지시한다. 루프백 디바이스는 일반 파일을 블록디바이스처럼 사용할 수 있도록 한다. 따라서 일반 파일 형태인 tmp-fs(내부에는 파일시스템이 생성되어 있음)를 블록디바이스처럼 사용하여 마운트시킬 수 있는 것이다. 단 리눅스 커널에서 루프백 디바이스 기능이 지원되어야 한다.

그림 2-17은 이 파일시스템을 마운트시킨 후 df 명령으로 확인한 화면이다. df 명령은 현 시스템에 마운트된 각 파일시스템의 크기와 현 사용량을 표시한다. 여기서 df 명령의 마지막 줄에 파일시스템 tmp-fs 가 /mnt 디렉터리에 마운트된 것을 볼 수 있다. 여기서는 파일시스템 크기가 처음의 4096 개의 블록보다 약간 준 것으로 나오는데, 이는 mke2fs 명령으로 파일시스템 생성 시 일부 블록을 파일시스템 내부에서 사용하기 때문이다.

그림 2-17에는 cd /mnt 명령으로 마운트된 파일시스템으로 이동 후 ls 명령을 시행한 화면과 여기서 mkdir temp 명령으로 디렉터리를 만들어본 결과가 나와 있다. 이동 후 최초 ls 시는 초기에 비어 있는 파일시스템이므로 lost+found 디렉터리만 보이지만 두 번째 ls 시는 mkdir temp 명령으로 생성된 temp 디렉터리도 함께 보인다. 이와 같은 식으로 /mnt 디렉터리에 마치 하드디스크처럼 파일이나 서브디렉터리를 생성하거나 필요한 내용을 복사할 수 있다.

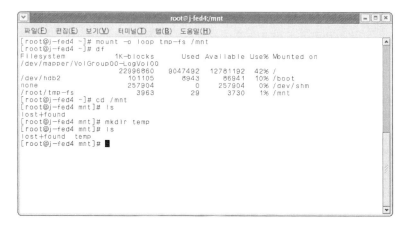

그림 2-17   tmp-fs를 마운트 시킨 화면

이와 같은 과정으로 파일시스템에 필요한 내용이 모두 만들어지면 언마운트시킨 후 임베디드 시스템에서 사용 하기 위해 압축하여 플래시메모리에 저장해 둔다. 임베디드 시스템에서는 이후 필요시 이를 마운트시켜 램디스크로 사용하면 된다. 파일시스템 내용을 수정하려면 이 파일을 'mount -o loop tmp-fs /mnt' 명령을 사용하여 다시 마운트시켜 'cd /mnt' 하여 해당 디렉터리로 간 후 여기서 각종 수정 작업을 하면 된다.

initrd(initial ram disk)

이상에서 설명한 램디스크는 리눅스 부팅 완료 후에 사용 가능한 데 비해 initrd(initial ram disk)는 리눅스 부팅 과정에서 사용할 수 있는 임시 루트 파일시스템을 포함한 램디스크이다. 보통 임베디드 시스템의 경우 플래시 메모리에 initrd 이미지를 압축된 형태로 저장하고 있다가 부팅 초기에 부트로더가 이를 풀어 RAM으로 이동시킨다. 이후 부트로더가 커널에게 실행권을 넘기면 커널은 부팅 과정에서 initrd 이미지를 램디스크로 동작시켜 루트 파일시스템으로 마운트시킨다.

initrd를 만드는 과정도 위에서 설명한 일반 램디스크 만드는 과정과 유사하다.

1. 다음 명령으로 루트파일시스템으로 동작시킬 원하는 크기의 파일을 생성한다. 여기서는 파일명을 root-fs로 하고 크기를 16MB로 하였다.

```
dd if=/dev/zero of=root-fs bs=1k count=16384
```

2. 다음 명령으로 파일시스템을 생성한다.

```
mke2fs root-fs
```

3. 다음 명령을 사용하여 마운트시킨 후 /mnt 디렉터리로 이동한다.

```
mount -o loop root-fs /mnt
cd /mnt
```

4. 다음 이 디렉터리에 루트파일시스템에 반드시 필요한 서브디렉터리들인 bin, sbin, etc, lib, usr, dev, proc 등을 만들고 이들 디렉터리들에게 필요 파일들을 복사한다.

5. 다음 명령으로 언마운트시키고 압축시킨다.

```
umount /mnt
gzip root-fs
```

이와 같이 압축된 파일 이미지에 부트로더에 따라서 필요한 헤더를 덧붙인 후 이를 임베디드 시스템의 플래시 메모리로 복사한다.

2-7 | JFFS

JFFS(journalling flash file system)는 전원이 갑자기 OFF될 경우에도 데이터를 안정적으로 보호할 수 있는 기능(저널링 기능)을 가진 플래시 메모리에 구축된 파일시스템이다. 임베디드 시스템에서의 파일시스템은 대부분 JFFS(JFFS2)를 사용한다. 저널링 파일시스템은 동작 시 파일시스템의 변화 내용을 별도의 로그 파일에 기록하며 따라서 갑작스런 전원 OFF 등 이상 발생 시 복구가 가능하도록 하는 기능을 제공한다.

JFFS는 파일시스템의 변화 내용을 별도의 로그 파일에 기록하는 과정에서 시스템의 부하는 일부 증가하지만 파일시스템의 안정성은 크게 높아진다. 반면 하드디스크에 구현되는 일반 파일시스템의 경우 디스크 버퍼(메모리)의 내용을 하드디스크에 쓰기 전에 전원이 갑자기 OFF되면 디스크 버퍼 내용은 사라지므로 파일시스템에 이상이 올 수 있다.

저널링 파일시스템은 플래시 메모리에 구축되는 JFFS 외에도 하드디스크에 구축될 수도 있으며 이 경우에도 역시 데이터를 쓰기 전에 그 작업 내용을 로그로 남기기 때문에 이상이 발생 시 이 로그 기록에 의해 파일시스템을 다시 복구할 수 있는 확률이 커지게 된다. 리눅스에서 널리 쓰이는 저널링 파일시스템으로는 리눅스의 기본 파일시스템인 Ext2를 기반으로 한 Ext3가 있고 이외에도 XFS(extended file system) 등이 있다.

JFFS는 리눅스 커널에서 제공하는 기능인 MTD(memory technology device) 위에서 동작하므로 플래시 메모리 종류에 관계 없이 독립적으로 사용할 수 있는 장점이 있다. MTD는 플래시 메모리 파일시스템에 대한 인터페이스를 제공하므로 플래시 메모리에 파일시스템을 쉽게 구현할 수 있다. 단 임베디드 시스템에서 이 기능을 사용하려면 리눅스 커널 환경 설정 과정에서 MTD 항목을 사용 선택해주어야 한다.

JFFS는 하드디스크 상에서 동작하는 저널링 파일시스템(Ext3, XFS 등)보다 성능은 떨어지지만 플래시 메모리상에서 동작하는 저널링 파일시스템이라는 점 때문에 임베디드 시스템에서 중요하다. 그러나 플래시 메모리에서 빈 공간을 한데 모으는 가비지 컬렉션(garbage collection)에 시간이 많이 걸리고 압축 기능이 없는 단점 등이 있어 실제로는 기능을 향상시킨 JFFS2가 임베디드 시스템에서 많이 사용된다.

JFFS2는 부분적으로 사용하는 블록을 다른 곳으로 옮겨 유효한 블록을 확보하는 방식으로 가비지 컬렉션에 시간을 단축시켰고, 가비지 컬렉션 실행 과정에서 연속적인 읽기/쓰기 동작을 통해 특정 부분에 집중된 파일을 플래시 메모리의 여러 부분으로 분산시킨다. 이와 같이 함으로써 플래시 메모리의 특정 부분이 계속적으로 엑세스되어 수명을 단축시키는 문제를 방지한다. 이와 같이 전체 플래시 메모리 블록을 골고루 사용하도록 하는 기술을 웨어레벨링(wear-leveling)이라 하며 플래시 메모리 사용 시 필수적인 기술이다. 또 쓰기 동작이 완전히 성공하기 전까지는 다른 파일을 변경하지 않도록 하여 파일시스템의 안정성을 높이고 있다. 그 밖에 데이터 압축 기능을 제공하고 플래시 메모리 불량 섹터 기록 기능 등이 있다.

2-8 | 리눅스 파일시스템

리눅스는 앞에서 설명한 파일시스템인 JFFS/JFFS2 외에도 여러 종류의 파일시스템을 지원한다. 리눅스는 내부에 가상 파일시스템인 VFS(virtual file system) 구조를 가지고 있어 VFS가 지원하는 여러 종류의 파일시스템들을 동시에 마운트(mount)시켜 사용할 수 있다(리눅스에서 MS 윈도우즈용 파일시스템인 FAT나 NTFS도 사용할 수 있다). 서버나 일반 PC에 설치된 리눅스의 경우에는 리눅스의 기본 파일시스템인 EXT2(second extended file system), 저널링 기능을 가지고 있는 EXT3, ReiserFS, XFS(extended file system) 등을 파일시스템으로 사용한다. 또 MS 윈도우즈용 파일시스템인 FAT, NTFS도 지원한다.

리눅스 기본 파일시스템은 EXT2이다(EXT3 파일시스템은 EXT2에 저널링 기능을 추가한 것이다). 여기서는 기본 파일시스템인 EXT2에 대해 설명한다. EXT2 파일시스템도 다른 파일시스템들과 마찬가지로 모든 파일이나 디렉터리들은 블록(block) 단위로 저장된다. EXT2 파일시스템을 만드는 명령은 mke2fs나 mkfs이며 사용법은 다음과 같다. 이 명령어에서 -b 옵션으로 파일시스템이 만들어질 때의 블록 크기를 지정할 수 있다. 이 옵션을 생략하면 파일시스템 크기에 의해 자동으로 결정되고 1024, 2048, 4096 바이트 중에서 하나가 된다.

```
mke2fs '블록디바이스 장치명'  (사용예: mke2fs /dev/hdb1)
mkfs -t ext2 '블록디바이스 장치명' (사용예: mkfs -t /dev/hdb1)
```

그림 2-18에 EXT2 파일시스템의 블록 구성을 보였다.

여기서 첫 번째 블록인 블록 0은 파티션 부트 섹터용이고, 두 번째 블록인 블록 1부터 블록 그룹이 시작된다. 블록 번호는 32비트로 나타낸다. EXT2 파일시스템은 여러 개의 블록 그룹으로 구성되어 있으며 각 블록 그룹은 수퍼블록(superblock), 그룹 디스크립터 (group descriptor), 블록 비트맵(block bitmap), inode 비트맵, inode 테이블 및 블록 그룹의 대부분을 차지하는 데이터 블록들로 구성되어 있다.

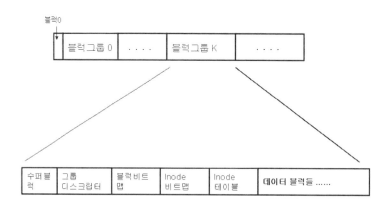

그림 2-18   EXT2 파일시스템 블록 구성도

데이터 블록 부분이 실제 파일이나 디렉터리 저장에 사용되는 부분이고 파일시스템 구성의 대부분을 차지하며, 수퍼블록부터 inode 테이블 부분은 파일시스템 자체의 구조를 표현하는 정보를 담는 데 필요한 부분(블록들)이다. 이들의 세부적인 구조는 리눅스 커널 소스 루트 디렉터리 아래의 include/linux/ext2_fs.h 파일에 정의되어 있다.

수퍼블록은 블록 크기나 비어 있는 블록의 개수 등 파일시스템 전체에 관한 내용이 들어 있다. 따라서 이 부분은 파일시스템 내의 각 블록그룹마다 그 내용이 동일하므로 하나의 파일시스템에는 동일한 내용을 담고 있는 수퍼블록이 여러 개(블록그룹 개수만큼) 있는 셈이고 이들이 서로 다르다면 파일시스템에 이상이 있는 경우이다. 다음과 같이 e2fsck 명령을 사용하여 EXT2 파일시스템의 이상을 조사하고 이상이 있는 경우 이를 복구할 수도 있다.(단 e2fsck 명령 사용 시 파일시스템을 언마운트(unmount)시킨 후 해야 한다.)

e2fsck '블록디바이스 장치명' (사용 예: e2fsck /dev/hdb1)

수퍼블록에 들어있는 주요 내용은 다음과 같다.

• **Magic Number:** EXT2 파일시스템의 수퍼블록임을 나타내는 숫자이다. 현재 버전에서는 16진수로 0 × EF53으로 되어 있다.

- **Block Size:** EXT2 파일시스템의 블록 크기를 바이트 단위로 나타낸다.

- **Blocks per Group:** 블록 그룹에 속하는 블록의 개수이다. 파일시스템 생성 시 정해진다.

- **Free Blocks:** 파일시스템 내의 free block 개수이다

- **Free Inode:** 파일시스템 내의 free inode 개수이다.

- **Inodes per group:** 각 블록 그룹당 inode 개수이다.

- **First Inode:** 파일시스템 내의 첫 번째 inode의 번호이다.

리눅스 커널 소스 루트 디렉터리 아래의 include/linux/ext2_fs.h 파일에 정의된 수퍼블록 구조체의 일부를 다음에 보였다. 여기서 데이터 타입 '__u32'는 32비트 부호 없는 정수(unsinged number)를 나타내며 커널 프로그래밍에서는 CPU에 종속되지 않는 데이터 타입을 사용하기 위하여 이와 같은 표현을 주로 사용한다. '__u16'은 16비트 부호 없는 정수(unsinged number)를 나타낸다.

ext2_fs.h 파일 내용(일부):

```
    ....................

struct ext2_super_block {
  __u32   s_inodes_count;    /* Inodes count */
  __u32   s_blocks_count;    /* Blocks count */
  __u32   s_r_blocks_count;  /* Reserved blocks count */
  __u32   s_free_blocks_count;   /* Free blocks count */
  __u32   s_free_inodes_count;   /* Free inodes count */
  __u32   s_first_data_block;/* First Data Block */
  __u32   s_log_block_size;  /* Block size */
  __s32   s_log_frag_size;   /* Fragment size */
  __u32   s_blocks_per_group;/* # Blocks per group */
  __u32   s_frags_per_group; /* # Fragments per group */
  __u32   s_inodes_per_group;/* # Inodes per group */
    ....................

}
    ....................
```

EXT2 파일시스템의 수퍼블록의 내용을 보려면 dumpe2fs 명령을 사용한다.

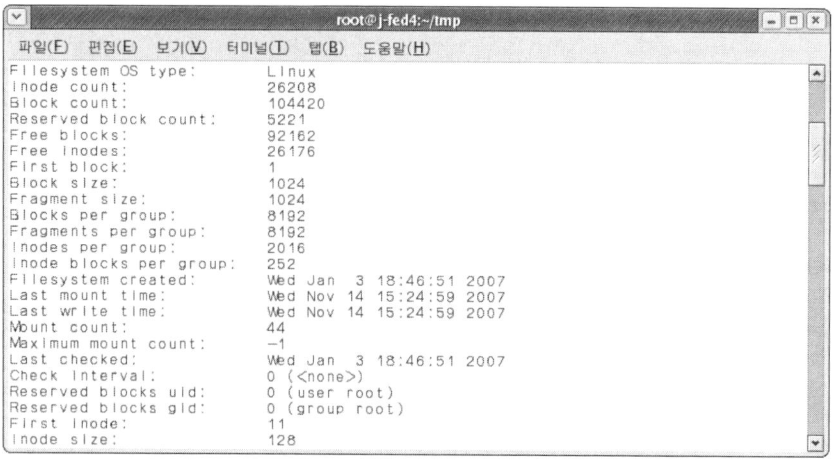

그림 2-19 'dumpe2fs /dev/hda2' 실행 화면(일부)

dumpe2fs '블록디바이스 장치명' (사용 예: dumpe2fs /dev/hdb1)

그림 2-19는 이를 수행한 결과 화면(일부)이다. 이 명령은 파일시스템 전체에 대한 정보를 보여주며 이 중 수퍼블록에 관한 내용은 아래에서 Block Size, Free Blocks, Free Inode, Blocks per Group, Inodes per group 등을 확인할 수 있다.

그룹 디스크립터에는 블록 비트맵(Block Bitmap)이 들어 있는 블록의 위치를 가리키는 정보, Inode 비트맵이 들어 있는 블록의 위치를 가리키는 정보, Inode 테이블의 시작 불럭의 위치를 가리키는 정보(Inode 테이블은 여러 블록으로 구성되어 있다), Free Blocks 개수, Free Inode 개수 및 사용된 디렉터리 개수가 들어 있다. 그룹 디스크립터의 자료구조는 앞에서 나온 ext2_fs.h 파일에 다음과 같은 구조체로 정의되어 있다.

```
struct ext2_group_desc
{
  __u32    bg_block_bitmap;          /* Blocks bitmap block */
  __u32    bg_inode_bitmap;          /* Inodes bitmap block */
  __u32    bg_inode_table;           /* Inodes table block */
  __u16    bg_free_blocks_count;      /* Free blocks count */
  __u16    bg_free_inodes_count;      /* Free inodes count */
  __u16    bg_used_dirs_count;       /* Directories count */
  __u16    bg_pad;
  __u32    bg_reserved[3];
```

```
};
```

위에서 변수 bg_block_bitmap이 블록 비트맵 블록을 가리키는데, 이 블록에서는 각 비트가 블록 그룹 내 각 블록의 사용 여부를 나타낸다. 즉 '1'인 비트에 해당하는 블록은 현재 파일시스템에서 사용 중이며 '0'인 비트에 해당하는 블록은 현재 사용 중이 아님을 나타낸다. 만일 블록 크기가 2K바이트이면 2K × 8개까지의 블록 사용 여부를 나타낼 수 있다. 커널은 사용중이 아닌 블록을 찾을 때 이 블록 비트맵을 참조한다. 데이터 블록이 아닌 파일시스템 정보를 담고 있는 블록(예: 수퍼블록 등)들은 처음부터 사용중인 것으로 표시된다.

위에서 변수 bg_inode_bitmap은 Inode 비트맵 블록을 가리키는데 이 블록에서는 각 비트가 블록 그룹 내 각 inode의 사용 여부를 나타낸다. 그림 2-19의 화면을 보면 그룹당 inode 개수가 2016으로 나와 있으므로 이때 필요한 양은 2016 ÷ 8 바이트이다. 그림 2-19에서 블록 크기가 1024 바이트이므로 하나의 블록으로 Inode 비트맵을 모두 표시할 수 있음을 알 수 있다.

위에서 변수 bg_inode_table은 Inode 테이블의 시작 불럭의 위치를 가리키는데 Inode 테이블은 여러 개 블록으로 구성되어 있고 각 블록에 들어 있는 Inode 테이블은 각각의 inode에 대한 정보를 나타내는 inode 디스크립터(descriptor)들로 구성된다. 리눅스에서 모든 파일(디렉터리)은 한 개씩의 inode를 가진다. inode 디스크립터는 파일의 모드(읽기/쓰기/실행 권한), 소유자 정보(User ID와 Group ID), 파일 크기, 타임스탬프(inode가 만들어진 시간과 최종적으로 수정된 시간) 및 블록 포인터 배열을 항목으로 가진다. inode 디스크립터의 자료구조는 역시 앞에서 나온 ext2_fs.h 파일에 다음과 같은 구조체로 정의되어 있다.

```
struct ext2_inode {
  __u16   i_mode;      /* File mode */
  __u16   i_uid;       /* Low 16 bits of Owner Uid */
  __u32   i_size;      /* Size in bytes */
  __u32   i_atime;      /* Access time */
  __u32   i_ctime;       /* Creation time */
  __u32   i_mtime;     /* Modification time */
  __u32   i_dtime;       /* Deletion Time */
  __u16   i_gid;       /* Low 16 bits of Group Id */
  __u16   i_links_count; /* Links count */
  __u32   i_blocks;    /* Blocks count */
```

```
__u32    i_flags;          /* File flags */
...............
__u32    i_block[EXT2_N_BLOCKS];/* Pointers to blocks */
...............

}
```

위에서 i_block[ ]이 블록 포인터 배열로서 파일의 실제 데이터가 저장된 위치, 즉 블록 번호를 가리키며 배열 크기는 15개이다. 이 블록 포인터는 동작 방식에 직접 블록 포인터, 간접 블록 포인터, 이중(double) 간접 블록 포인터, 삼중(triple) 간접 블록 포인터의 네 가지로 나뉜다. 직접 블록 포인터는 블록 포인터 배열의 처음 12개까지인데 파일데이터가 저장된 블록을 직접 가리킨다. 간접 블록 포인터는 13번째 포인터로서 실제 파일데이터가 저장된 블록을 가리키는 포인터가 위치한 블록을 가리킨다. 이중(double) 간접 블록 포인터는 14번째 포인터로서 이것이 가리키는 블록에는 위의 간접 블록 포인터를 가리키는 포인터가 최대 256개까지 위치한다. 삼중(triple) 간접 블록 포인터는 15번째 포인터로서 이것이 가리키는 블록에는 위의 이중(double) 간접 블록 포인터를 가리키는 포인터가 최대 256개까지 위치한다. 이들 블록 포인터의 동작을 그림 2-20에 보였다.

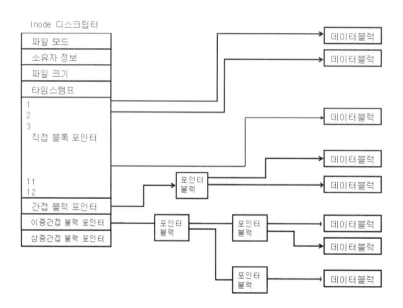

그림 2-20   inode 디스크립터 항목과 블록 포인터 동작

inode 디스크립터의 크기는 128바이트이며 이것이 inode 번호 1번부터 차례로 inode 테이블에 들어간다. 따라서 파일의 inode 번호를 알면 inode 테이블에서 해당 파일의 inode 디스크립터를 찾을 수 있고 이 디스크립터 블록 포인터를 통해 이 파일에 할당된 데이터 블록 번호들을 알 수 있다. inode table에서 처음 10개의 inode 번호는 예약되어 있어 파일은 보통 11번부터 사용한다.

디렉터리 블록은 필요에 따라 데이터 블록 사이사이에 위치한다. 디렉터리 블록의 엔트리들은 해당 디렉터리 내에 생성되어 있는 파일(디렉터리)의 inode 테이블 내에서의 inode 디스크립터 위치를 가리키는 inode 번호와 해당 파일(디렉터리) 이름을 가지고 있다. 디렉터리엔트리의 자료구조는 ext2_fs.h 파일에 다음과 같은 구조체로 정의되어 있다.

```
struct ext2_dir_entry {
  __u32    inode;              /* Inode number */
  __u16    rec_len;              /* Directory entry length */
  __u16    name_len;             /* Name length */
  char     name[EXT2_NAME_LEN];   /* File name */
};
```

위 디렉터리엔트리 구조체에서 파일 이름을 나타내는 문자열 name[]의 크기는 256이며 (EXT2_NAME_LEN = 256), 이름이 들어가고 남는 바이트는 NULL로 채워진다. 위 엔트리에 있는 inode 번호는 해당 파일 이름과 inode를 연결시켜주는 유일한 수단이며 리눅스 파일 삭제 명령 'rm'은 디렉터리 블록에서 해당 파일 이름이 들어있는 엔트리를 찾아 파일 이름에 대응하는 inode 번호를 0으로 만들며, inode 비트맵 블록에서는 이 파일을 가리키던 해당 비트들을 '0'으로 한다.

그림 2-21은 dumpe2fs 명령을 사용해서 본 일부 블록 그룹의 내용이다. 여기서 각 블록 번호는 32비트로 나타낸다.

위에서 블록 그룹 0(첫 번째 그룹)은 블록 번호 1~8192까지 8192개의 블록으로 구성되어 있음을 보여준다. 이들 블록 중 수퍼블록(superblock)은 블록 1, 그룹 디스크립터 (group descriptor)는 블록 2, 블록 비트맵(block bitmap)은 블록 259, inode 비트맵(inode bitmap)은 블록 260, inode 테이블(inode table)은 block 261~512를 각각 차지하고 있음을 보여주고 있다. 또 free block의 개수(2525), free inode 개수(2001)를 알려 주고 있고, 현재 사용중이 아닌 블록(Free blocks) 번호(4644~7168), 사용중이 아닌 inode (Free inodes) 번호(16~2016) 등 이 표시되어 있다. 위에서 수퍼블록 표시가 Primary superblock

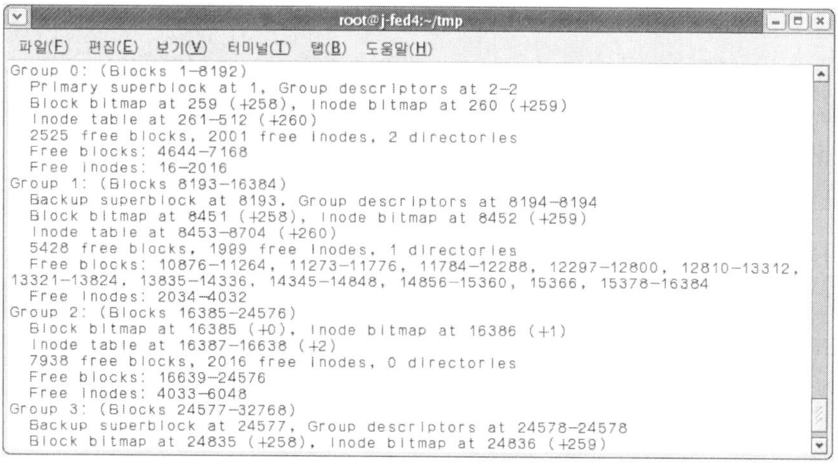

그림 2-21 블록 그룹의 내용(일부)

으로 되어 있는 것은 이것이 블록 그룹 0이어서 실제 커널에서 사용하는 수퍼블록이기 때문
이다.

위에서는 블록 그룹 1(두 번째 그룹)의 내용도 표시되고 있는데 할당된 블록 번호는 블
록 그룹 0에 이어지는 8193~16384이며, Backup superblock으로 되어 있는 것은 그룹 0의
수퍼블록을 여기서 백업(backup)하고 있다는 의미이다. 또 (+258)이나 (+259) 등의 표시는
현 그룹의 시작 위치에서 블록의 위치를 상대적으로 나타낸 값이다.

위와 같이 블록 크기가 1K 바이트인 파일시스템에서는 inode 디스크립터 내의 직접 블
록 포인터 12개를 모두 사용하면 최대 12K 바이트 크기의 파일을 가리킬 수 있다. 12K바
이트보다 큰 파일의 경우 13번째 블록 포인터인 간접 블록 포인터가 가리키는 블록에 실제
파일데이터가 저장된 블록을 가리키는 포인터가 위치하는데 이때 블록 크기가 1Kbyte이고
블록 번호는 32비트, 즉 4바이트로 표시되므로 총 256개까지 포인터가 들어간다(1024/4 =
256). 이 경우 최대 12 + 256 = 268 K바이트 크기의 파일을 가리킬 수 있다.

파일 크기가 268 K바이트보다 크면 14번째 블록 포인터인 이중(double) 간접 블록 포
인터가 가리키는 블록에는 간접 블록 포인터를 가리키는 포인터가 최대 256개까지 위치하
므로 이를 모두 이용하면 최대 12 + 256 + 256 × 256 Kbyte(약 64Mbyte)까지의 파일을
지정할 수 있다. 파일 크기가 이보다 크면 15번째 블록 포인터인 삼중(triple) 간접 블록 포
인터가 가리키는 블록에는 위의 이중(double) 간접 블록 포인터를 가리키는 포인터가 최대
256개까지 위치하므로 이를 이용하면 최대 12 + 256 + 256 × 256 + 256 × 256 × 256
Kbyte(약 16Gbyte)까지의 파일을 지정할 수 있다.

ARM 프로세서 구조 및 동작

3-1 | ARM 프로세서 구조

스마트폰을 비롯한 임베디드 시스템에 널리 사용되는 ARM(advanced RISC machine) 계열 프로세서에는 여러 종류가 있다. 최초 개발된 ARM 프로세서의 구조가 버전 1(ARM v1)이고 현재는 64비트 구조인 버전 8(ARM v8)까지 나와 있다.

ARM 프로세서의 가장 큰 장점은 저전력이며 따라서 다양한 임베디드 시스템을 비롯하여 현재 거의 모든 스마트폰의 AP(Application Processor: 스마트폰의 CPU 기능을 포함한 모든 처리를 전담하는 프로세서)의 코어로 사용되고 있다. 현재 스마트폰에 주로 사용되는 ARM Cortex 계열은 버전 7(ARM v7) 또는 버전 8(ARM v8)에 속한다.

ARM 계열 프로세서를 코어 구조의 버전별로 분류하면 다음과 같다. 명령어 세트는 코어 구조의 버전으로 정해진다. 즉 ARM v7의 명령어 세트는 ARM v6의 명령어에 추가된 명령어 세트를 가진다.

» ARM v1, ARM v2: 초기 ARM 버전이며 PC용 CPU로 개발되었으나 인텔 80x86이 PC용 CPU의 주류가 되면서 상업적 성공을 못하고 사라졌다.

» ARM v3: 임베디드 시스템용으로 개발된 최초 버전이다.

» ARM v4: 저전력과 고성능을 갖추어 임베디드 시스템용 프로세서로 널리 쓰이게 되어 상업적으로 성공한 버전이다. 모델명 ARM7, ARM9과 인텔의 StrongARM 계열 등이 이에 속한다. 특히 ARM9은 여러 반도체 회사에서 이를 CPU 코어로 채택한 다양한 임베디드 시스템용 프로세서가 생산되어 상업적으로 크게 성공한 모델이다. 하지만 실수연산 기능은 없다.

» ARM v5: ARM v4에 비해 파이프라인 구조의 개선과 메모리 컨트롤러 성능의 향상 등이 있었고 실수연산 모듈이 추가되었다. ARM9의 일부 상위 모델과 ARM10 및 인텔 Xscale 계열 등이 이에 속한다.

» ARM v6: 멀티코어 구조가 가능한 버전이다. ARM11이 이에 속한다.

» ARM v7: SIMD(single instruction multiple data) 모듈의 탑재로 실수연산 처리 속도를 크게 향상시켜 스마트폰에서 큰 비중을 차지하는 멀티미디어 처리 능력을 크게 향상시켰다. 이밖에도 멀티코어 구조의 본격적 사용, 64비트 내부 버스, 13단계 파이프라인 구조 등의 개선이 이루어진 버전이다. 이때부터 이름이 ARM Cortex ... 식으로 붙는다. ARM Cortex A8, ARM Cortex A9, ARM Cortex A15 등이 이에 속한다.

» ARM v8 : 64비트 명령어 세트를 지원하는 64비트 구조이다. 기존 32비트 명령어 세

트도 지원한다. 그래픽 처리 속도가 향상되었고 칩 면적의 최소화도 이루었다. ARM Cortex A50 계열이 이에 속한다.

여기서는 ARM 버전 4(ARM v4) 구조를 가졌으며 임베디드 시스템에 널리 사용되던 ARM7 위주로 설명한다. ARM v4 구조는 이후 버전의 기본이 되며 상위 버전에서도 명령어 호환성이 있으므로 실행 코드를 그대로 사용할 수 있다. ARM7과 함께 과거에 많이 사용되던 ARM9도 ARM v4 구조이다. 그림 3-1에 ARM7의 CPU 코어 로직을 보였다(현재 단종된 버전이나 ARM 계열 CPU 코어의 구성을 잘 보여주므로 이를 예로 택하여 설명한다).

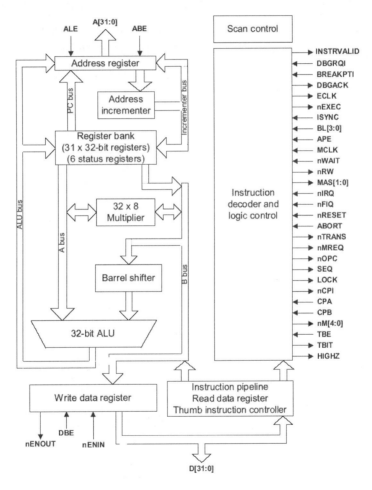

그림 3-1 ARM7 CPU 코어 로직

그림 3-2는 비교를 위해 32비트 ARM v7 구조를 가지고 있는 최근 기종인 ARM Cortex A9의 CPU 코어 로직을 보였다.

그림 3-1의 구조를 보면 CPU 코어는 32비트 산술연산 및 논리연산을 수행하는 ALU, 많은 레지스터들로 구성된 레지스터 뱅크, 곱셈기(multiplier), 배럴 시프터(barrel shifter), 코어 부분의 각종 제어 신호를 발생하고 처리하는 명령어 디코더/로직제어 등으로 되어 있다. ARM7이나 ARM9 모두 5단계 파이프라인 구조를 가지고 있다. 두 개의 레지스터 오퍼랜드가 ALU에 가해질 때 ABUS를 통한 데이터는 직접 ALU에 가해지고 BBUS를 통한 데이터는 배럴 시프터를 거친다.

그림 3-2의 ARM Cortex A9의 CPU 코어는 고효율 파이프라인 구조를 가지고 있고 이를 구현하기 위하여 명령어 프리페치 단(instruction prefetch stage)에서 브랜치 예측 (branch prediction) 모듈을 가지고 있다. 브랜치 예측 모듈은 명령어 캐시를 통해 명령어 큐에 들어온 명령어들을 분석하여 파이프라인 동작에서 효율을 떨어뜨리는 주 요인인 브랜치 문제를 완화시킨다. 브랜치 문제는 미리 가져온 명령어들로 파이프라인을 채웠으나 중간

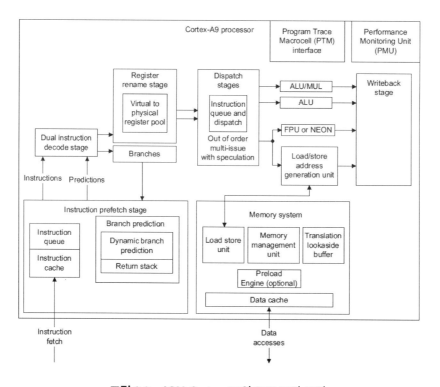

그림 3-2 ARM Cortex A9의 CPU 코어 로직

에 점프(브랜치) 명령을 실행해야 해 미리 가져온 명령어들을 파이프라인에서 비워야 하는 상황을 말하는데, 이를 개선하기 위해 명령어 프리페치 시 점프(브랜치) 명령이 있으면 바로 다음 명령어 코드를 순차로 가져오는 대신 브랜치할 위치에 있는 명령을 대신 가져오는 예측 동작을 한다. 그림에서 ARM Cortex A9의 CPU 코어에서도 역시 레지스터 뱅크(레지스터 풀)를 가지고 있으며 ARM7에는 없는 실수연산 모듈(FPU : floating point unit)을 가지고 있다.

그림 3-1에서 레지스터 뱅크를 보면 31개의 32비트 레지스터와 6개의 32비트 상태레지스터(status register)가 있다. 이후 버전들은 일부 추가된 레지스터들이 있다. 이들은 프로세서 동작모드(예: 일반 사용자 모드와 특권 모드)에 따라서 사용할 수 있는 레지스터가 달라지며, 사용자가 한 번에 사용 가능한 레지스터는 R0~R15이다. R0~R12는 사용자가 자유롭게 쓸 수 있는 32비트 일반 레지스터로 사용되고 R13, R14, R15는 각각 용도를 지닌 특수목적 레지스터로 사용된다.

R13은 스택포인터(stack pointer)로 사용되고, R14는 링크레지스터(link register)로 사용되며, R15는 프로그램 카운터(program counter) 기능을 가진다. R15 값은 주소레지스터(address register)로 보내져서 외부 주소버스로 나감으로써 명령어 코드 페치(fetch)에 사용된다. R15 값은 다음 명령어 페치를 위해 주소 증가회로(address incrementer)에서 4만큼 증가된다. R14 링크레지스터는 JUMP 명령 실행 전 복귀주소(return address)를 여기에 넣는다. 그 후 JUMP 명령으로 다른 루틴으로 이동한 후 다시 원래 루틴으로 돌아올 때는 R14 내용에 미리 넣어둔 복귀주소를 사용해서 돌아올 수 있게 된다.

ARM에는 일반 프로세서에서 지원하는 서브루틴 CALL이나 RET(Return)명령이 없으므로 이와 같은 링크 레지스터가 필요한 것이다. 또 ARM에는 스택에 데이터를 넣고 쓰는 PUSH, POP 같은 명령도 없다.

레지스터 뱅크에 있는 6개의 상태레지스터(status register)들을 CPSR(current processor status register)이라 한다. 다음 그림 3-3에 이 레지스터의 비트 포맷을 보였다.

이 레지스터의 비트들은 연산결과에 따라 값이 변화하는 각종 플래그들과 프로세서의 제어를 위한 여러 제어비트들로 구성되어 있다. 연산결과에 따라 값이 변화하는 플래그에는 연산 시 오버플로우가 발생하면 1 되는 오버플로우 플래그(Overflow Flag), 연산 시 캐리나 보로우(borrow)가 발생하면 1 되는 캐리 플래그(Carry Flag), 연산 결과가 0이면 1 되는 제로 플래그(Zero Flag), 연산 결과가 음수이면 1 되는 네거티브 플래그(Negative Flag)이 있다.

제어비트에는 인터럽트를 불능(disable)시키는 IRQ disable 비트, 고속 인터럽트(Fast Interrupt)와 일반 인터럽트를 모두 불능(disable)시키는 FIQ disable 비트, 16비트 명령어

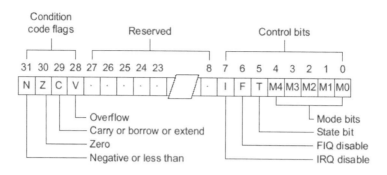

그림 3-3 CPSR(current processor tatus register) 레지스터 비트 포맷

처리를 위한 Thumb 모드를 표시하는 T 비트, 프로세서의 동작 모드를 표시하는 모드 비트(M0~M4)가 있다. ARM 프로세서의 동작모드는 7가지가 있는데 다음 표 3-1에 모드 비트와 동작 모드의 관계를 보였다. 각각의 동작모드 기능에 대해서는 다음 절에서 설명한다.

표 3-1 모드 비트와 동작 모드의 관계

모드 비트(M4~M0)	동작 모드
10000	User
10010	IRQ
10001	FIQ
10011	Supervisor
10111	Abort
11111	System
11011	Undefined

다음 그림 3-4는 외부 신호들이다. 크게 분류하면 32비트 데이터버스와 32비트 주소버스를 포함한 메모리 인터페이스 신호, 버스 컨트롤 신호, 인터럽트 입력 신호, 디버그 관련 신호, JTAG을 위한 바운더리 스캔 신호 등으로 구성되어 있다. ARM7 뒤에 붙는 TDMI는 CPU에 추가로 제공하는 부가기능을 나타내며(ARM9TDMI 등) 소형 임베디드 기기를 위한 16비트 명령어 처리가 가능한 Thumb 기능이나 디버깅 기능 등이 있다.

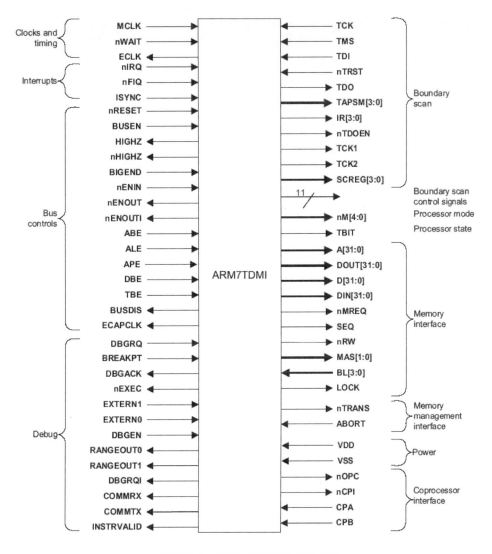

그림 3-4　ARM7 프로세서 외부 신호

3-2 | ARM 프로세서 동작

ARM 프로세서는 다양한 동작모드를 지원한다. 다음 표 3-2에 이를 보였다.

표 3-2 ARM 프로세서 동작 모드

동작모드	기능
User	정상 프로그램 실행 모드
IRQ	범용 인터럽트 처리 모드
FIQ	고속 데이터 전달 모드
Supervisor	운영체제를 위한 보호 모드
Abort	가상 메모리 구현 및 메모리 보호 모드
System	운영체제의 특권 명령 실행 모드
Undefined	하드웨어 코프로세서 에뮬레이션 지원 모드

여기에는 일반 사용자 프로그램 실행 레벨인 User(USR) 모드, 일반 인터럽트인 IRQ 처리 실행 레벨인 IRQ 모드, 고속 데이터 전달에 사용되는 인터럽트인 FIQ(fast interrupt) 서비스 처리 실행 레벨인 FIQ 모드, 운영체제 중 서비스 부분 실행 레벨인 Supervisor 모드, 가상 메모리 구현 및 메모리 보호 모드인 Abort 모드, 운영체제 중 커널부분 실행 레벨인 System 모드 및 하드웨어 코프로세서 에뮬레이션 지원 모드인 Undefined 모드가 있는데 이 모드는 프로세서에 의해 자체적으로 해독이 불가능한 명령어 코드를 페치했을 때 진입하는 모드이다.

이중 User 모드는 사용자 모드라 하고 나머지 6개 모드를 특권 모드(Privileged mode)라 하며 사용자 모드에서 특권 모드로 직접 변경하는 것은 보호를 위해 금지된다. 이들 각 모드에서 사용되는 레지스터를 다음 그림 3-5에 보였다. 이 그림에서 PC(Program Counter)는 R15이며, CPSR(Current Program Status Register)은 현재 상태레지스터를 나타내고, SPSR(Saved Program Status Register)는 각 동작 모드에서 상태레지스터의 저장된 값을 가진다.

좌측 모서리에 일부 회색 처리된 레지스터들은 뱅크레지스터(banked register)를 나타내며 이들은 각 동작 모드마다 자체적인 별도의 물리 레지스터를 가진다. 즉 User 모드에서의 R13 레지스터와 Supervisor 모드에서의 R13 레지스터는 이름은 R13으로 동일하지만 동작 모드가 다르므로 별개의 레지스터이며 따라서 별개의 값을 가진다. 현 동작 모드가 아닌 다른 동작 모드의 레지스터를 액세스하려면 R13_svc 식으로 뒤에 동작 모드 이름을 붙이면 된다.

뱅크 레지스터(banked register)를 제외한 나머지는 언뱅크 레지스터(unbanked

registr)이며 이들은 동작 모드와 관계없이 각각 항상 동일한 물리 레지스터가 된다. 즉 R0 레지스터 값은 동작 모드와 관계없이 항상 동일하다. R0 ~R7은 언뱅크 레지스터(unbanked registr)이다.

User	System	Supervisor	Abort	Undefined	Interrupt	Fast interrupt
R0	R0	R0	R0	R0	R0	R0
R1	R1	R1	R1	R1	R1	R1
R2	R2	R2	R2	R2	R2	R2
R3	R3	R3	R3	R3	R3	R3
R4	R4	R4	R4	R4	R4	R4
R5	R5	R5	R5	R5	R5	R5
R6	R6	R6	R6	R6	R6	R6
R7	R7	R7	R7	R7	R7	R7
R8	R8	R8	R8	R8	R8	R8_fiq
R9	R9	R9	R9	R9	R9	R9_fiq
R10	R10	R10	R10	R10	R10	R10_fiq
R11	R11	R11	R11	R11	R11	R11_fiq
R12	R12	R12	R12	R12	R12	R12_fiq
R13	R13	R13_svc	R13_abt	R13_und	R13_irq	R13_fiq
R14	R14	R14_svc	R14_abt	R14_und	R14_irq	R14_fiq
PC	PC	PC	PC	PC	PC	PC
CPSR	CPSR	CPSR	CPSR	CPSR	CPSR	CPSR
		SPSR_svc	SPSR_abt	SPSR_und	SPSR_irq	SPSR_fiq

그림 3-5   각 모드에서 사용되는 레지스터들

예외처리(exception)

ARM 프로세서 예외처리(exception)에는 고속 인터럽트인 FIQ(fast interrupt), 일반 인터럽트인 IRQ, 메모리 액세스 시 정상 동작이 불가할 때 발생하는 Abort, 주변 하드웨어 기기가 아닌 별도의 CPU 인터럽트 명령 실행 시 발생하는 소프트웨어 인터럽트, 프로세서에 의해 자체적으로 해독이 불가능한 명령어 코드를 페치했을 때 발생하는 Undefined Instruction Trap의 5가지 종류가 있다.

이들 예외처리(exception)가 발생하면 프로세서는 해당 동작 모드로 전환한다. Abort

예외처리는 명령어 코드 액세스 시 발생하는 Pre-fetch Abort와 데이터 액세스 시 발생하는 Data Abort 두 가지가 있다. Reset 예외처리는 전원 투입 시 최초 프로그램이 시작되는 부분이다.

예외처리는 우선순위를 가지고 있으며, 우선순위가 높은 순서로 Reset → Data abort → FIQ → IRQ → Prefetch abort → 소프트웨어 인터럽트 → Undefined Instruction Trap이다.

예외처리가 발생하면 점프하는 주소인 예외처리 벡터 테이블을 표 3-3에 보였다.

표 3-3 예외처리 벡터 테이블

주소	예외처리 종류
0x0000 0000	리셋
0x0000 0004	Undefined 명령어
0x0000 0008	소프트웨어 인터럽트
0x0000 000C	Prefetch Abort
0x0000 0010	Data Abort
0x0000 0014	예약됨
0x0000 0018	IRQ
0x0000 001C	FIQ

예를 들어 리셋 예외처리 발생 시 프로세서는 0번지로 점프하며 이때 동작모드는 관리자(supervisor) 모드로 들어간다. 주변이나 외부 디바이스로부터의 인터럽트 발생 시 0×18번지로 점프하며 이때 동작모드는 IRQ 모드로 들어간다.

예외처리(exception) 발생 시 처리 순서는 다음과 같다.

1. 예외처리에 대응되는 프로세서 동작 모드로 들어간다.
2. 링크 레지스터 R14에 예외처리 당시의 명령어(instruction) 주소를 저장한다(복귀 주소(return address) 저장).
3. SPSR(Saved Program Status Register)에 현 상태레지스터 CPSR(Current Program Status Register)의 값을 저장한다.
4. CPSR의 비트 7을 "1"로 해서 인터럽트 요청(IRQ)을 금지(disable)시킨다.
5. R15 레지스터(프로그램 카운터)에 벡터 값을 넣는다.

6. 예외처리 처리를 시작한다.

단 고속 인터럽트(FIQ)가 발생한 경우는 CPSR의 비트 7과 함께 비트 6도 "1"로 해서 인터럽트 처리 중 FIQ를 금지시킨다.

3-3 | ARM 프로세서 명령어 세트

ARM 프로세서 명령어 코드는 32비트 폭이며 RISC 구조이므로 CISC 구조에 비해 그 수가 많지 않고, 모든 명령어 코드가 동일한 폭이므로 파이프라인(pipeline)동작에 적합하여 높은 성능을 올릴 수 있다. 또 ARM 프로세서에서는 리틀 엔디안(little-endian)과 빅 엔디안(big-endian)을 모두 지원하므로 컴파일 시에 이를 선택할 수 있도록 하고 있다. ARM7, ARM9 등에는 Thumb 모드라 하여 소형 임베디드 기기를 위한 16비트 명령어 처리도 가능하다.

명령어 포맷(instruction format)은 기본적으로 3개의 주소(오퍼런드 1 주소, 오퍼런드 2 주소, 목적지 주소)를 가지며, 모든 명령어에 조건 코드(condition code)의 사용이 가능하다. 명령어에 조건 코드를 사용하려면 명령어 뒤에 조건을 붙여준다.

> 💬 예: ADDEQ R0, R1, R2 ⇒ 제로플래그이 1이면 ADD 명령을 수행해 R0 = R1 + R2 가 된다.

또 산술연산 등의 데이터 처리 명령에서 실행결과에 의해 플래(캐리 플래그, 제로 플래...등)이 변화되도록 하기 위해서는 명령에 뒤에 'S'를 넣어야 한다.

> 💬 예: ADDS R0, R1, R2 ⇒ ADD 명령을 수행해 R0 = R1 + R2 가 되고 이때 플래들이 변화된다.

ARM 프로세서 명령어 세트는 기능에 따라 데이터 처리 명령어 세트, Load/Store 명령어 세트, Branch(분기) 명령어 세트, 그 밖의 기타 명령어 세트로 나눌 수 있다.

데이터 처리 명령어 세트

데이터 처리 명령어 세트에는 다음과 같은 명령어들이 속한다.

```
ADD{condition} {S} Rd, Rn, shifter_operand
동작 : Rd = Rn + shifter_operand
```

덧셈 명령으로써 두 개의 오퍼랜드(Rn, shifter_operand)를 서로 더해 결과를 목적지 레지스터(Rd)에 저장한다. 위 ADD 명령어 포맷에서 { } 부분은 생략 가능하다는 의미이며, 조건(condition) 부분은 플래그에 따른 명령어 실행 조건을 의미한다. condition에 올 수 있는 주요 조건을 다음 표 3-4에 보였다.

표 3-4 condition에 올 수 있는 주요 조건

조건	의미
EQ	제로 플래그(Z)=1 이면 명령어 실행
NEQ	제로 플래그(Z)=0 이면 명령어 실행
CS	캐리 플래그(C)=1 이면 명령어 실행
CC	캐리 플래그(C)=0 이면 명령어 실행
VS	오버플로우 플래그(V)=1 이면 명령어 실행
VC	오버플로우 플래그(V)=0 이면 명령어 실행
MI	네거티브 플래그(N)=1이면 명령어 실행
PL	네거티브 플래그(N)=0이면 명령어 실행

여기서 EQ(equal)는 제로플래그가 1인 조건이며, NE(not equal)는 제로플래그가 0인 조건, CS(carry set)는 캐리플래그가 1인 조건 CC(carry clear)는 캐리플래그가 0인 조건을 각각 의미한다. 나머지 부분도 각 플래그에 대한 조건을 나타낸다. 마지막 줄의 AL은 항상(always) 명령이 실행된다는 의미이며 생략 시 이것으로 동작한다.

> 예: ADDEQ R0, R1, R2; 제로플래그가 1이면 R0 = R1 + R2
>   ADDCC R0, R1, R2; 캐리플래그가 0이면 R0 = R1 + R2
>   ADDVS R0, R1, R2; 오버플로우 플래그가 1이면 R0 = R1 + R2

위 ADD 기본 포맷에서 {S} 부분은 명령어 실행결과에 따라 CPSR 레지스터 내의 각 플래그들을 업데이트하는가 여부를 나타낸다. 'S'가 있으면 업데이트하고 없으면 업데이트하지 않는다.

> 예: ADDS R0, R1, R2; R0 = R1 + R2가 되고 결과에 따라 N, C, V, Z 플래그이 변화한다.

위 ADD 기본 포맷에서 Rd는 결과가 저장되는 목적지 레지스터이고, Rn은 첫 번째 오퍼랜드(operand)를 가지고 있는 레지스터이다. shifter_operand 부분은 ADD를 위한 두 번째 오퍼랜드를 나타내는데 다음 중 하나가 될 수 있다.

1. immediate 데이터(앞에 '#'이 붙는다)

   💬 예: ADD R0, R1, #1; R0 = R1 + 1

2. 일반 레지스터 Rn

   💬 예: ADD R0, R1, R2; R0 = R1 + R2

3. 시프트된 레지스터

   이 경우는 레지스터 값이 먼저 시프트된 후 데이터 연산이 행해진다. 시프트 방법은 다음 다섯 가지가 있다. 시프트 명령은 다음에 다룬다.

   ```
   ASR   arithmetic shift right
   LSL   logical shift left
   LSR   logical shift right
   ROR   rotate right
   RRX   rotate left
   ```

   💬 예: ADD R0, R1, R2, LSL #3 ; R2를 3비트 logical shift left 후 R0 = R1 + R2
   ADD R3, R4, R5, LSR #2 ; R5를 2비트 logical shift right 후 R3 = R4 + R5

- **ADC{condition} {S} Rd, Rn, shifter_operand**
  » **동작**: Rd = Rn + shifter_operand + Carry Flag

Add with carrry 명령으로써 두 개의 오퍼랜드(Rd, shifter_operand)와 캐리플래그를 함께 더해 결과를 목적지 레지스터(Rd)에 저장한다.

   💬 예: ADC R3, R4, R5; R3 = R4 + R5 + Carry Flag
   ADCS R3, R4, R5, LSL #2; R5를 2비트 logical shift left 후 R3 = R4 + R5 + Carry Flag, 결과에 따라 플래그 변화

- **SUB{condition} {S} Rd, Rn, shifter_operand**
  » **동작**: Rd = Rn − shifter_operand

뺄셈 명령으로써 첫 번째 오퍼랜드에서 두 번째 오퍼랜드를 빼어 결과를 목적지 레지스터(Rd)에 저장한다.

   💬 예: SUB R3, R4, R5; R3 = R4 − R5

- **SBC{condition} {S} Rd, Rn, shifter_operand**
  - » **동작**: Rd = Rn − shifter_operand − NOT(carry flag)

Subtract with carry 명령으로써 첫 번째 오퍼랜드에서 두 번째 오퍼랜드를 빼고 캐리플 래의 보수(complement)값도 함께 빼어 결과를 목적지 레지스터(Rd)에 저장한다.

> 예: SBC R3, R4, R5, LSL #2; R5를 2비트 logical shift left 후 R3 = R4 − R5 − NOT(Carry Flag)

- **RSB{condition} {S} Rd, Rn, shifter_operand**
  - » **동작**: Rd = shifter_operand − Rn

Reverse Subtract 명령으로써 SUB 명령과 반대로 두 번째 오퍼랜드에서 첫 번째 오퍼 랜드를 빼어 결과를 목적지 레지스터(Rd)에 저장한다.

> 예: RSB R3, R4, R5; R3 = R5 − R4

- **RSC{condition} {S} Rd, Rn, shifter_operand**
  - » **동작**: Rd = shifter_operand − Rn − NOT(Carry Flag)

Reverse Subtract with carry 명령으로써 SBC 명령과 반대로 두 번째 오퍼랜드에서 첫 번째 오퍼랜드를 빼고 캐리플래의 보수(complement)값도 함께 빼어 결과를 목적지 레지스 터(Rd)에 저장한다.

> 예: RSC R3, R4, R5; R3 = R5 − R4 − NOT(Carry Flag)

- **MUL{condition} {S} Rd, Rm, Rs**
  - » **동작**: Rd = Rm × Rs

곱셈 명령으로써 레지스터 Rm과 Rn을 곱하여 결과를 레지스터 Rd에 저장한다. 32비 트 오퍼랜드 끼리의 곱셈 결과인 64비트 데이터 중 하위 32비트만 Rd에 저장된다.

> 예: MULMI R0, R1, R2; N 플래그가 1이면(minus) R0 = R1 × R2

- **AND{condition} {S} Rd, Rn, shifter_operand**
  - » **동작**: Rd = Rn AND shifter_operand

논리 연산 AND 명령으로써 두 개 오퍼랜드에 대한 비트단위(bitwise) AND를 취해 결 과를 목적지 레지스터(Rd)에 저장한다.

🗨 **예**: ANDS R0, R1, R2; R0 = R1 AND R2, 연산 후 CPSR의 플래그가 변화한다.

- **ORR{condition} {S} Rd, Rn, shifter_operand**
  - » **동작**: Rd = Rn OR shifter_operand

논리 연산 OR 명령으로써 두 개 오퍼랜드에 대한 비트단위(bitwise) OR을 취해 결과를 목적지 레지스터(Rd)에 저장한다.

🗨 **예**: ORRPL R0, R1, R2; N 플래그가 0이면(plus) R0 = R1 OR R2 연산을 한다.

- **EOR{condition} {S} Rd, Rn, shifter_operand**
  - » **동작**: Rd = Rn Exclusive-OR shifter_operand

논리 연산 OR 명령으로써 두 개 오퍼랜드에 대한 비트단위(bitwise) Exclusive-OR을 취해 결과를 목적지 레지스터(Rd)에 저장한다.

🗨 **예**: EORS R0, R1, R2; R0 = R1 Exclusive-OR R2, 연산 후 CPSR의 플래그가 변화한다.

- **BIC{condition} {S} Rd, Rn, shifter_operand**
  - » **동작**: Rd = Rn AND NOT(shifter_operand)

Bit Clear 명령으로써 Rn과 shifter_operand의 보수에 대한 비트단위(bitwise) AND를 취해 결과를 목적지 레지스터(Rd)에 저장한다.

🗨 **예**: BIC R0, R1, R2; R0 = R1 AND NOT(R2)

- **TST{condition} Rn, shifter_operand**
  - » **동작**: Rn AND shifter_operand 후 플래그만 변화

Test 명령으로써 첫 번째 오퍼랜드와 두 번째 오퍼랜드를 비트단위 AND 후 플래그의 변화만 CPSR 레지스터에 업데이트된다.

🗨 **예**: TSTV R3, R5; R3 AND R5 후 플래그의 변화만 CPSR 레지스터에 업데이트된다.

- **MOV{condition} {S} Rd, shifter_operand**
  - » **동작**: Rd = shifter_operand

Move 명령으로써 shifter_operand를 목적지 레지스터(Rd)로 이동한다.

> 예: MOV R6, R7; R7이 R6으로 이동되어 R6 = R7이 된다.
> MOVS R1, R2; R1이 R2로 이동 후 플래그의 변화가 CPSR 레지스터에 업데이트된다.
> MOV R3, R4, LSL #3; R4를 3비트 logical shift left 후 R3으로 이동한다.

- **MVN{condition} {S} Rd, shifter_operand**
  - » **동작**: Rd = NOT(shifter_operand)

Move 명령으로써 shifter_operand의 1의 보수를 목적지 레지스터(Rd)로 이동한다.

> 예: MVN R6, R7; R7의 1의 보수를 R6으로 이동한다.

- **CMP{condition} Rn, shifter_operand**
  - » **동작**: Rn − shifter_operand 후 플래그만 변화

Compare 명령으로써 첫 번째 오퍼랜드에서 두 번째 오퍼랜드를 빼는 과정에서의 플래그의 변화만 CPSR 레지스터에 업데이트된다. 이 명령은 항상 플래그의 변화가 업데이트되므로 이를 위한 일반 명령에서의 'S' 옵션이 없다.

> 예: CMP R4, R5; R4 − R5 후 플래그의 변화만 CPSR 레지스터에 업데이트된다.

- **CMN{condition} Rn, shifter_operand**
  - » **동작**: Rn + shifter_operand 후 플래그만 변화

Compare Negative 명령으로써 첫 번째 오퍼랜드에서 두 번째 오퍼랜드의 음수를 빼는 과정(결국 두 개 오퍼랜드의 덧셈)에서의 플래그의 변화만 CPSR 레지스터에 업데이트된다. 이 명령은 항상 플래그의 변화가 업데이트되므로 이를 위한 일반 명령에서의 'S' 옵션이 없다.

> 예: CMN R4, R5; R4 + R5 후 플래그의 변화만 CPSR 레지스터에 업데이트된다.

Load/Store 명령어 세트

Load/Store 명령어 세트는 레지스터와 메모리 사이의 데이터 전달을 위한 명령어들이다. Load는 메모리에서 레지스터로 데이터를 가져오는 동작이고, Store는 레지스터에서 메모리에 데이터를 쓰는 동작이다. 다음과 같은 명령어가 들어 있다.

- **LDR{cond} Rd, addressing_mode**

  Load Register 명령으로써 addressing_mode에서 가리키는 메모리 주소에 들어 있는 데이터를 레지스터 Rd로 가져온다. addressing_mode는 base register와 offset으로 구성되며 base register에 offset 값이 더해져서 주소가 결정된다. base register는 범용 레지스터 R0~R15 중 하나가 될 수 있고 offset은 immediate 데이터, 범용 레지스터(R15 제외), 범용 레지스터의 시프트된 값 중 하나가 될 수 있다. base register에 offset 값을 더할 때 Load 동작 전에 더하는 것을 pre-indexed 모드라 하고 동작 후에 더하는 것을 post-indexed 모드라 한다.

  > 예: LDR R1, [R0]; R0 레지스터가 가리키는 메모리 주소에서 데이터를 가져와 R1에 넣는다.
  > LDR R1, [R0, #8]; R0 + 8 위치에서 데이터를 가져와 R1에 넣는다. 동작 전에 더하므로 pre-indexed 모드이다.
  > LDR R1, [R0], #8; R0 위치에서 데이터를 가져와 R1에 넣고 R0 + 8 한다. 동작 후에 더하므로 post-indexed 모드이다.
  > LDR R7, [R3, R4]; R3 + R4 위치에서 데이터를 가져와 R7에 넣는다.
  > LDR R7, [R3, R4, LSL #2]; R3 + (R4를 2비트 shift left 한 값 = R4 x 4) 위치에서 데이터를 가져와 R7에 넣는다.

- **LDR{cond}B Rd, addressing_mode**

  Load Register Byte 명령으로써 addressing_mode에서 가리키는 메모리 주소에 들어 있는 바이트 데이터를 레지스터 Rd로 가져온다.

  > 예: LDRB R1, [R0]; R0 레지스터에 있는 주소 값에서 바이트 데이터를 가져와 R1에 넣는다. 이때 바이트 데이터 상위 자리는 32비트까지 모두 0으로 채워진다.
  > LDREQB R1, [R0]; 제로플래그가 1이면 R0 레지스터에 있는 주소 값에서 바이트 데이터를 가져와 R1에 넣는다. 이때 바이트 데이터 상위 자리는 32비트까지 모두 0으로 채워진다.

- **STR{cond} Rd, addressing_mode**

  Store Register 명령으로써 레지스터 Rd의 데이터를 addressing_mode에서 가리키는 메모리 주소에 쓴다.

  > 예: STR R1, [R0]; R1 레지스터 내용을 R0 레지스터가 가리키는 메모리 주소에

쓴다.

STRCS R1, [R0, #8]; 캐리 플랙이 1이면 R1 레지스터 내용을 R0 +8 위치의 메
모리에 쓴다.

STR R7, [R3, R4, LSL #2]; R1 레지스터 내용을 R3 + (R4를 2비트 shift left
한 값 = R4 × 4) 위치의 메모리에 쓴다.

- **STR{cond}B Rd, addressing_mode**

Store Register Byte 명령으로써 레지스터 Rd의 하위 바이트를 addressing_mode에서
가리키는 메모리 주소에 쓴다.

💬 예: STRB R1, [R0]; R1 레지스터의 하위 바이트를 R0 레지스터가 가리키는 메모리
주소에 쓴다.

- **LDM{cond} addressing_mode Rn{!}, {register−list}**

Load Multiple 명령으로써 addressing_mode와 base regster Rn이 가리키는 메모리
주소의 데이터를 차례로 register-list의 여러 레지스터들에게로 가져온다. 즉 블록 데이
터 전달 동작을 한다. addressing_mode는 다음 중 하나를 가진다.

```
IA(increment after)
IB(increment before)
DA(decrement after)
DB(decrement before)
```

base regster Rn 다음에 '!'이 오면 addressing_mode에 의해 변경된 값은 Rn에 다시
쓰여짐을 의미한다. '!'가 생략되는 경우 base regster Rn 값 자체는 명령어 실행 동안 변
하지 않는다.

💬 예: LDMIA R0, {R3 − R7}; IA(increment after) 모드를 사용하므로, 최초 R0 레
지스터가 가리키는 메모리 주소의 내용을 R3에 로드한 후, R0 레지스터는 계속
+4씩 증가하고 이 증가한 값이 가리키는 메모리 주소의 내용을 나머지 R4~R7
레지스터에 차례로 로드한다.

- **STM{cond} addressing_mode Rn{!}, {register−list}**

Store Multiple 명령으로써 register-list 목록의 여러 레지스터들을 addressing_mode
와 base regster Rn이 가리키는 메모리 주소에 차례로 쓴다. 즉 블록 데이터 전달 동작

을 한다. addressing_mode는 LDM 경우와 동일하다. base regster Rn 다음에 '!' 이
오면 addressing_mode에 의해 변경된 값은 Rn에 다시 쓰여짐을 의미한다.

💬 예: STMIB R1, {R2 − R6}; IB(increment before) 모드를 사용하므로, R1 레지스
터 값에서 4를 더한 값을 최초 메모리 주소로 사용해 이 주소에 R2 레지스터 내
용을 쓰고, 이후 R1 레지스터는 계속 +4 씩 증가하고 이 증가한 값이 가리키는
메모리 주소에 나머지 R3~R6 레지스터 내용을 차례로 쓴다.

- **LDM과 STM의 스택 영역에 대한 동작**

  LDM과 STM 명령에서의 4개 addressing_mode인 IA(increment after), IB
  (increment before), DA(decrement after), DB(decrement before)는 일반 메모리 영
  역의 블록 데이터 전달 동작에는 적합하나 스택 영역에는 적합하지 않다. 따라서 ARM
  프로세서는 스택 영역에 적합한 다음의 addressing_mode를 추가로 제공한다.

  ```
  FD Full Descending
  ED Empty Descendig
  FA Full Ascending
  EA Empty Ascending
  ```

  여기서 Full은 스택포인터가 스택 영역에 저장된 마지막 데이터(Stack Top)를 가르킴을
  의미하고, Empty는 스택포인터가 스택 영역 최초의 빈 공간(Stack Top 다음 번지)을 가
  리킴을 의미한다. Descending은 스택 영역이 메모리 주소가 감소하는 방향으로 커짐을
  나타내고 Ascending 은 그 반대의 경우이다. 따라서 Descending 모드라면 Full 스택
  경우는 스택에 데이터를 넣기 전에 포인터가 감소(pre-decrementing)해야 하고, Empty
  스택 경우는 스택에 데이터를 넣은 후에 포인터가 감소(post-decrementing)한다. 대부
  분의 프로세서에서 스택 영역은 메모리 주소가 높은 쪽에서 감소하는 방향으로 커진다
  (Descending). 그러나 ARM 프로세서에서는 Ascending 모드를 사용하면 반대 방향
  으로 스택 영역을 설정할 수도 있다.

  💬 예: STMFD SP!, {R3 − R5}; addressing_mode가 FD(Full Descending)이므로
  현 스택포인터 위치(스택)에서 주소가 4 감소한 메모리 주소에 R5가 저장되고,
  여기서 4 감소한 메모리 주소에 R4가, 또 여기서 4 감소한 메모리 주소에 R3가
  각각 저장된다.
  STMFA SP!, {R3 − R5}; addressing_mode가 FA(Full Ascending)이므로 현
  스택포인터 위치(스택)에서 주소가 4 증가한 메모리 주소에 R3가 저장되고, 여기

서 4 증가한 메모리 주소에 R4가, 또 여기서 4 증가한 메모리 주소에 R5가 각각 저장된다.

Branch(분기) 명령어 세트

Branch(분기) 명령어 세트는 조건에 의해 프로그램 흐름의 분기(점프)가 발생하며 현 위치에서 전후(forward/backward) 방향으로 32MB까지 분기 가능하다. 기본 명령어 포맷은 다음과 같다.

- **B{L} {cond} target_address**

    옵션 L이 사용되면 분기 후 다시 되돌아올 복귀주소(Return Address)를 링크레지스터(R14)에 저장하고 분기한다. 따라서 서브루틴 호출 시 BL을 사용한다. ARM에는 80x86 등의 CALL 명령과 같은 별도의 서브루틴 호출 명령이 없다. 서브루틴에서 돌아올 때는 MOV PC, LR(또는 MOV R15, R14) 식으로 하면 된다.

    target_address 는 분기할 주소를 나타낸다. 실제 분기할 주소는 다음과 같이 계산된다.

    1. 24비트 immediate 데이터를 32비트로 부호비트 확장한다.
    2. 이 결과를 좌측으로 2비트 시프트한다.
    3. 이 결과를 현 프로그램 카운터 값(이 분기명령의 주소 + 8)에 더한다. 프로그램 카운터는 다음 번 명령어 주소를 가리키기 위해 현 명령어 주소 + 8을 가지고 있다.

    이와 같이 하여 현 위치에서 32MB 크기만큼 전후 방향 방향으로 분기 가능하다.

    💬 예: B label; label 위치로 무조건 분기한다.
       BCS label; 캐리 플랙이 1이면 label 위치로 분기한다.
       BNE label; 제로 플랙이 0이면 label 위치로 분기한다.
       BVS label; 오버플로우 플랙이 1이면 label 위치로 분기한다.
       BL in_data; 서브루틴 in_data 위치로 분기한다. 이때 분기 전에 리턴 어드레스를 링크레지스터에 저장한다. 서브루틴에서 복귀 시는 MOV PC, LR한다.

기타 명령어 세트

- **MRS{cond} Rd, CPSR**

    MRS는 CPSR(current program status register)나 SPSR(saved program status register)을 레지스터로 이동하는 명령이다.

예: MRS R2, CPSR; R2로 CPSR 내용을 이동한다.
　　　　　　MRS R5, SPSR; R5로 SPSR 내용을 이동한다.

- **MSR{cond} CPSR, Rm**

```
MSR{cond} CPSR, #immediate
MSR{cond} SPSR, Rm
MSR{cond} SPSR, #immediate
```

MSR은 레지스터 내용이나 immediate 데이터를 CPSR(current program status register)이나 SPSR(saved program status register)로 이동하는 명령이다. CPSR이나 SPSR에 이들 레지스터의 일부만 가리키는 필드를 추가로 표시할 수 있으며 다음 4개 중 하나가 올 수 있다.

```
c: control 필드 PSR[7:0]
f: flag 필드 PSR[31:24]
s: status 필드 PSR[23:16]
x: extention 필드 PSR[15:8]
```

　　　예: MSR CPSR, R1; CPSR로 R1 내용을 이동한다.
　　　　　　MSR SPSR_f, #&c0000008; SPSR의 flag 필드로 immediate 데이터 내용을 이동한다.
　　　　　　MSR CPSR_c, R0; CPSR의 control 필드로 R0 내용을 이동한다.

- **SWI{cond} 24bit_immediate**
Software Interrupt 명령이다. 실행 시 SWI exception을 발생시킨다. 24bit_immediate 부분은 ARM 프로세서 자체에서는 사용하지 않지만, SWI exception 핸들러 루틴에서 사용할 수 있다. SWI exception을 발생 시 프로세서는 Supervisor Mode로 전환하고, SWI exception 벡터 값인 0x08번지로 점프한다. SWI exception 동작 과정은 다음과 같다.

1. 현 프로그램 카운터(R15) 값을 R14_svc 레지스터에 저장한다.
2. CPSR을 SPSR_svc에 저장한다.
3. CPSR의 M4~M0 비트(bit 4~0)에 10011을 넣어 Supervisor Mode로 된다. 이때 CPSR의 I 비트(bit 7)를 1로 하여 IRQ를 disable 상태로 한다.
4. SWI exception 벡터 값인 0x08번지로 점프한다.

SWI 루틴에서 복귀 시는 MOV R15, R14하여 복귀 주소를 프로그램 카운터에 넣고 SPSR_svc의 내용도 CPSR로 복구시킨다.

- **SWP{cond} Rd, Rm, [Rn]**

  Swap 명령으로써 레지스터와 메모리 사이에서 값을 서로 스왑한다. 레지스터 Rm의 값이 레지스터 Rn이 가리키는 메모리 주소에 쓰여지고, 해당 메모리에 있던 값이 레지스터 Rd에 쓰여진다.

3-4 | PXA 시리즈 프로세서

PXA 시리즈 프로세서는 인텔 32비트 XScale RISC 코어를 기반으로 하고 여러 주변 장치를 탑재한 임베디드 시스템용의 프로세서이다. CPU 부분인 Xscale은 ARM 버전 5 구조를 기반으로 하며 비교적 저전력에 고성능을 제공한다. PXA2xx 시리즈와 PXA3xx 시리즈가 있다.

이 계열은 수년 전에 PDA나 스마트폰 계열에 많이 사용되던 프로세서로서 현재 동일한 모델이 생산되지는 않으나 임베디드 시스템에 가장 널리 사용되는 ARM CPU 코어를 사용하고 있고 임베디드 시스템 구성에 필요한 여러 구성 요소들을 칩 내부에 비교적 충실히 갖추고 있으므로 이 책에서는 이 기종을 사용하여 임베디드 시스템 프로그래밍을 설명한다. 최신 기종은 ARM 버전이 좀 더 높고(대부분 버전 7이고 일부는 버전 8) 멀티 코어이며 그래픽 처리가 크게 강화되었다는 점 등을 제외하면 기본 구성은 동일하다고 볼 수 있다.

PXA2xx 시리즈 중 하나인 PXA255의 내부구조를 다음 그림 3-6에 보였다.

내부에 XScale 코어(ARM V5 CPU 코어)가 들어 있고 주위에 메모리 컨트롤러, LCD 컨트롤러, DMA 컨트롤러 및 각종 주변 장치 인터페이스들이 포함되어 있다. MMU(memory management unit)는 XScale 코어 내부에 들어 있으며, 하버드 구조이므로 데이터와 명령어 코드를 위한 별도의 MMU를 가진다. LCD 컨트롤러는 8/16비트 컬러 및 8비트 그레이스케일 모두 지원하며 16비트 컬러에서 640×480 픽셀까지 표시 가능하다. DMA 컨트롤러는 우선순위를 가진 16개의 채널을 제공한다.

메모리 컨트롤러를 통해 32비트/16비트 데이터 폭의 메모리 인터페이스를 제공하며 SRAM(static RAM), 플래시 메모리, SDRAM(synchronous DRAM)을 모두 지원한다. 메모리 컨트롤러의 Dynamic Memory Controller에서는 SDARM에 대해 4개까지의 파티션을 제공한다. Static Memory Controller에서는 6개의 뱅크(뱅크 0~뱅크 5)를 제공하는

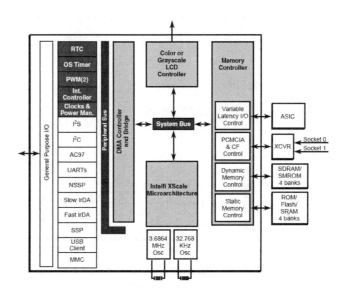

그림 3-6 PXA255의 내부구조

데 뱅크 0은 부트 메모리로 사용되므로 여기에 부트로더가 들어 있는 플래시메모리가 연결되어야 한다.

주변 장치 인터페이스를 위해서 시리얼 통신을 위한 UART(universal asynchronous receiver transmitter) 포트, MMC(ultimedia card)/SD(secure digital) 카드 기능, USB 1.1 클라이언트 기능, 적외선 시리얼 통신을 위한 IrDA, 오디오 코덱, 시리얼 통신 기능인 I2C 등을 가지고 있다. UART는 표준 UART, FF(full function) UART, 블루투스 UART를 모두 지원한다.

전력 관리를 위해 다섯 가지 전력 모드를 제공하는데 표 3-5에 이를 보였다.

표 3-5 전력 모드

전력 모드	기능
Run 모드	일반 동작 상태에서 사용한다.
Turbo 모드	최대 성능을 낼 때 사용한다.
Idle 모드	모듈에 전력을 공급하지만 CPU 클록은 정지 상태이다.
Sleep 모드	리얼타임 클록과 전력 관리자를 제외한 모든 모듈을 정지로 한다.
Deep sleep 모드	가장 전력을 절약하는 모드이다.

프로세서의 주소 공간은 32비트 크기이며 주소는 0~0xFFFF FFFF까지이고 다음 그림 3-7에 메모리 맵의 주요 부분을 보였다. 여기서 Static Chip Select 0은 부팅 영역인 주소 0x0000 0000부터 64MB까지를 가리키므로 부터로더가 들어 있는 플래시메모리 칩은 여기에 연결되어야 한다. 이를 위해 프로세서는 CS0 제어 신호를 출력한다. 메모리 맵에서 4개의 뱅크를 가진 SDRAM은 뱅크 0이 0xA0000 0000번지에서부터 시작하여 64MB 단위로 구성된다.

0xB000_0000	Reserved (64 MB)
0xAC00_0000	SDRAM Bank 3 (64 MB)
0xA800_0000	SDRAM Bank 2 (64 MB)
0xA400_0000	SDRAM Bank 1 (64 MB)
0xA000_0000	SDRAM Bank 0 (64 MB)
0x9C00_0000	Reserved (64 MB)
0x4800_0000	Meory Mapped Registers (Memory Ctl)
0x4400_0000	Meory Mapped Registers (LCD)
0x4000_0000	Meory Mapped Registers (Peripherals)
0x3C00_0000 0x3800_0000 0x3400_0000 0x3000_0000	PCMCIA/CF-Slot 1 (256 MB)
0x2C00_0000 0x2800_0000 0x2400_0000 0x2000_0000	PCMCIA/CF-Slot 0 (256 MB)
0x1C00_0000	Reserved (64 MB)
0x1800_0000	Reserved (64 MB)
0x1400_0000	Static Chip Select 5 (64 MB)
0x1000_0000	Static Chip Select 4 (64 MB)
0x0C00_0000	Static Chip Select 3 (64 MB)
0x0800_0000	Static Chip Select 2 (64 MB)
0x0400_0000	Static Chip Select 1 (64 MB)
0x0000_0000	Static Chip Select 0 (64 MB)

그림 3-7   메모리 맵

임베디드 시스템의 외부 장치인 LED, 7-세그먼트, 키패드, LCD 디스플레이 등은 Static Chip Select 0을 제외한 Static Chip Select 1~Static Chip Select 5 사이의 주소 영역을 사용할 수 있다. 이 책에서는 앞으로 Static Chip Select 3을 사용하는 것으로 가정하여 제어 프로그램을 작성하고 설명한다. Static Chip Select 3 주소 영역을 위한 프로세서 제어 신호는 CS3이며 이때 외부장치는 0x0C00 0000~0x0FFF FFFF 사이의 주소를 가진다. 다음 표 3-6에 프로세서 제어 신호 CS3을 사용하여 결정된 주변 장치 주소의 예를 보였다(임베디드 보드가 바뀌면 당연히 이 주소도 달라진다).

표 3-6 주변 장치 주소의 예

주변장치	주소
키패드	0x0C00 0000
문자 LCD	0x0C00 0300
7-세그먼트 1	0x0C00 0600
7-세그먼트 2	0x0C00 0700
7-세그먼트 3	0x0C00 0800
7-세그먼트 4	0x0C00 0900
7-세그먼트 5	0x0C00 0A00
7-세그먼트 6	0x0C00 0B00
LED 장치	0x0C00 0C00

GPIO(General Purpose I/O)

PXA255는 모두 85개의 GPIO (General Purpose I/O) 핀 신호를 가지며 각 핀은 입력이나 출력으로 설정될 수 있고 인터럽트 요청 라인이나 UART의 신호들, LCD 디스플레이를 위한 데이터 라인 등 각종 외부 장치와의 연결이나 인터페이스로 사용한다. 대부분의 GPIO는 단순히 디지털 입출력뿐만 아니라 부가적인 기능을 추가로 가진다.

GPIO 핀의 각 기능을 설정하고 사용하기 위한 GPIO 레지스터들의 이름과 기능은 다음 표 3-7과 같다.

표 3-7 GPIO 레지스터들의 이름과 기능

이름	의미	실제 레지스터	기능
GPDR	GPIO pin direction register	GPDR0, GPDR1, GPDR2	입출력 방향 설정 레지스터
GAFR	GPIO alternate function register	GAFR0_L, GAFR0_U, GAFR1_L, GAFR1_U, GAFR2_L, GAFR1_U	Alternate 기능 설정 레지스터
GRER	GPIO rising-edge detect register	GRER0, GRER1, GRER2	상승 에지 검출 레지스터
GFER	GPIO falling-edge detect register	GFER0 ,GFER1, GFER2	하강 에지 검출 레지스터

GPSR	GPIO pin output set register	GPSR0, GPSR1, GPSR2	출력 "1" 설정 레지스터
GPCR	GPIO pin output clear register	GPCR0, GPCR1, GPCR2	출력 "0" 설정 레지스터
GPLR	GPIO pin-level register	GPLR0, GPLR1, GPLR2	입력 레벨 검출 레지스터
GEDR	GPIO edge detect status register	GEDR0, GEDR1, GEDR2	입력 에지 검출 레지스터

위 표에서 실제 레지스터 부분에 3개 레지스터씩 표시된 것은 PXA255의 GPIO 신호가 85개이므로 비트당 ON/OFF 설정을 위해서는 32비트 폭 레지스터 3개(85 < 32 × 3)가 필요하기 때문이다. 예외로 GAFR 레지스터 경우는 1비트 GPIO 설정을 위하여 2비트씩 필요하므로 모두 6개의 레지스터가 필요하다.

- **GPDR0, GPDR1, GPDR2 – 입출력 방향 설정 레지스터**

이 레지스터는 핀 방향, 즉 입출력 방향 설정 레지스터로서 GPIO 핀을 입력 또는 출력으로 설정할 것인지를 결정한다. 0이면 입력으로 설정되어 GPLR(GPIO pin-level register)을 통해서 GPIO 핀 상태를 읽을 수 있고 1이면 출력으로 설정되어 GPSR(GPIO pin output set register)이나 GPCR(GPIO pin output clear register)을 사용해 "1" 이나 "0"을 출력할 수 있다.

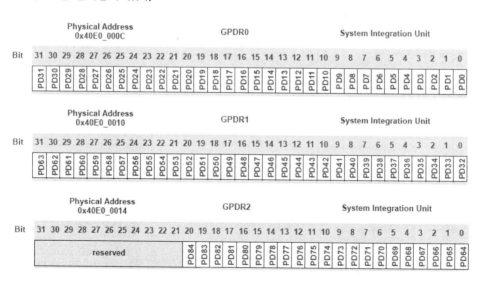

그림 3-8 GPDR0, GPDR1, GPDR2 레지스터 각 비트 기능

또한 GRER(GPIO rising-edge detect register)와 GFER(GPIO falling-edge register)을 사용하여 GPIO 핀의 상승/하강 에지 상태를 감지하도록 설정하면 각 핀의 상태는 GEDR(GPIO edge detect status register)을 읽어 알 수 있다. 이러한 에지 상태는 인터럽트 요청 신호 감지에도 사용된다. GPDR 레지스터는 리셋 시는 모두 0으로 된다. 그림 3-8에 GPDR0, GPDR1, GPDR2 레지스터의 각 비트 기능을 보였다. GPDR0 레지스터는 GPIO 비트 0~비트 31까지를 제어하고, GPDR1 레지스터는 GPIO 비트 32~비트 63까지를

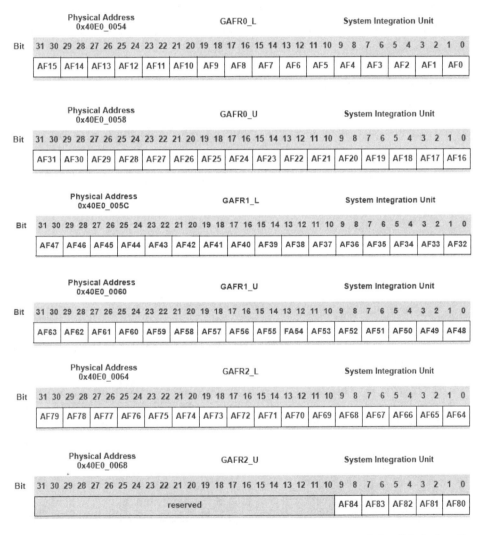

그림 3-9 GAFR0_L, GAFR0_U, GAFR1_L, GAFR1_U, GAFR2_L GAFR2_U 레지스터의 각 비트 기능

제어하며, GPDR2 레지스터는 GPIO 비트 64~비트 84까지를 제어하고 있음을 알 수 있다. 이 그림에는 각 레지스터의 물리주소 값도 함께 보여주고 있다.

- **GAFR0_L, GAFR0_U ,GAFR1_L, GAFR1_U, GAFR2_L,GAFR2_U−Alternate 기능 설정 레지스터**

  이 레지스터는 2비트씩 사용되어 GPIO의 부가기능(alternate function)을 설정한다. 부가기능 사용 시는 "01" "10" "11" 등으로 설정되고 2비트 모두 "00"이면 일반 디지털 입출력에 사용한다. 리셋 시는 모두 0으로 된다. 그림 3-9에 GAFR0_L, GAFR0_U ,GAFR1_L, GAFR1_U, GAFR2_L,GAFR2_U 레지스터의 각 비트 기능을 보였다. 여기서는 부가기능을 설정하기 위해 GPIO 1비트당 2비트씩 사용함을 알 수 있다. 리셋 시는 모두 0으로 된다.

- **GPLR0, GPLR1, GPLR2−입력 레벨 검출 레지스터**

  이 레지스터는 GPIO의 핀에 인가된 전압 레벨 값을 가지므로 현재의 입력 핀의 상태를 읽을 수 있다. 전압 레벨이 LOW이면 "0"으로, HIGH이면 "1"로 읽힌다. 단 GPDR(GPIO pin direction register)이 "0"으로 설정되어 입력 상태이고, GAFR(GPIO alternate function register)도 "0"으로 설정되어 부가 기능을 사용 않는 상태이어야 한다. 그림 3-10에 GPLR0, GPLR1, GPLR2 레지스터의 각 비트 기능을 보였다. 리셋 시는 모두 0으로 된다.

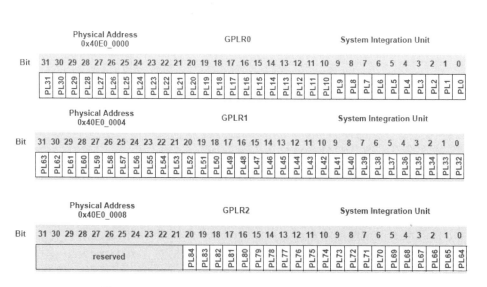

그림 3-10   GPLR0, GPLR1, GPLR2 레지스터의 각 비트 기능

- **GPSR0, GPSR1, GPSR2 – 출력 "1" 설정 레지스터**

  이 레지스터에 "1"을 설정하면 해당 핀은 HIGH 상태로 되고, "0"을 설정하면 해당 핀은 변화 없이 이전 상태를 유지한다. 단 GPDR(GPIO pin direction register)의 해당 비트가 "1"로 되어 있어 출력 상태이어야 하고, GAFR(GPIO alternate function register)의 해당 비트가 "0"으로 되어 있어 부가기능을 사용하지 않는 상태이어야 한다. 그림 3-11에 GPSR0, GPSR1, GPSR2 레지스터의 각 비트 기능을 보였다. 리셋 시는 모두 0으로 된다.

- **GPCR0, GPCR1, GPCR2 – 출력 "0" 설정 레지스터**

  이 레지스터에 "1"을 설정하면 해당 핀은 LOW 상태로 되고, "0"을 설정하면 해당 핀은 변화 없이 이전 상태를 유지한다. 단 GPDR(GPIO pin direction register)의 해당 비트가 "1"로 되어 있어 출력 상태이어야 하고, GAFR(GPIO alternate function register)의 해당 비트가 "0"으로 되어 있어 부가기능을 사용하지 않는 상태이어야 한다. 그림 3-12에 GPCR0, GPCR1, GPCR2 레지스터의 각 비트 기능을 보였다. 리셋 시는 모두 0으로 된다.

- **GRER0, GRER1, GRER2 – 상승 에지 검출 레지스터**

  이 레지스터의 입력 핀 상태가 LOW에서 HIGH로 되면, GEDR(GPIO edge detect status register)의 해당 비트가 "1"로 된다. 단 GPDR(GPIO pin direction register)의 해당 비트가 "0"로 되어 있어 입력 상태이어야 하고, GAFR(GPIO alternate function

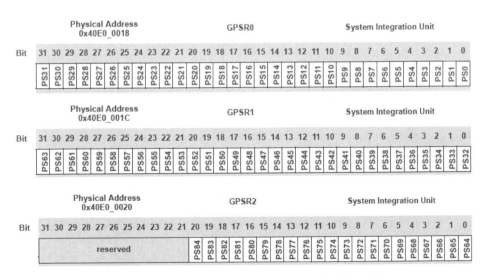

그림 3-11   GPSR0, GPSR1, GPSR2 레지스터의 각 비트 기능

Physical Address 0x40E0_0024 GPCR0 System Integration Unit

Bit	31	30	29	28	27	26	25	24	23	22	21	20	19	18	17	16	15	14	13	12	11	10	9	8	7	6	5	4	3	2	1	0
	PC31	PC30	PC29	PC28	PC27	PC26	PC25	PC24	PC23	PC22	PC21	PC20	PC19	PC18	PC17	PC16	PC15	PC14	PC13	PC12	PC11	PC10	PC9	PC8	PC7	PC6	PC5	PC4	PC3	PC2	PC1	PC0

Physical Address 0x40E0_0028 GPCR1 System Integration Unit

Bit	31	30	29	28	27	26	25	24	23	22	21	20	19	18	17	16	15	14	13	12	11	10	9	8	7	6	5	4	3	2	1	0
	PC63	PC62	PC61	PC60	PC59	PC58	PC57	PC56	PC55	PC54	PC53	PC52	PC51	PC50	PC49	PC48	PC47	PC46	PC45	PC44	PC43	PC42	PC41	PC40	PC39	PC38	PC37	PC36	PC35	PC34	PC33	PC32

Physical Address 0x40E0_002C GPCR2 System Integration Unit

Bit	31	30	29	28	27	26	25	24	23	22	21	20	19	18	17	16	15	14	13	12	11	10	9	8	7	6	5	4	3	2	1	0
	reserved											PC84	PC83	PC82	PC81	PC80	PC79	PC78	PC77	PC76	PC75	PC74	PC73	PC72	PC71	PC70	PC69	PC68	PC67	PC66	PC65	PC64

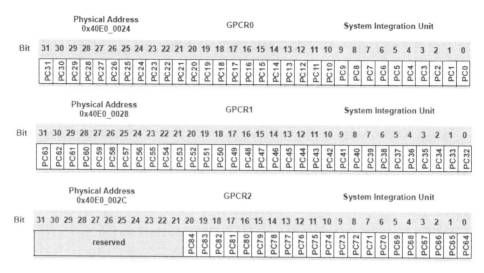

그림 3-12 GPCR0, GPCR1, GPCR2 레지스터의 각 비트 기능

register)의 해당 비트가 "0"으로 되어 있어 부가기능을 사용하지 않는 상태이어야 한다. 그림 3-13에 GRER0, GRER1, GRER2 레지스터의 각 비트 기능을 보였다. 리셋 시는 모두 0으로 된다.

Physical Address 0x40E0_0030 GRER0 System Integration Unit

Bit	31	30	29	28	27	26	25	24	23	22	21	20	19	18	17	16	15	14	13	12	11	10	9	8	7	6	5	4	3	2	1	0
	RE31	RE30	RE29	RE28	RE27	RE26	RE25	RE24	RE23	RE22	RE21	RE20	RE19	RE18	RE17	RE16	RE15	RE14	RE13	RE12	RE11	RE10	RE9	RE8	RE7	RE6	RE5	RE4	RE3	RE2	RE1	RE0

Physical Address 0x40E0_0034 GRER1 System Integration Unit

Bit	31	30	29	28	27	26	25	24	23	22	21	20	19	18	17	16	15	14	13	12	11	10	9	8	7	6	5	4	3	2	1	0
	RE63	RE62	RE61	RE60	RE59	RE58	RE57	RE56	RE55	RE54	RE53	RE52	RE51	RE50	RE49	RE48	RE47	RE46	RE45	RE44	RE43	RE42	RE41	RE40	RE39	RE38	RE37	RE36	RE35	RE34	RE33	RE32

Physical Address 0x40E0_0038 GRER2 System Integration Unit

Bit	31	30	29	28	27	26	25	24	23	22	21	20	19	18	17	16	15	14	13	12	11	10	9	8	7	6	5	4	3	2	1	0
	reserved											RE84	RE83	RE82	RE81	RE80	RE79	RE78	RE77	RE76	RE75	RE74	RE73	RE72	RE71	RE70	RE69	RE68	RE67	RE66	RE65	RE64

그림 3-13 GRER0, GRER1, GRER2 레지스터의 각 비트 기능

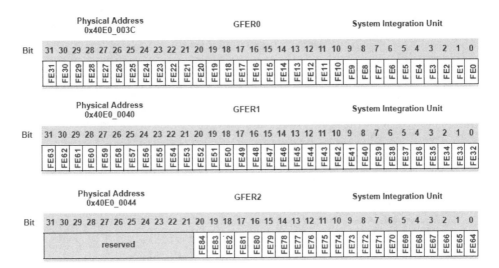

그림 3-14 GFER0, GFER1, GFER2 레지스터의 각 비트 기능

- **GFER0, GFER1, GFER2－하강 에지 검출 레지스터**

  이 레지스터의 입력 핀 상태가 HIGH에서 LOW로 되면, GEDR (GPIO edge detect status register)의 해당 비트가 "1"로 된다. 단 GPDR(GPIO pin direction register)의 해당 비트가 "0"로 되어 있어 입력 상태이어야 하고, GAFR(GPIO alternate function register)의 해당 비트가 "0"으로 되어 있어 부가기능을 사용하지 않는 상태이어야 한다. 그림 3-14에 GFER0, GFER1, GFER2 레지스터의 각 비트 기능을 보였다. 리셋 시는 모두 0으로 된다.

- **GEDR0, GEDR1, GEDR2－입력 에지 검출 레지스터**

  GPDR(GPIO pin direction register)의 해당 비트가 "0"로 되어 있어 입력 상태이어야 하고, GAFR(GPIO alternate function register)의 해당 비트가 "0"으로 되어 있어 부가기능을 사용하지 않는 상태에서 GRER(GPIO rising-edge detect register)이나 GFER(GPIO falling-edge register)의 해당 비트가 설정되어 있을 경우 상승/하강 에지가 발생하면 해당 비트가 "1"로 되고 이때 인터럽트를 발생시킬 수도 있다. 이 레지스터는 해당 비트를 지우기 전에는 값을 유지하며, 지우려면 GEDR의 해당 비트에 "1"을 쓰면 된다. 그림 3-15에 GEDR0, GEDR1, GEDR2 레지스터의 각 비트 기능을 보였다. 리셋 시는 모두 0으로 된다.

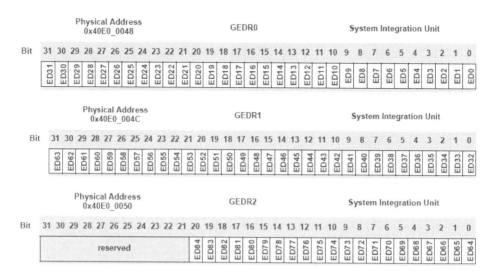

그림 3-15   GEDR0, GEDR1, GEDR2 레지스터의 각 비트 기능

GPIO 사용 예

다음 표 3-8에 GPIO 부가기능(alternate function)의 일부 예를 보였다.

여기서 GPIO 35번 핀은 부가기능으로 FFUART(Full Fucntion UART)의 CTS(CLear To Send)를 가짐을 알 수 있고 CTS로 동작하게 하려면 앞의 그림 3-9의 GAFR 레지스터 (GAFR1_L)의 GPIO 35번 핀에 해당하는 비트(AF35: bit 7,6)를 "01"로 하면 됨을 알 수 있다.

만일 GPIO 35번 핀을 CTS 대신 단순 출력 기능으로 설정하려면 GAFR1_L 레지스터의 bit 7,6에 "01" 대신 "00"을 넣고, GPIO의 출력 방향을 결정하는 앞의 그림 3-8의 GPDR1 레지스터의 GPIO 35번 핀에 해당하는 비트(PD35: bit 3)에 "1"을 넣으면 된다.

이때 GPIO 35번 핀은 단순 출력 기능으로 설정되며, 이 핀에 "1"을 출력하려면 GPIO의 출력을 "1"로 설정하는 앞의 그림 3-11의 GPSR1 레지스터의 GPIO 35번 핀에 해당하는 비트(PS35: bit 3)에 "1"을 넣으면 된다.

"0"을 출력하려면 GPIO의 출력을 "0"로 설정하는 앞의 그림 3-12의 GPCR1 레지스터의 GPIO 35번 핀에 해당하는 비트(PC35: bit 3)에 "1"을 넣으면 된다.

표 3-8   GPIO 부가기능(ALTERNATE FUNCTION)의 일부

Pin	Alternate Function Name	Alternate Function Assignment	AF{n} encoding	Source Unit	Signal Description and comments
GP33	nCS[5]	ALT_FN_2_OUT	10	Memory Controller	Active low chip select 5
GP34	FFRXD	ALT_FN_1_IN	01	UARTs	FFUART receive
	MMCCS0	ALT_FN_2_OUT	10	Multimedia Card (MMC) Controller	MMC Chip Select 0
GP35	CTS	ALT_FN_1_IN	01	UARTs	FFUART Clear to send
GP36	DCD	ALT_FN_1_IN	01		FFUART Data carrier detect
GP37	DSR	ALT_FN_1_IN	01		FFUART data set ready
GP38	RI	ALT_FN_1_IN	01		FFUART Ring Indicator
GP39	MMCCS1	ALT_FN_1_OUT	01	Multimedia Card (MMC) Controller	MMC Chip Select 1
	FFTXD	ALT_FN_2_OUT	10	UARTs	FFUART transmit data
GP40	DTR	ALT_FN_2_OUT	10	UARTs	FFUART data terminal Ready
GP41	RTS	ALT_FN_2_OUT	10		FFUART request to send
GP42	BTRXD	ALT_FN_1_IN	01	UARTs	BTUART receive data
	HWRXD	ALT_FN_3_IN	11	HWUART	HWUART receive data
GP43	BTTXD	ALT_FN_2_OUT	10	UARTs	BTUART transmit data
	HWTXD	ALT_FN_3_OUT	11	HWUART	HWUART transmit data
GP44	BTCTS	ALT_FN_1_IN	01	UARTs	BTUART clear to send
	HWCTS	ALT_FN_3_IN	11	HWUART	HWUART clear to send
GP45	BTRTS	ALT_FN_2_OUT	10	UARTs	BTUART request to send
	HWRTS	ALT_FN_3_OUT	11	HWUART	HWUART request to send

PXA 270 프로세서

PXA2xx 시리즈 중 하나인 PXA270의 내부 구조를 그림 3-16에 보였다.

전반적으로 앞에서 설명한 PXA255와 유사함을 알 수 있다. 내부에 ARM 계열 CPU 코어인 XScale이 들어 있고 주위에 메모리 컨트롤러, LCD 컨트롤러, DMA 컨트롤러 및 각종 주변 장치 인터페이스들이 포함되어 있는 점이 모두 같다. PXA255와의 차이점으로는 내부 SRAM, USB 호스트 컨트롤러 등이 추가되어 있다는 점이다.

이와 같이 ARM 계열 임베디드 시스템용 프로세서들은 종류도 다양하고 시일이 지나 생산되지 않는 기종도 많으나 CPU 코어로 ARM을 사용한다는 공통점이 있고 세부적인 기능과 구성 모듈의 일부 차이는 있으나 시스템 구성을 위한 기본적인 구조가 유사하다. 따라서 한 가지 기종에 대해 깊이 있게 이해하면 다른 기종도 쉽게 이해할 수 있고 응용할 수 있다.

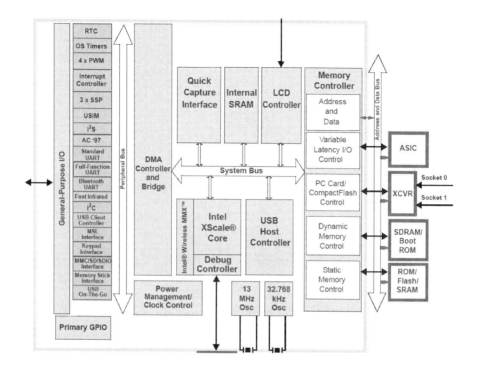

그림 3-16   PXA270의 내부구조

임베디드 리눅스
프로그래밍 기초

임베디드 시스템에 부착된 입출력 장치를 제어하는 방법에는 디바이스 드라이버를 사용하는 경우와 응용 프로그램 수준에서 직접 제어하는 경우가 있다. 디바이스 드라이버를 사용하는 방법이 보다 일반적이고 세밀한 제어를 할 수 있으나 여기서는 응용 프로그램 수준에서 직접 제어하는 방법을 먼저 설명하고 디바이스 드라이버를 사용하여 제어하는 방법은 다음 장에서 설명한다.

4-1 | LED 장치 제어 프로그래밍

임베디드 보드에 부착된 각종 주변 장치에 대한 제어 프로그램 작성을 위해서는 먼저 이들 장치에 대한 주소를 알아야 한다. 임베디드 보드에서의 LED 장치는 다음 그림 4-1과 같이 프로세서의 주소 버스를 디코딩하여 주소가 결정된다.

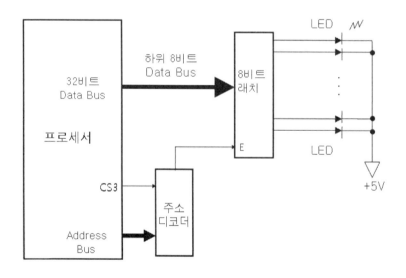

그림 4-1   LED 장치 연결 회로

표 4-1에 이와 같은 식으로 프로세서의 주소 버스를 디코딩하여 결정된 주변 장치 주소의 예를 보였다. 앞 3-4절의 표 3-6과 동일하며 임베디드 보드가 바뀌면 당연히 이 주소도 달라진다. 여기서는 이 표의 예처럼 LED 장치 주소가 0x0C00 0C00번지라고 가정하여 제어 프로그램을 작성한다.

표 4-1 주변 장치의 할당된 주소 값의 예

주변장치	주소
키패드	0x0C00 0000
문자 LCD	0x0C00 0300
7-세그먼트 1	0x0C00 0600
7-세그먼트 2	0x0C00 0700
7-세그먼트 3	0x0C00 0800
7-세그먼트 4	0x0C00 0900
7-세그먼트 5	0x0C00 0A00
7-세그먼트 6	0x0C00 0B00
LED 장치	0x0C00 0C00

그림 4-1에서 프로세서의 데이터 버스 중 하위 8비트가 래치(latch)를 거쳐서 8개의 LED에 연결되는 것으로 가정하였으며 1인 비트에 해당하는 LED는 ON되고 0인 비트에 해당하는 LED는 OFF된다.

전체 프로그램은 led.h, led.c 두개의 파일로 구성되어 있으며 각 부분의 소스는 다음과 같다.

led.h 소스:

```
#include <stdio.h>
#include <string.h>
#include <errno.h>
#include <stdlib.h>
#include <unistd.h>
#include <sys/types.h>
#include <sys/stat.h>
#include <sys/mman.h>
#include <unistd.h>
#include <fcntl.h>

#define CS3_BASE 0x0C000000
#define LED_OFFSET   0x0C00
```

```
unsigned char *CS3_base;
unsigned char *led;

static int fd ;
```

led.h 소스에는 기본 헤더파일들과 임베디드 보드에서 설정된 LED를 가리키기 위해
프로세서의 chip select 신호(CS3)의 기본 주소인 0x0C00 0000을 CS3_BASE로 정의
하고 있다. 또 이 기본 주소에서 LED 장치 주소와의 차이값(오프셋)인 0x0C00을 LED_
OFFSET에 정의하고 있다. CS3_base는 chip select 신호(CS3)의 기본 주소를 가리키는 포
인터 변수이고, led는 LED 장치 주소를 가리키는 포인터 변수이다.

led.c 소스:

```
#include "led.h"

int memopen(void)
{
    fd = open("/dev/mem", O_RDWR);
    if(fd < 0) {
        perror("/dev/mem FAIL! \n");
        exit(1);
    }
 return 0;
}


int ledaddr(void)
{
 CS3_base = (unsigned char *)mmap(NULL, 1024, PROT_READ|PROT_WRITE, MAP_
SHARED, fd, CS3_BASE);
 if((int)CS3_base == -1) {
    perror("mmap FAIL! \n");
    return -1;
 }
 led = CS3_base + LED_OFFSET;
 return 0;
}
```

```
void memrelease(void)
{
 munmap((unsigned char *)CS3_base, 1024);
}

void outled(int sel)
{
 switch(sel) {
    case 0:
        {
            printf("LED data = 0xFF\n");
            ledaddr();
            *led = 0xff;
            memrelease();
            break;
        }
    case 1:
        {
            printf("LED data = 0x55\n");
            ledaddr();
            *led = 0x55;
            memrelease();
            break;
        }
    case 2:
        {
            printf("LED data = 0xAA\n");
            ledaddr();
            *led = 0xaa;
            memrelease();
            break;
        }
 }
}

int main(void)
{
 int i;
 memopen();

 for(i=0; i < 10; i++) {
```

```
      outled(0);
      sleep(1);
      outled(1);
      sleep(1);
      outled(2);
    }
    close(fd);
  }
```

위 led.c 소스에서

```
fd = open("/dev/mem", O_RDWR);
```

는 /dev/mem 파일을 열어 이 파일의 기술자(file descriptor)를 반환한다. /dev/mem 파
일은 O_RDWR(open for reading and writing) 모드로 열리며 이 파일은 메모리 입/출력
을 하기 위한 문자 디바이스(character device) 파일이다.

open() 함수에 의해서 반환된 파일 기술자는 변수 fd에 할당되고, 이 값을 아래
mmap() 함수의 파라미터로 사용해 CS3_BASE 주소에 해당하는 현 프로세스 메모리 주
소를 구한다. 이 mmap() 함수는 CS3_BASE 주소(0x0C00 0000)를 가리키는 현 프로세
스 주소 공간에서의 주소 값을 변수 CS3_base에 리턴한다.

```
CS3_base = (unsigned char *)mmap(NULL, 1024, PROT_READ|PROT_WRITE,
MAP_SHARED, mem_fd, CS3_BASE);
```

다음 문에서 베이스 주소와 LED 장치와의 오프셋 값인 LED_OFFSET(0x0C00)을 베
이스 주소에 더하여 변수 led에 LED 장치의 주소를 얻게 된다.

```
led_addr = CS3_base + LED_OFFSET;
```

이후 다음 문에서 실제 LED 장치로 값(0xff)을 출력한다.

```
*led = 0xff;
```

앞의 main() 함수에서는 memopen() 함수를 통해 /dev/mem 파일을 열어 이 파일의
기술자(file descriptor)를 반환받고, outled(0) 함수 내에서 mmap()을 사용해 LED 장치의
주소를 얻은 후 이 장치 주소로 정해진 값(0xFF)을 출력한다. 이때는 모든 LED가 ON된다.
outled(1) 함수는 LED 장치로 0x55를 출력하고 outled(2) 함수는 LED 장치로 0xAA를

출력한다. 이진수로 "1"에 해당하는 위치의 LED만 ON된다. 이 과정을 반복한다. 마지막으로 close(fd) 함수를 사용해 오픈되었던 /dev/mem 파일을 닫는다.

이상의 파일들을 컴파일하기 위한 Makefile 예를 다음에 보였다.

```
CC=arm-linux-gcc
STRIP=arm-linux-strip
EXECS = led
OBJS = led.o
HDR = led.h

all: $(EXECS)
$(EXECS): $(OBJS) $(HDR)
 $(CC) -o $@ $^
 $(STRIP) $@
clean:
 rm *.o $(EXECS)
```

위 Makefile에서는 컴파일러를 나타내는 매크로 CC를 arm-linux-gcc로 정의하고 있고 매크로 STRIP을 arm-linux-strip로 정의하고 있다. arm-linux-strip은 컴파일 후 최종 생성되는 실행파일 led에서 심볼 등 각종 디버깅 정보를 제거해 실행파일의 크기를 줄여준다. 크로스 컴파일러인 arm-linux-gcc와 arm-linux-strip 등은 모두 앞에서 설명한 임베디드 시스템을 위한 크로스 개발환경(cross development environment)에서 툴체인(tool chain) 설치 시 생성된 실행파일들이다.

다음은 Makefile 명령 부분이다.

```
$(CC) -o $@ $^
$(STRIP) $@
```

위에서 $@은 현재의 타깃(target) 파일이므로 led이고, $^는 기본 소스 파일들이므로 결국 다음과 같이 컴파일 및 실행파일의 크기를 줄이기 위한 스트립 명령이 된다.

```
arm-linux-gcc -o led led.c
arm-linux-strip led
```

다음 부분은 개발자가 'make clean' 명령을 입력하였을 경우 모든 오브젝트 파일과 실행파일을 지우기 위해 사용되었다.

```
clean:
    rm *.o $(EXECS)
```

호스트 컴퓨터에서 소스를 모두 편집 후 'make' 명령을 주면 위의 Makefile이 실행되어 소스 컴파일 후 실행파일 led가 생성된다.

생성된 실행파일(led)을 실제로 실행시키기 위해서는 임베디드 보드로 보내야 한다. 여기서는 앞에서 설명한 NFS를 사용하여 호스트의 디렉터리를 임베디드 보드에서 마운트하여 사용하는 경우로 가정하였다. 즉 호스트 컴퓨터는 NFS 서버로 동작 하도록 임베디드 보드가 사용할 디렉터리가 /etc/exports 파일에 설정되어 있어야 하고 NFS 서비스를 처리해줄 NFS 데몬이 실행되고 있어야 한다.

임베디드 보드가 부팅 과정에서 NFS를 사용하여 마운트하는 루트파일시스템이 호스트 컴퓨터의 /test/nfs 디렉터리라면 실행파일(led)을 임베디드 보드로 보내기 위해서는 단순히 다음과 같이 cp 명령을 사용하면 된다.

```
cp led /test/nfs/root
```

위에서 호스트의 /test/nfs/ 디렉터리가 임베디드 보드에서는 루트 디렉터리 '/'에 해당하므로 위에서는 임베디드 보드의 '/root' 디렉터리, 즉 root 계정의 홈디렉터리로 보낸 것이다.

이후 호스트에서 시리얼 통신 프로그램(minicom)을 실행시켜 임베디드 보드에 사용자 계정 root로 로그인하면 위에서 cp 명령으로 전송했던 실행파일 led가 root의 홈 디렉터리에 이미 있는 것이 보인다. 파일을 실행시키기 위해서는 다음과 같이 입력하면된다.

```
./led
```

이와 같이 임베디드 시스템 개발 과정에서 NFS를 사용하면 호스트에서 개발된 파일들을 편리하게 임베디드 보드로 전송할 수 있다.

LED 좌우 시프트 예제

이번에는 LED를 좌우로 시프트시키는 예제를 설명한다. 전체 프로그램은 led.h, led2.c 두 개의 파일로 구성되어 있으며 led.h는 앞 예와 동일하다. led2.c 소스는 다음과 같다.

led2.c 소스 :

```
#include "led.h"

int memopen(void)
```

```
{
    fd = open("/dev/mem", O_RDWR);
    if(fd < 0) {
        perror("/dev/mem FAIL! \n");
        exit(1);
    }
 return 0;
}

int ledaddr(void)
{
 CS3_base = (unsigned char *)mmap(NULL, 1024, PROT_READ|PROT_WRITE, MAP_
SHARED, fd, CS3_BASE);
 if((int)CS3_base == -1) {
    perror("mmap FAIL! \n");
    return -1;
 }
 led = CS3_base + LED_OFFSET;
 return 0;
}

void memrelease(void)
{
 munmap((unsigned char *)CS3_base, 1024);
}

void outled(int sel)
{
 int k ;
 switch(sel) {
    case 1:
        {
        printf("LED LEFT SHIFT\n");
        for(k=0; k<9 ; k++) {
            ledaddr();
            *led = 0x01<<k;
            memrelease();
            usleep(100000);
        }
        break;
        }
```

```
        case 2:
            {
            printf("LED RIGHT SHIFT\n");
            for(k=0; k<9 ; k++) {
                ledaddr();
                *led = 0x80>>k;
                memrelease();
                usleep(100000);
            }
            break;
            }


    }
}


int main(void)
{
 int i, j;
  while(1) {
     printf("LED SHIFT LEFT=1 : LED SHIFT RIGHT=2 : other=EXIT \n");
 scanf("%d", &i);

 for(j=0 ; j < 6 ; j++) {
   if((i == 1)) {
     memopen();
     outled(i);
     close(fd);
   } else if((i == 2)) {
     memopen();
     outled(i);
     close(fd);
   } else
     return 0;
 }
   }
   return 0;
}
```

위의 main() 함수에서는 scanf() 함수에서 사용자 입력을 받아들이고, 값이 "1"이면 memopen() 함수를 통해 /dev/mem 파일을 열어 이 파일의 기술자(file descriptor)를 반환받고, outled(i) 함수 내에서 mmap() 사용해 LED 장치의 주소를 얻어 변수 led에 저장 후 다음 문에서 0x01을 한 비트씩 차례로 좌측으로 시프트시킨 값을 LED 장치의 주소로 출력하고 있다.

```
*led = 0x01<<k;
```

따라서 우측 끝의 LED부터 1개씩 ON되어 차례로 좌측으로 시프트된다. 사용자 입력 값이 "2"이면 LED 장치의 주소를 얻기 위한 동일한 과정을 거쳐, 다음 문에서 0x80을 한 비트씩 차례로 우측으로 시프트시킨 값을 LED 장치의 주소로 출력하고 있다.

```
*led = 0x80>>k;
```

따라서 이때는 좌측 끝의 LED부터 1개씩 ON되어 차례로 우측으로 시프트된다.

소스를 컴파일하기 위한 Makefile 예를 다음에 보였다.

소스 편집 후 'make' 명령을 주면 실행파일 led2가 생성된다. 이를 다음 명령을 사용해 임베디드 보드(root 계정의 홈디렉터리)로 보낸다.

```
cp led2 /test/nfs/root
```

다음 호스트의 시리얼 통신 프로그램(minicom)에서 임베디드 보드에 root 계정으로 로그인하고 이어서 './led2' 라고 치면 해당 파일이 실행된다.

mmap() 함수

리눅스/유닉스에서는 프로세스와 프로세스 사이의 보호를 위해 각 프로세스는 서로 별도의 주소 공간을 가지게 된다. 이를 위해서 CPU가 하드웨어적으로 지원하는 MMU(memory management unit)가 필요하며 32비트급 임베디드 시스템용 프로세서는 대부분 MMU를 가지고 있다.

각 프로세스가 별도의 주소 공간을 가지면 한쪽 프로세스에서의 잘못된 동작이 다른 쪽 프로세스에 영향을 미치지 않으므로 프로세스의 보호는 잘 이루어지지만 프로세스와 프로세스 사이에 데이터를 전달하거나 공유할 경우 별도의 대책이 필요하다. 앞의 표 4-1 예에서 LED 장치의 주소는 물리주소 공간에서 0x0C00 0C00으로 되어 있으나 현 프로세스 주소 공간에서의 주소 0x0C00 0C00는 서로의 주소 공간이 다르므로 실제 LED 장치를 가리키는 것이 아니다.

이를 위한 여러 방법 중 하나가 mmap() 함수를 사용하는 것이다. mmap() 함수는 현 프로세스의 메모리 공간을 파일이나 공유 메모리 특정 영역으로 맵핑시킨다. 파일은 운영체제에서 글로벌 자원이므로 다른 프로세스와 공유가 가능하다. 따라서 파일로 맵핑된 메모리 영역은 프로세스 사이의 데이터 교환(공유)에 사용될 수 있다. mmap() 함수 사용 시

```
#include <sys/mman.h>
```

문이 포함되어야 한다(위의 led.h 소스에 이것이 포함된 것을 볼 수 있다).
mmap() 함수의 포맷은 다음과 같다.

```
void * mmap(void *start, size_t length, int prot , int flags, int fd,
off_t offset);
```

mmap() 함수는 파일 디스크립터 fd가 가리키는 파일에서 start + offset만큼 떨어진 영역(부터 length 바이트까지)을 현 프로세스의 주소 공간으로 맵핑한다. start는 시작주소(보통 0)이고 offset은 start로부터의 오프셋 값이다. offset과 start는 페이지 단위로 주어야 한다. 리턴 값으로 파일로 맵핑된 메모리 영역에 대한 현 프로세스의 주소 공간 내의 주소 값을 얻으며, 이 주소 값을 통해서 다른 프로세스와 데이터 교환이나 공유가 가능하다.

위의 mmap() 함수의 포맷 중 prot는 맵핑된 메모리 영역의 특성을 설정하기 위해서 사용된다. prot는 PROT_READ 나 PROT_WRITE 등의 값을 가질 수 있으며 논리 OR을 사용해 다음 형식으로 표시한다.

```
(PROT_READ | PROT_WRITE)
```

PROT_READ는 해당 페이지에서 데이터가 읽혀질 수 있다는 의미이고, PROT_WRITE는 해당 페이지에 데이터를 쓸 수 있다는 의미이다.

flags는 맵핑된 데이터를 다룰 수 있는 정보를 제공하는데, MAP_SHARED는 맵핑된 데이터를 다른 프로세스와 서로 공유한다는 의미이다. 보통 이 값을 flags로 사용한다.

mmap() 함수에서 파일 디스크립터 fd가 가리키는 파일은 일반 파일도 가능하고 메모리 파일도 (/dev/mem)도 가능하다. 위의 LED 소스에서는 mmap() 함수 사용 시 파일로 메모리를 나타내는 /dev/mem을 사용하였고 다음 문에서

```
CS3_base = (unsigned char *)mmap(NULL, 1024, PROT_READ|PROT_WRITE,
MAP_SHARED, mem_fd, CS3_BASE_ADDR);
```

오프셋 값(start 값은 NULL)으로 CS3_BASE_ADDR(=0x0C00 0000)을 사용하였

으므로, 결국 공유 메모리 주소 0x0C00 0000을 가리키는 현 프로세스 주소 공간에서의 메모리 주소를 변수 CS3_base로 받게 된다. 여기에 실제 LED 장치의 오프셋 값 LED_OFFSET_ADDR(0x0C00)을 아래와 같이 더하므로써 변수 led_addr에 현 프로세스 주소 공간에서의 LED 장치를 액세스할 수 있는 주소 값을 얻게 되는 것이다.

```
led_addr = CS3_base + LED_OFFSET_ADDR;
```

LED 장치 액세스 시 mmap() 함수에서 offset 값으로 0x0C00 0000 + 0x0C00한 값을 사용하지 않는 이유는 offset 값은 page 단위로 주어야 하기 때문이다.

4-2 | 7-세그먼트 장치 제어 프로그래밍

7-세그먼트 장치는 그림 4-2과 같은 7개로 나누어진 각 LED 조각(세그먼트)을 ON/OFF하여 0~9까지의 숫자를 표시하는 데 흔히 사용된다.

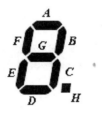

그림 4-2   7-세그먼트

그림 4-3은 임베디드 보드에서 7-세그먼트 장치의 연결 예를 보였다. 프로세서의 주소 버스가 디코딩되어 7-세그먼트 장치의 주소가 결정되고 프로세서의 데이터 버스 중 하위 8 비트가 래치를 거쳐 7-세그먼트 장치에 연결되는 예이다.

7-세그먼트 장치에서 "0"을 표시하기 위해서는 앞의 그림 4-2에서 LED 조각 a, b, c, d, e, f 이렇게 6개가 모두 ON되면 된다. 또 "1"을 표시하기 위해서는 LED 조각 b, c 두 개만 ON되면 된다. 따라서 7비트 데이터로 0~9 숫자를 표시할 수 있으며 이를 다음 표 4-2에 보였다. 여기서 LED 조각 a~f는 데이터 버스의 비트 0~6에 각각 연결된 것으로 가정 하였다. 즉 "0"을 표시하기 위해서는 데이터 버스에 0x3F, "1"을 표시하기위해서는 0x06을 각각 출력하면 된다.

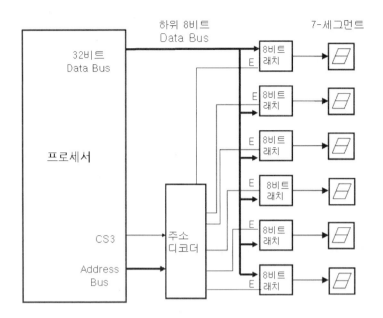

그림 4-3 7-세그먼트 회로 예

표 4-2 7-세그먼트 장치 표시용 데이터

표시 숫자	데이터
0	0x3F
1	0x06
2	0x5B
3	0x4F
4	0x66
5	0x6D
6	0x7D
7	0x27
8	0x7F
9	0x6F

앞의 4-1절의 표 4-1에 주변 장치에 할당된 주소 값의 예가 나와 있고 여기서 보면 6개의 7-세그먼트 장치는 0x0C00 0600~0x0C00 0B00 번지에 각각 할당되어 있다. 임베디드 보드가 바뀌면 이 주소도 달라진다.

전체 프로그램은 segment.h, segment.c 두개의 파일로 구성되어 있으며 각 부분의 소스는 다음과 같다

segment.h 소스:

```
#include <stdio.h>
#include <string.h>
#include <errno.h>
#include <stdlib.h>
#include <unistd.h>
#include <sys/types.h>
#include <sys/stat.h>
#include <sys/mman.h>
#include <unistd.h>
#include <fcntl.h>

#define CS3_BASE 0x0C000000

unsigned char *CS3_base;

#define SEG1_OFFSET 0x0600
#define SEG2_OFFSET 0x0700
#define SEG3_OFFSET 0x0800
#define SEG4_OFFSET 0x0900
#define SEG5_OFFSET 0x0A00
#define SEG6_OFFSET 0x0B00

unsigned char *seg;

unsigned char num[10] = {0x3F, 0x06, 0x5B, 0x4F, 0x66, 0x6D, 0x7D,
0x27, 0x7F, 0x6F};  // '0'~'9' 표시
unsigned short off_set[6] = {
            SEG1_OFFSET,
            SEG2_OFFSET,
            SEG3_OFFSET,
            SEG4_OFFSET,
            SEG5_OFFSET,
```

```
                SEG6_OFFSET
                };
    static int fd;
```

segment.h 소스에는 기본 헤더파일들이 있으며, CS3_BASE를 PXA255의 chip select 신호(CS3)의 기본 주소 값인 0x0C00 0000으로 정의하고 있고, CS3_base는 현 프로세스 공간에서 이 기본 주소를 가리키는 포인터 변수이다. 이 변수 값은 7-세그먼트 장치를 가리키기 위한 기준 주소가 된다. SEG1_OFFSET부터 SEG6_OFFSET는 보드에 부착된 6개의 7-세그먼트 장치 주소와 CS3_BASE과의 오프셋 값이다. 배열 num[]는 7-세그먼트 장치에 "0"~"9"를 출력하기 위한 데이터이다.

segment.c 소스:

```
#include "segment.h"

int memopen(void)
{
    fd = open("/dev/mem", O_RDWR);
    if(fd < 0) {
        perror("/dev/mem FAIL! \n");
        exit(1);
    }
 return 0;
}


int segaddr(void)
{
 CS3_base = (unsigned char *)mmap(NULL, 1024, PROT_READ|PROT_WRITE, MAP_
SHARED, fd, CS3_BASE);
 if((int)CS3_base == -1) {
    perror("mmap FAIL! \n");
    return -1;
 }
 return 0;
}

void memrelease(void)
{
 munmap((unsigned char *)CS3_base, 1024);
```

```
}

void segmentout(int arg)
{
 int i, j;

 for(i=0; i<6; i++) {
     seg = (unsigned char *)(CS3_base + off_set[i]);
     *seg = num[arg];
 }

}

int main(void)
{
 int i;

 memopen();



 for(i = 0; i< 10; i++) {
     printf("Segement Display = %d \n", i);
     segaddr();
     segmentout(i);
     memrelease();
     sleep(1);
 }

 close(fd);
}
```

위 segment.c 소스에서

```
fd = open("/dev/mem", O_RDWR);
```

는 메모리 입/출력을 하기 위한 문자 디바이스(Character Device) 파일인 /dev/mem 파
일을 열어 이 파일의 기술자(file descriptor)를 변수 fd에 반환한다. 이 값은 아래 mmap()
함수의 파라미터로 사용되어 CS3_BASE 주소에 해당하는 현 프로세스 메모리 주소를 변

수 CS3_base에 넣는다.

```
CS3_base = (unsigned char *)mmap(NULL, 1024, PROT_READ|PROT_WRITE,
MAP_SHARED, fd, CS3_BASE);
```

다음 문에서는 CS3_base에 7-세그먼트 장치의 오프셋 값인 off_set[]를 더해 실제 7-세그먼트 장치의 주소를 변수 seg에 얻고 이 주소로 num[] 값을 출력하여 해당 숫자("0"~ "9")가 표시되게 한다. 이 과정을 6개 7-세그먼트 장치에 대해 모두 실행한다.

```
for(i=0; i<6; i++) {
    seg = (unsigned char *)(CS3_base + off_set[i]);
    *seg = num[arg]
}
```

위의 main() 함수에서는 memopen() 함수 내에서 /dev/mem 파일을 열어 파일 기술자 (file descriptor)를 반환받고, segmentout() 함수 내에서 이 파일 기술자를 mmap() 함수의 파라미터로 사용해 얻은 값에 6개 7-세그먼트 장치의 각 오프셋을 더해 각각의 주소를 얻는다. 다음 이 주소로 num[] 값을 출력하여 segmentout() 함수 호출 시의 인수값(0~9)이 실제 7-세그먼트 장치에 표시된다. 이때 6개 7-세그먼트 장치 모두 "0"~"9"까지가 차례로 표시된다.

이상의 파일들을 컴파일하기 위한 Makefile 예를 보였다.

```
CC=arm-linux-gcc
STRIP=arm-linux-strip
EXECS = segment
OBJS = segment.o
HDR = segment.h

all: $(EXECS)
$(EXECS): $(OBJS) $(HDR)
 $(CC) -o $@ $^
 $(STRIP) $@

clean:
 rm *.o $(EXECS)
```

앞의 4-1절의 LED 제어 프로그램의 경우와 비교해 매크로 EXECS, OBJS와 HDR만 바뀌었고 나머지는 동일하다. 호스트 컴퓨터에서 소스를 모두 편집 후 'make' 명령을 주면 위의 Makefile이 실행되어 소스 컴파일 후 실행파일 segment가 생성된다. 이를 다음 명령으로 임베디드 보드로 보낸다.

```
cp  segment /test/nfs/root
```

다음 호스트의 시리얼 통신 프로그램(minicom)에서 임베디드 보드에 root로 로그인하고 이어서 './segment' 라고 치면 해당 파일이 실행된다.

7-세그먼트 장치 두 번째 예제

다음은 7-세그먼트 장치의 두 번째 예제로써 사용자에게서 입력받은 숫자를 출력하는 프로그램이다. 전체 프로그램은 segment.h, segment2.c 두 개의 파일로 구성되어 있으며 segment.h는 앞 예제와 동일하다. segment2.c의 소스는 다음과 같다.

segment2.c 소스:

```c
#include "segment.h"

int memopen(void)
{
    fd = open("/dev/mem", O_RDWR);
    if(fd < 0) {
        perror("/dev/mem FAIL! \n");
        exit(1);
    }
 return 0;
}


int segaddr(void)
{
 CS3_base = (unsigned char *)mmap(NULL, 1024, PROT_READ|PROT_WRITE, MAP_
SHARED, fd, CS3_BASE);
 if((int)CS3_base == -1) {
    perror("mmap FAIL! \n");
    return -1;
 }
 return 0;
}
```

```
void memrelease(void)
{
 munmap((unsigned char *)CS3_base, 1024);
}

void segmentclear(void)
{
 int i;

 segaddr();
 for(i=0; i<6; i++) {
     seg = (unsigned char *)(CS3_base + off_set[i]);
     *seg = num[0];
 }
 memrelease();
}

void segmentout(int arg)
{
 int i, digit, tmp;

 tmp = arg;

 segaddr();

 for(i=0; i<6; i++) {
     seg = (unsigned char *)(CS3_base + off_set[5-i]);
     digit = tmp % 10;
     tmp = (int)(tmp/10);
     *seg = num[digit];
 }
 memrelease();


}

int main(void)
{
 int inp;

 memopen();
```

```
    segmentclear();

    while(1) {
        printf("Input Number Range = 0 ~999999 : Exit = -1 \n");
        scanf("%d", &inp);
        if(inp == -1) {
            break;
        }

        if(inp > 999999 || inp < 0) {
            printf("Out of Range !!\n");
        } else {
            printf("Input Number = %d\n\n", inp);
            segmentout(inp);
        }

    }

    close(fd);
}
```

위의 main() 함수에서는 memopen() 함수 내에서 /dev/mem 파일을 열어 파일 기술자 (file descriptor)를 반환받고, segclear() 함수에서

```
for(i=0; i<6; i++) {
    seg = (unsigned char *)(CS3_base + off_set[i]);
    *seg = num[0];
}
```

문을 사용하여 6개의 7-세그먼트 장치가 모두 "0"이 출력되게 한다. scanf() 문에서 6개의 7-세그먼트 장치로 표시할 수 있는 범위인 0~999999 사이의 숫자를 받아들이고 입력 숫자가 범위 내에 있으면 segmentout() 함수를 호출한다. segmentout() 함수 내에서는 다음

```
for(i=0; i<6; i++) {
    seg = (unsigned char *)(CS3_base + off_set[5-i]);
    digit = tmp % 10;
    tmp = (int)(tmp/10);
    *seg = num[digit];
}
```

문에서 입력 숫자에 대해 10으로 나눈 나머지를 가장 오른쪽 7-세그먼트 장치부터 차례로 출력하며 이 과정을 6번 반복하여 입력된 정수 값에 해당하는 숫자가 제대로 출력되게 한다.

이상의 파일들을 컴파일하기 위한 Makefile 예를 보였다.

```
CC=arm-linux-gcc
STRIP=arm-linux-strip
EXECS = segment2
OBJS = segment2.o
HDR = segment.h

all: $(EXECS) $(HDR)
$(EXECS): $(OBJS)
 $(CC) -o $@ $^
 $(STRIP) $@

clean:
 rm *.o $(EXECS)
```

호스트 컴퓨터에서 소스를 모두 편집 후 'make' 명령을 주면 위의 Makefile이 실행되어 소스 컴파일 후 실행파일 segment2가 생성된다. 이를 다음 명령으로 임베디드 보드로 보낸다.

```
cp  segment2 /test/nfs/root
```

다음 호스트의 시리얼 통신 프로그램(minicom)에서 임베디드 보드에 root로 로그인하고 이어서 './segment2' 라고 치면 해당 파일이 실행된다.

임베디드 리눅스
디바이스 드라이버
프로그래밍

5-1 | 리눅스 디바이스 드라이버

리눅스 디바이스 드라이버는 리눅스 커널의 일부분으로 포함되어 컴퓨터나 임베디드 시스템의 하드웨어를 제어하는 기능 및 이에 대한 인터페이스를 제공한다. 임베디드 시스템에서 주변장치(예: 키보드, 마우스, 각종 디스플레이 장치 등)를 제어하고자 하는 응용프로그램은 리눅스 디바이스 드라이버가 제공하는 인터페이스를 통하여 해당 장치를 제어할 수 있다. 리눅스 디바이스 드라이버는 리눅스 커널 자체에서 이미 지원하는 것도 있고 임베디드 시스템 개발 과정에서 개발자가 직접 작성해야 하는 경우도 있다.

리눅스/유닉스에서 각 장치(디바이스)들은 /dev 디렉터리 아래의 디바이스 파일로 나타내진다. 즉 각 디바이스 접근 시에 이 디바이스 파일들을 통해 할 수 있다. 이를 디바이스에 대한 추상화(abstraction)라고 한다. 단 네트워크 장치는 디바이스 파일을 가지지 않는다.

일반 파일은 open(), read(), write() 등의 시스템 호출(system call)을 통하여 접근 할 수 있는데 이 추상화 덕분에 리눅스/유닉스에서는 디바이스를 일반 파일처럼 응용프로그램에서 쉽게 접근할 수 있다. 결국 디바이스 드라이버를 만든다는 것은 해당 디바이스에 대해서 응용프로그램에서 호출하는 open(), read(), write(), ... 등과 같은 함수들(이들이 디바이스 드라이버가 제공하는 인터페이스가 된다)의 커널 내부 동작을 구현한다는 의미이다.

리눅스에서 디바이스는 동작 방식에 따라 문자 디바이스(character device), 블록 디바이스(block device) 및 네트워크 디바이스 세 가지로 분류할 수 있다. 이중 문자 디바이스와 블록 디바이스는 /dev 디렉터리 아래의 디바이스 파일로 나타낼 수 있지만 네트워크 디바이스는 이와 같은 디바이스 파일이 없고, eth0, eth1, ... 등과 같은 별도의 이름을 가진다.

문자 디바이스

문자 디바이스는 바이트 단위로 동작하며 파일처럼 바이트 스트림(byte stream)으로 읽거나 쓸 수 있는 디바이스이며, 블록 디바이스는 블록 단위로 동작하며 하드디스크처럼 내부에 파일시스템을 가질 수 있는 디바이스이다.

임베디드 시스템에서 사용하는 문자 디바이스의 예로는 입력 장치인 키패드와 각종 스위치류, 출력 장치인 LED, LCD 디스플레이 등과 통신 장치인 시리얼 포트(USART) 등이 있다. 이들 장치(디바이스)들은 /dev 디렉터리 아래의 각 디바이스 파일을 통하여 접근할 수 있다.

다음에 'ls −l /dev/tty0' 명령을 사용해 문자 디바이스인 콘솔장치의 디바이스 파일 /dev/tty0의 파일 속성 예를 보였다.

```
crw-rw-rw- 1 root tty 4, 0 Jul 15 /dev/tty0
```

위에서 맨 앞의 'c' 는 /dev/tty0 파일이 문자(character) 디바이스를 가리킴을 나타낸다. 다음 'rw-rw-rw-' 부분은 이 파일의 퍼미션(permission)이다. 여기서의 파일 퍼미션은 모든 사용자들이 이 파일에 대해 읽기/쓰기(read/write)가 가능하다는 의미이다. 다음 'root tty' 는 이 파일의 소유자가 root이며 그룹이 tty라는 의미이다. 다음 '4, 0'은 디바이스 파일에 만 있는 파일 속성으로서 여기서 4는 디바이스의 주 번호(major number)를, 0은 부 번호(minor number)를 나타낸다.

블록 디바이스

블록 디바이스는 하드디스크나 USB 메모리처럼 내부에 파일시스템(file system)을 가질 수 있는 디바이스이다. 블록 디바이스도 문자 디바이스처럼 /dev 디렉터리에 있는 파일 이름을 통해서 접근이 가능하다(예: /dev/hda, /dev/usb, ... 등). 다음에 'ls -l /dev/hda' 명령을 사용해 블록 디바이스인 하드디스크를 나타내는 디바이스 파일 /dev/hda의 파일 속성 예를 보였다.

```
brw-rw---- 1 root disk 3, 0 Mar 13 /dev/hda
```

위에서 맨 앞의 'b'는 /dev/hda 파일이 블록(block) 디바이스를 가리킴을 나타낸다. 여 기서 '3, 0' 부분은 디바이스의 주 번호(major number)와 부 번호(minor number)를 각각 나타낸다.

네트워크 디바이스

네트워크 디바이스는 문자 디바이스나 블록 디바이스와는 달리 /dev 디렉터리 아래의 디바이스 파일이 없고 대신 인터페이스 이름인 eth0, eth1, ... 등으로 나타낸다. 네트워크 디바이스는 메모리에 있는 구조체를 통해 데이터(패킷)를 송수신한다. 시스템의 첫 번째 이더넷 인터페이스는 eth0, 두 번째 이더넷 인터페이스는 eth1, ... 식으로 이름이 붙여진다. 이들 은 파일이 아니므로 파일시스템 상에서 검색해 보아도 나타나지 않는다. 현재 네트워크 인터 페이스 정보는

```
ifconfig
```

명령으로 볼 수 있다.

실제 물리적인 이더넷 인터페이스에 가상의 논리적인 네트워크 인터페이스를 추가로 만

드는 것도 가능하다. 아래에 첫 번째 이더넷 인터페이스인 eth0에 논리적인 네트워크 인터페이스를 추가하는 예를 보였다.

```
ifconfig eht0:1 192.168.0.19
```

이와 같이 하면 시스템에 eth0와 eht0:1 두 개의 네트워크 인터페이스가 있게 되며 각각 다른 IP 주소를 부여할 수 있다. 이런 경우 호스트와 임베디드 시스템을 연결하면 호스트는 두 개의 IP 주소를 가지고 있으므로 외부의 인터넷 망과 연결 시에는 eth0의 공인 IP 주소를 그대로 사용하고, 임베디드 시스템과 연결 시에는 내부 IP 주소 영역인 192.168.x.x을 eht0:1의 IP 주소로 사용할 수 있으므로 개발 시 편리하다.

문자 디바이스 드라이버

디바이스 드라이버도 디바이스 종류와 마찬가지로 문자 디바이스 드라이버, 블록 디바이스 드라이버 및 네트워크 디바이스 드라이버로 분류할 수 있다. 임베디드 시스템 개발 시 가장 많이 사용하는 문자 디바이스 드라이버의 작성 시에는 응용 프로그램에서 이 디바이스를 사용할 수 있도록 하기 위해 open(), close(), read(), write(), ioctl() 같은 시스템 호출 함수들을 구현하여야 한다. 단순한 기능(단순 출력, 단순 입력 등)의 문자 디바이스 드라이버에서는 디바이스를 직접 제어하는 기능이 들어가는 ioctl() 구현은 보통 생략된다.

디바이스 파일 주 번호(major number)와 부 번호(minor number)

리눅스 /dev 디렉터리에는 문자디바이스와 블록디바이스를 추상화시켜 놓은 디바이스 파일들이 있으며(예: /dev/tty0, /dev/hda ...) 이들 디바이스 파일들은 주 번호(major number)와 부 번호(minor number)가 할당되어 있다. 이중 주 번호(major number)는 디바이스 드라이버에서 자신을 등록할 때 사용된다. 등록 후에 응용 프로그램에서 이 디바이스 파일을 열면 커널은 열고자 하는 장치 파일의 주 번호 번호에 대응하는 디바이스 드라이버를 호출하게 되고 이때 부 번호는 디바이스 드라이버에게 인수로 전달된다. 즉 주 번호는 해당하는 디바이스 드라이버를 찾기 위한 ID이고 부 번호는 디바이스 드라이버 내부에서 사용하는 하나의 인수이다.

디바이스 파일을 만들기 위해서는 mknod 명령을 사용한다. 예로 파일명이 dev_temp 이고 주 번호가 63, 부 번호가 1인 문자 디바이스 파일을 만들려면 다음과 같이 하면 된다.

```
mknod /dev/dev_temp c 63 1
```

5-2 | 리눅스 커널 모듈

리눅스 시스템에서 디바이스 드라이버는 커널 모듈 형태로 만들어진다. 커널 모듈은 커널의 재컴파일 및 설치가 필요 없이 동적으로 리눅스 커널에 모듈 형태로 커널 기능의 추가나 제거를 가능하게 해준다. 따라서 리눅스 부팅 이후 커널이 실행중인 동안에도 필요 시에 커널에 기능을 추가할 수 있다.

만일 리눅스에 커널 모듈 기능이 없다면 이미 사용중인 커널에 커널 기능을 추가하기 위해서는 변경된 커널 소스를 다시 컴파일하여 설치하여야 하는 불편함이 있을 것이다. 임베디드 리눅스 시스템에서 디바이스 드라이버는 이 커널 모듈 형태로 작성되며 따라서 필요 시 쉽게 시스템에 추가/삭제를 할 수 있다.

커널 모듈 코드에는 init_module() 함수와 cleanup_module() 함수가 반드시 포함되는데, init_module() 함수는 커널 모듈이 메모리에 적재될 때 호출되며 cleanup_module()는 커널 모듈이 제거될 때 호출된다. 커널 모듈은 실행파일이 아닌 오브젝트 파일(확장자가 o) 형태이므로(따라서 main() 함수가 없다) 커널 모듈을 컴파일할 때는 C 컴파일러에게 오브젝트 코드만을 생성하도록 하는 '−c' 옵션을 주면 된다.

커널 모듈이 실제로 링크되는 시점은 메모리에 적재될 때이다. 커널 모듈을 메모리에 적재할 때는 insmod 명령(insert module)을 사용하고, 제거할 때는 rmmod 명령(remove module)을 사용한다. 커널 모듈 소스에는 헤더 파일로서 linux/module.h가 포함되어야 한다.

일반 사용자 응용 프로그램의 경우 자신에게 할당되지 않은 메모리 영역을 접근할 때 프로세서의 MMU(memory management unit)에서 이를 감지하여 예외처리(exception)가 발생하므로 다른 영역이 보호된다. 그러나 커널 모듈의 경우에는 커널 레벨에서 실행되므로 시스템 전체 메모리 영역에 접근할 수 있어 이런 보호 기능이 없다. 따라서 프로그램 작성에 더욱 조심해야 한다.

다음은 디바이스 드라이버는 아니지만 간단한 커널 모듈 프로그램의 예이다.

```
#define MODULE

#include <linux/module.h>
#include <linux/kernel.h>

int init_module(void)
{
printk(" Linux Kernel Module Loading ... \n");
```

```
    return 0;
    }

    void cleanup_module(void)
    {
    printk(" Linux Kernel Module Unloading ... \n");
    }
```

위에서 #define MODULE 문은 소스가 커널 모듈임을 나타내며 다른 헤더 파일들에
앞서 선언해 주어야 한다. 다음 #include 〈linux/module.h〉 문은 커널 모듈 프로그래밍에
서 필요한 정의, 함수 등이 선언되어 있는 헤더파일을 읽어 들인다.

init_module(void) 함수는 커널 모듈이 메모리에 적재될 때 호출되며, 이때 커널 수준
에서의 문자 출력 함수인 printk()를 사용해 화면에 글자가 출력된다. 일반 사용자 레벨의
프로그램에서는 화면에 문자 출력 printf()를 사용하나, 커널 레벨에서는 printk()를 사용한
다. 단 printk() 함수는 비교적 시스템에 부하를 많이 걸기 때문에 자주 사용하는 것은 피
해야 한다. cleanup_module(void) 함수는 커널 모듈이 메모리에서 제거될 때 호출되며, 이
때도 역시 printk()를 사용해 화면에 글자가 출력된다.

이 커널 모듈 소스를 sample_module.c로 저장한 후 다음 명령으로 컴파일하면 오브젝
트 파일인 sample_module.o가 생성된다.

"gcc -c sample_module.c"

다음 명령으로 이 커널 모듈을 메모리에 적재한다.

"insmod sample_module.o"

다음 명령으로 이 커널 모듈을 메모리에서 제거한다. 여기서 rmmod 명령 사용 시 오브
젝트 파일 확장자 .o가 붙지 않는 데 유의한다. rmmod 명령 다음에 오는 것은 파일명이 아
니라 모듈명이기 때문이다.

"rmmod sample_module"

커널 모듈이 메모리에 적재될 때 호출되는 함수명 init_module()과 커널 모듈이 제
거될 때 호출되는 함수명 cleanup_module()은 매크로 module_init()과 module_
exit()을 사용하면 다른 이름도 가능하다. 다음에 이를 사용한 예를 보였다. 여기서

module_init(start_test); 문은 커널 모듈이 메모리에 적재될 때 호출되는 함수 이름이 start_test()임을 나타내는 매크로이고, module_exit(end_test); 문은 커널 모듈이 메모리에서 제거될 때 호출되는 함수 이름이 end_test()임을 나타내는 매크로이다.

```
#define MODULE

#include <linux/module.h>
#include <linux/kernel.h>
#include <linux/init.h>

int start_test(void)
{
printk(" Linux Kernel Module Loading ... \n");
return 0;
}

void end_test(void)
{
printk(" Linux Kernel Module Unloading ... \n");
}

module_init(start_test);
module_exit(end_test);
```

매크로 module_init()과 module_exit()는 모두 linux/init.h 파일에 선언되어 있으므로 위에서

```
#include <linux/init.h>
```

문이 추가되었다.

커널 모듈이 메모리에 적재될 때(insmod 명령 사용) init_module() 함수에 의해 적재된 커널 모듈이 초기화되면 자신을 현재 실행중인 커널에 등록한다. 이때 등록에 사용하는 함수 이름은 문자 디바이스의 경우 register_chrdev(), 블록 디바이스의 경우 register_blkdev(), 네트워크 디바이스의 경우 register_netdev()이다.

rmmod 명령에 의해서 커널 모듈이 제거될 때에는 cleanup_module() 함수가 호출되어 init_module() 함수에서 할당받은 자원을 반환하고, 문자 디바이스의 경우

unregister_chrdev() 함수를 사용하여 커널 모듈의 등록을 해제한다. 블록 디바이스의 경우 등록 해제에 unregister_blkdev() 함수를 사용한다.

커널 모듈 관련 명령어

- **insmod:** 커널 모듈을 메모리에 적재하는 명령이며 사용법은 다음과 같다([ ] 표시 는 생략 가능하다는 의미).

  insmod [옵션] [-o 모듈이름] 모듈오브젝트파일 [symbol=value ....]

  옵션 중 '-f'는 실행중인 모듈과 컴파일된 커널의 버전이 다르더라도 모듈을 강제로 로드 하라는 의미이다.

  🗨️**예:** insmod led_driver.o

- **rmmod:** 커널 모듈을 메모리에서 제거하는 명령이며 사용법은 다음과 같다.

  rmmod [옵션] 모듈이름

  명령에 모듈의 오브젝트 파일명이 아니라 모듈 이름이 사용됨을 유의한다. 옵션으로는 처리 내용을 화면에 보여주는 '-v' 옵션과 모듈이 사용중이라도 강제로 메모리에서 제거하는 '-f' 옵션 등이 있다.

  🗨️**예:** insmod led_driver

  즉 LED 장치 디바이스 드라이버 파일명을 led_driver.o라 할때 메모리에 적재 시 명령은 'insmod led_driver.o' 이지만 제거 시는 위와 같다.

- **lsmod:** 현재 메모리에 로드된 커널 모듈의 이름과 상태를 보여주는 명령이며 사용법은 다음과 같다.

  lsmod [module명]

- **modprobe:** insmod나 rmmod 대신 커널 모듈을 메모리에 적재 및 삭제할 수 있는 명령이다. 모듈 삭제 시는 다음과 같이 -r 옵션을 사용한다. 이때 rmmod와는 달리 삭제하려는 모듈에 종속된 다른 모듈이 사용중이 아니라면 이 모듈도 함께 메모리에서 삭제한다.

  modprobe -r 모듈이름

리눅스는 이상에서 설명한 커널 모듈 관련 명령어 외에도 커널 모듈에서 사용할 수 있는 다음과 같은 매크로들을 제공한다.

Usage Count(커널 모듈 사용횟수) 관리 매크로

리눅스 시스템에서 응용 프로그램이 커널 모듈을 사용하고 있는데 일방적으로 이 커널 모듈이 시스템에서 제거된다면 응용 프로그램은 비정상적으로 종료되는 상황이 발생한다. 예를 들어 강제로 제거된 커널 모듈이 블록 디바이스 드라이버라면 해당 블록 디바이스의 파일시스템이 손상되어 파일시스템에 저장되어 있던 데이터도 손상되거나 없어질 수 있다.

리눅스에서는 현 커널 모듈을 사용하는 프로세스의 개수를 해당 모듈의 usage count(커널 모듈 사용횟수)라 하며 이를 관리할 매크로를 제공한다. 이들 usage count를 관리하는 매크로에는 다음 표 5-1의 세 가지가 있다.

표 5-1   usage count(커널 모듈 사용횟수) 관리 매크로

매크로 이름	기능
MOD_INC_USE_COUNT	usage count 값을 1 증가
MOD_DEC_USE_COUNT	usage count 값을 카운터를 1 감소
MOD_IN_USE	usage count 값이 0 인지 여부를 검사

커널 모듈을 제거하려 할 때는 제거 루틴 내에서 MOD_IN_USE 매크로를 사용해 해당 커널 모듈에 대한 usage count 값이 0인지를 확인 후 그 값이 0이어야 안전하게 커널 모듈을 메모리에서 제거할 수 있다.

매크로 MOD_INC_USE_COUNT의 사용 예는 응용 프로그램이 디바이스 드라이버(커널 모듈)를 사용하기 위해 open() 시스템 호출 함수를 부를 때 해당 디바이스 드라이버 코드 내에서 MOD_INC_USE_COUNT를 사용하여 카운터를 1 증가시키는 경우이다. 매크로 MOD_DEC_USE_COUNT의 사용 예는 응용 프로그램이 close() 시스템 호출 함수를 부를 때 해당 커널 모듈 내에서 MOD_DEC_USE_COUNT를 사용해 카운터를 1 감소시키는 경우이다. 이들 매크로들은 리눅스 커널 소스 루트 디렉터리아래의 include/linux/module.h 파일에 정의되어 있으므로 소스에서 이 파일을 포함시켜야 한다.

커널 심벌(symbol) 관리 매크로

커널 모듈은 내부 코드에서 여러 심벌(함수명이나 변수명)들을 가진다. 이들 중 전역변수로

선언된 심벌들은 이 모듈이 커널에 로드될 때 다른 커널 모듈이나 커널이 이 심벌들을 사용할 수 있도록 커널 전체에서 사용하는 전역변수가 된다. 즉 커널이 관리하는 심벌테이블에 등록된다. 따라서 기존의 커널 심벌들과 이름이 충돌하면 안 된다.

그러나 커널 모듈 내부에서만 사용하는 심벌이라면 커널 심벌테이블에 등록하지 않는 것이 좋으므로 이런 경우를 위해서 외부로 공개할 심벌을 선택할 수 있도록 해주는 매크로가 있다. 이들 매크로에는 다음 표 5-2의 세 가지가 있다.

표 5-2 커널 심벌(symbol) 관리 매크로

매크로 이름	기능
EXPORT_NO_SYMBOLS	커널 모듈의 모든 심벌을 공개하지 않는다.
EXPORT_SYMBOL (name)	'name' 이라는 심벌만 외부에 공개한다.
EXPORT_SYMBOL_NOVERS (name)	'name'이라는 심벌에서 커널 버전정보를 제거하고 공개한다.

위 표에서 보듯이 매크로 EXPORT_NO_SYMBOLS 매크로를 사용하면 커널 모듈의 전체 심벌이 공개되지 않게 되고 EXPORT_SYMBOL_NOVERS 매크로를 사용하면 심벌에서 커널 버전 정보를 제거하고 공개한다.

커널 버전은 커널 모듈(디바이스 드라이버) 사용 시 중요하다. 이는 호스트에서 커널모듈을 컴파일할 때 사용한 커널 버전과 컴파일된 커널 모듈을 임베디드 시스템으로 옮겨 메모리에 로드시켰을 때 임베디드 시스템의 커널 버전이 서로 일치하지 않으면 심벌 이름이 같아도 기능이나 데이터 구조가 달라질 수 있기 때문이다. 이와 같은 이유로 모든 리눅스 커널 심벌에 버전 정보를 추가하는 옵션 기능이 있다.

커널 심벌에 버전 정보가 추가되면 다음 식으로 심벌 이름 뒷부분에 버전 정보가 따라 붙는다.

심벌이름_xxxxx

이 버전 정보는 8바이트 해시(hash) 값으로 나타내는데 '심벌이름_R90bf96e3' 식이다. 이와 같이 되면 앞부분 심벌 이름까지는 같더라도 버전이 다르면 뒤에 붙는 부분이 달라져 결국 전체 심벌 이름은 서로 다르게 된다. 현재의 커널 심벌은 /proc 디렉터리의 ksyms 파일 내용을 보면 알 수 있다.

메모리 적재 시의 파라미터 전달 매크로

커널 모듈을 메모리에 적재할 때 파라미터를 넘겨줄 수 있다. 이때 매크로 MODULE_PARM을 이용한다. 매크로 MODULE_PARM 사용 시 다음과 같이 인수로 변수명과 타입을 넣는다.

MODULE_PARM(변수명, 타입)

위에서 인수 타입에는 b, h, i, l, s가 올 수 있으며 각 타입의 의미는 다음과 표 5-3과 같다.

표 5-3 매크로 MODULE_PARM에서 인수 타입의 의미

타입	의미
b	1 바이트 (char, unsigned char, …)
h	2 바이트 (short, unsigned short, …)
i	4 바이트 (int, unsigned int, …)
l	4 바이트 (long int, unsigned long int, …)
s	문자열 (char 배열)

아래에 커널 모듈에서 매크로 MODULE_PARM의 사용 예를 보였다.

```
..................

int k;
char *str;
..................

MODULE_PARM(k, "i");
MODULE_PARM(str, "s");
..................
```

위에서 전역 변수를 선언한 후 매크로 MODULE_PARM을 이용해서 변수 k와 str을 통해 파라미터를 리눅스 커널에게 전달한다. 위 소스를 컴파일하여 생긴 커널 모듈이 temp_module.o라면, 이때 커널 모듈 적재 시 insmod 명령을 다음과 같은 식으로 사용한다.

```
insmod temp_module.o k=99, str="embedded"
```

이때 커널 모듈 temp_module이 메모리에 로드되면서 커널에게 파라미터(k=99, str="embedded")를 전달한다.

커널 주소영역/사용자 주소영역 데이터 전달 매크로

사용자 응용 프로그램에서는 read()나 write() 시스템 호출 함수를 사용하여 커널 모듈(디바이스 드라이버)과 데이터를 주고받게 된다. 이때 사용자 응용 프로그램의 주소공간과 커널 모듈의 주소공간은 서로 다르므로 커널 모듈(디바이스 드라이버)에서는 다음 표 5-4와 같은 매크로를 사용하여 커널 주소영역과 사용자 주소영역 사이에서 서로 데이터를 교환한다.

표 5-4 커널 주소영역/사용자 주소영역 데이터 전달 매크로

매크로 이름	기능
copy_to_user(to, from, n)	포인터 to가 가리키는 사용자 메모리로 포인터 from이 가리키는 커널 메모리에 있는 내용을 복사한다. n은 데이터 크기이다. 사용자 응용 프로그램에서 read() 함수 호출 시 실행된다.
copy_from_user(to, from, n)	포인터 from이 가리키는 사용자 메모리에 있는 내용을 포인터 to 가 가리키는 커널 메모리로 복사한다. n은 데이터 크기이다. 사용자 응용 프로그램에서 write() 함수 호출 시 실행된다.
put_user(k_value, buffer)	포인터 buffer가 가리키는 사용자 메모리에 커널 메모리 변수 k_value의 값을 보낸다. 사용자 응용 프로그램에서 read() 함수 호출 시 실행된다.
get_user (u_value, buffer)	포인터 buffer가 가리키는 사용자 메모리에서 커널 메모리 변수 u_value로 값을 가져온다. 사용자 응용 프로그램에서 write() 함수 호출 시 실행된다

5-3 | 문자 디바이스 드라이버 등록

여기서는 문자 디바이스 드라이버 등록 과정에 대해 설명한다.

register_chrdev()

문자 디바이스 드라이버는 insmod 명령에 의해 메모리에 로드될 때 register_chrdev() 함

수를 사용해 자신을 커널에 등록한다. 반면 커널 등록 시 블록 디바이스 드라이버는 regis-
ter_blkdev() 함수를 사용하고, 네트워크 디바이스 드라이버는 register_netdev() 함수를
사용한다. register_chrdev() 함수의 포맷은 다음과 같다.

```
int register_chrdev(unsigned int major, const char *name, struct file_
operations *fops);
```

위에서 함수의 세 개 인수(major, *name, *fops)는 디바이스의 주(major) 번호, 디바이
스 이름, 디바이스 드라이버 기능을 수행할 file_operarions 구조체에 대한 포인터이다. 디
바이스 주(major) 번호는 /dev 디렉터리에 있는 디바이스 파일과 디바이스 드라이버를 연
결하며, file_operarions 구조체는 디바이스 드라이버 내에 구현된 함수(open(), read(),
write(), ... 등)를 가리킨다.

register_chrdev() 함수를 사용해 자신을 커널에 등록한다는 것은 사실상 커널 내부의
문자 디바이스 드라이버에 대한 정보를 담고 있는 구조체 배열(structure array) chardevs[ ]
에 디바이스 이름과 해당 file_operarions 구조체에 대한 포인터 값을 넣는 것이다. 디바이
스 주(major) 번호는 이 구조체 배열 chardevs[ ]에 대한 인덱스로 사용되며 chardevs[ ] 배
열 크기는 256개이다(리눅스에서 디바이스 주(major) 번호는 8비트이다. 실험용으로 사용
시 이미 할당되어 있는 주(major) 번호와 중복되지 않도록 하여야 한다).

register_chrdev() 함수 호출 시 디바이스 주(major) 번호로 0을 사용하면 커널에서 현
재 사용하지 않은 디바이스 주(major) 번호 중 하나를 임의로 할당한다. 이때 할당된 디바
이스 주(major) 번호는 /proc 디렉터리에 있는 devices 파일을 통해 알 수 있다. register_
chrdev() 함수는 보통 디바이스 드라이버 내의 init_module() 함수에서 호출되도록 작성
된다.

등록을 해제하는 함수는 unregister_chrdev() 이며 포맷은 다음과 같다. 여기서는 함
수의 인수로 디바이스의 디바이스 주(major) 번호와 디바이스 이름이 사용된다.

```
int unregister_chrdev(unsigned int major, const char *name);
```

이 unregister_chrdev() 함수는 보통 디바이스 드라이버 내의 cleanup_module() 함
수에서 호출되도록 작성된다.

file_operations 구조체

file_operations 구조체는 디바이스 드라이버를 사용하려는 응용 프로그램과 디바이스 드
라이버를 서로 연결해 주는 기능을 하며, 디바이스 드라이버 내에서 구현된 함수들에 대한

포인터들로 구성되어 있다. file_operations 구조체는 include/linux/fs.h 헤더 파일에 정의되어 있으며 다음에 이 내용의 일부를 보였다.

```
struct file_operations {
..............................

int (*open) (struct inode *, struct file *);
ssize_t (*read) (struct file *, char *, size_t, loff_t *);
ssize_t (*write) (struct file *, const char *, size_t, loff_t *);
int (*ioctl) (struct inode *, struct file *, unsigned int, unsigned
long);
int (*release) (struct inode *, struct file *);
..............................

};
```

이들 함수와 기능을 다음 표 5-5에 보였다.

표 5-5 File_operations 구조체 함수 및 기능

함수	기능	사용
(*open) (struct inode *, struct file *)	디바이스 파일을 연다.	응용 프로그램에서 open () 시스템 호출 함수 사용 시 커널이 호출한다.
(*read) (struct file *, char *, size_t, loff_t *);	해당 디바이스에서 데이터를 읽어 버퍼에 저장한다.	응용 프로그램에서 read () 시스템 호출 함수 사용 시 커널이 호출한다.
(*write) (struct file *, const char *, size_t, loff_t *);	버퍼의 데이터를 해당 디바이스에 쓴다.	/응용 프로그램에서 write () 시스템 호출 함수 사용 시 커널이 호출한다.
(*ioctl) (struct inode *, struct file *, unsigned int, unsigned long);	응용 프로그램으로부터 실행할 명령어들을 받아 디바이스를 직접 제어한다.	응용 프로그램에서 ioctl() 시스템 호출 함수 사용 시 커널이 호출한다.
(*release) (struct inode *, struct file *)	디바이스 파일을 닫는다.	응용 프로그램에서 close () 시스템 호출 함수 사용 시 커널이 호출한다.

가상의 문자 디바이스 드라이버 구현 예

여기서는 가상의 간단한 문자 디바이스 드라이버 구현 예를 보였다.

```
. . . . . . . . . . . . . .
static int __init chrdev_init(void)
{
int result;
result = register_chrdev(63, "chrdev_dd", &chrdev_fops);
if(result < 0)
{
printk("chrdev_dd: 에러! \");
return result;
}
return result;
}

int chrdev_open(struct inode *inode, struct file *filp) {
  MOD_INC_USE_COUNT;
  return 0;
}

static ssize_t chrdev_read(struct file *file, char *buffer, size_t
count, loff_t *offset) {
  . . . . . . . . . . . . . . . . . . . .
  chrdev_buff = *chrdev_addr;
  copy_to_user(buffer, &chrdev_buff, size);
  . . . . . . . . . . . . . . . . . . . . .
}


static ssize_t chrdev_write(struct file *file, const char *buffer,
size_t length, loff_t *offset) {
  int value, *keyReg;
  . . . . . . . . . . . . . . . . . . . . . . . . . .
  get_user(value, (int *)buffer);
  *chardev_wr_addr = ~value;


  . . . . . . . . . . . . . . . . . . . . . . . . . .
}
```

```
int chrdev_ioctl(struct inode *inode, struct file *filp, unsigned int
cmd, unsigned long arg)
{
    return 0;
}

int chrdev_release(struct inode *inode, struct file *filp) {
MOD_DEC_USE_COUNT;
    return 0;
}

struct file_operations chrdev_fops = {
  open : chrdev_open,
  read : chrdev_read,
  write : chrdev_write,
  ioctl : chrdev_ioctl,
  release : chrdev_release,
};

module_init(chrdev_init);
module_exit(chrdev_cleanup);
```

위에서 module_init(chrdev_init); 문에 의해 디바이스 드라이버가 메모리에 로드될 때 chrdev_init() 함수가 실행되며 이때 등록 함수 register_chrdev()가 호출된다. 함수에서 인수로 디바이스 주(major) 번호 '63', 디바이스명은 'chrdev_dd', file_operations 구조체 포인터는 'chrdev_fops'를 사용한다. 커널 레벨에서의 문자 출력 함수인 printk() 문은 등록 실패 시 실행된다.

응용프로그램에서 open("/dev/chrdev_dd", O_RDWR) 식으로 open() 함수를 호출하면, 커널 내부에서는 /dev 디렉터의 디바이스 파일 chrdev_dd에 할당된 디바이스 주(major) 번호를 가지고 chardevs[ ] 배열에서 해당하는 문자 디바이스 드라이버의 file_operations 구조체 멤버 (*open) (struct inode *, struct file *)이 가리키는 chrdev_open() 함수를 호출한다.

디바이스 파일 chrdev_dd의 오픈에 성공하면 파일 디스크립터(file descriptor)을 얻게 되고 이후 응용프로그램에서는 이 파일 디스크립터를 사용해 해당 디바이스에 접근(read/write)할 수 있다. 이 open() 함수는 디바이스를 초기화하고 필요한 자원을 할당받으며 MOD_INC_USE_COUNT 매크로를 이용해서 카운트 값을 1 증가시켜 디바이스 드라이버가 사용중임을 표시한다. 이 예에서 초기화 코드 부분은 생략되었다.

여기서 file_operations 구조체 chrdev_fops에는 응용프로그램의 open(), read(), write(), ioctl(), release()에 대응하는 디바이스 드라이버 내부 함수 chrdev_open(), chrdev_read(), chrdev_write, chrdev_ioctl(), chrdev_release()를 각각 정의하고 있다. 이 구조체 부분은 각각의 함수들 정의보다 뒤에 와야 한다.

디바이스에서 데이터를 읽어올 때 응용 프로그램에서는 다음 문장 식으로 하여 파일 디스크립터, 데이터가 저장될 버퍼의 포인터, 읽어올 바이트 수를 인수로 지정한다. 이때 디바이스 드라이버 내의 chrdev_read() 함수가 호출된다.

```
read(fd, &buf, sizeof(short))
```

chrdev_read() 함수에서는 실제 디바이스 주소로부터 데이터를 읽어온 후 이를 copy_to_user(to, from, n) 매크로를 사용해 to 포인터가 가리키는 사용자 메모리로 from 포인터가 가리키는 커널 메모리에 있는 내용을 복사한다. copy_to_user() 매크로가 필요한 이유는 응용 프로그램에서 사용한 버퍼 포인터는 응용 프로그램의 주소 공간에 할당된 메모리 영역을 가리키고 있고 디바이스로부터 읽어온 데이터는 커널 주소 공간에 있기 때문이다.

디바이스에 데이터를 출력하기 위해 응용 프로그램에서 write() 함수를 호출하면 이때 문자 디바이스 드라이버 내의 함수 chrdev_write()가 실행된다. chrdev_write()에서는 디바이스에 데이터를 쓰기 전에 copy_from_user(to, from, n) 매크로를 사용해 from 포인터가 가리키는 사용자 메모리 영역의 내용을 to 포인터가 가리키는 커널 메모리 영역으로 복사한다.

또는 get_user(ptr_ker, ptr_usr)를 사용해 ptr_usr 포인터가 가리키는 사용자 메모리 영역의 내용을 커널 메모리 영역의 ptr_ker로 복사해 와도 된다. 위의 예에서는 get_user()를 사용하였다.

응용프로그램에서 ioctl() 함수를 호출하면 디바이스 드라이버 내의 함수 chrdev_ioctl()가 실행된다. 응용프로그램에서 read()나 write() 함수는 디바이스와 데이터를 주고받는 데 주로 사용하며, 이를 통해 디바이스의 기능 자체를 제어하기는 적합치 않은 경우가 있다. 이런 경우 디바이스 자체를 제어하는 특수 기능은 ioctl()을 통해서 한다. 위 예에서는 간단한 디바이스를 가정하여 디바이스 제어 명령이 필요 없으므로 ioctl() 내부 구현을 생략한 경우이다.

응용프로그램에서 오픈된 파일을 닫기 위해서는 close() 함수를 사용하며, 이때 디바이스 드라이버 내의 함수 chrdev_release()가 호출된다. release() 함수는 할당 받은 자원을 커널에게 돌려주고 MOD_DEC_USE_COUNT 매크로를 이용해 카운트 값(usage count)을 1 감소시킨다.

5-4 | ioctl() 함수의 사용

사용자 응용프로그램에서 디바이스 드라이버와 서로 데이터를 주고받기 위해서는 보통 read()나 write() 함수를 사용한다. 반면 응용프로그램에서 ioctl() 함수(ioctl : input output control)는 복잡한 기능의 디바이스를 제어하기 위해 사용한다. 응용 프로그램에서 호출하는 ioctl() 함수 포맷을 다음에 보였다.

```
int ioctl(int d, int request, ...... )
```

여기서 ioctl() 함수의 첫 번째 인수는 open() 함수로 오픈된 디바이스 파일을 가리키는 파일 디스크립터(file descriptor)이다. 두 번째 인수는 디바이스 드라이버 내에서 사용하기 위해 정의된 명령어 번호(식별자)이다. ioctl() 함수의 세 번째 인수가 '......' 인 것은 세 번째 인수가 char 타입, long 타입, pointer 타입 등 여러 가지 데이터 타입을 가질 수 있어 컴파일 시 인수 타입 불일치로 인한 에러 발생을 막기 위한 것이다.

이 세 번째 인수는 디바이스 드라이버 내에서는 unsigned long 타입으로 받고 있다. 따라서 이 세 번째 인수는 unsigned long 타입의 데이터 범위 내에 있어야 한다. 이 세 번째 인수의 용도는 두 번째 인수가 가리키는 디바이스 드라이버 내에서의 정의된 명령어 실행에 필요한 값을 전달하는 것이다.

위에서 본 ioctl() 함수의 두 번째 인수인 명령어 번호(식별자)는 보통 디바이스 드라이버 개발자가 할당한다. 리눅스 커널에서는 이 명령어 번호를 쉽게 관리할 수 있는 매크로를 제공한다. 이들 매크로를 다음 표 5-6에 보였다.

표 5-6   ioctl() 함수의 명령어 번호 관리 매크로

매크로	기능
_IO(type, nr)	ioctl() 함수의 세 번째 인수를 사용하지 않을 때 사용
_IOR(type, nr, size)	ioctl() 함수의 세 번째 인수가 디바이스 드라이버에서 read될 때 사용(즉 커널 메모리 영역 값을 사용자 메모리 영역으로 복사 하는 copy_to_user 동작일 때 사용)

_IOW(type, nr, size)	ioctl() 함수의 세 번째 인수가 디바이스 드라이버로 write될 때 사용(즉 사용자 메모리 영역 값을 커널 메모리 영역으로 복사하는 copy_from_user 동작일 때 사용)
_IOWR(type, nr, size)	ioctl() 함수의 세 번째 인수가 읽기/쓰기(read/write) 동작에 모두 사용될 때 사용

이들 매크로는 ARM 계열 프로세서를 사용하는 리눅스의 경우 커널 소스 루트 디렉터리 아래의 include/asm-arm 디렉터리의 ioctl.h 파일에 정의되어 있다. 따라서 소스에 이 파일을 포함시켜야 하는데, 커널 소스 루트 디렉터리 아래의 include/linux/ioctl.h 파일에서는 내부에서 이 include/asm-arm/ioctl.h 파일을 포함시키므로 소스에서 다음과 같은 줄을 삽입해도 된다.

```
#include linux/ioctl.h
```

표 5-6의 매크로에서 인수 type은 여러 디바이스 드라이버들 사이에서 ioctl() 함수의 명령어가 서로 유일한 값을 가지기 위해 사용하는 8비트 매직넘버(magic number)이다. 이 매직넘버는 리눅스 커널 소스 루트 디렉터리 아래의 Documentation/ioctl-number.txt 파일에 정의되어 있다. 디바이스 드라이버 개발 시 매직넘버를 정할 때는 이 ioctl-number.txt 파일을 보고 사용하지 않는 값을 선택하는 것이 좋다.

인수 nr은 명령어를 구분하기 위해 사용되며 명령어마다 유일한 정수 값을 가져야 한다. 인수 size는 디바이스 드라이버로 데이터가 넘어 오거나 사용자 영역으로 값을 넘겨 줄 때 사용하는 데이터의 크기를 바이트 단위로 나타낸다.

아래에 LCD 디스플레이 디바이스 드라이버에서 매직넘버 및 ioctl() 함수의 명령어를 정의하는 예를 보였다. 여기서는 매직넘버로 'Y'를 사용하고 있다(ASCII 코드값=0x59). 세 개의 ioctl() 명령어 번호(LCD_INIT, LCD_CMD, LCD_FILL)를 정의하고 있고 이때 이들 명령어 번호(식별자)를 관리하기 위해 매크로 _IO()와 _IOW()가 사용되었다.

```
#define LCD_DEV_MAGIC 'Y'

#define LCD_INIT _IO(LCD_DEV_MAGIC, 0)
#define LCD_CMD _IOW(LCD_DEV_MAGIC, 1, unsigned char)
#define LCD_FILL _IOW(LCD_DEV_MAGIC, 2, unsigned char)
```

위 예에서 ioctl() 함수의 LCD_INIT 명령은 사용자 응용 프로그램과 디바이스 드라이버 사이에 데이터 전달이 필요 없는 명령이어서 _IO() 매크로를 사용하였다. LCD_CMD, LCD_FILL 명령은 사용자 응용 프로그램에서 디바이스 드라이버로 데이터를 보내는(write) 기능이므로 _IOW() 매크로를 이용하였다. 이때 전달하는 데이터는 1바이트 문자로 하였다.

사용자 응용 프로그램에서 ioctl() 함수를 사용하는 예는 다음과 같다.

```
    ..................
fd = open("/dev/lcd", O_RDWR);
sleep(1);

ioctl(fd, LCD_INIT);
sleep(1);
ioctl(fd, LCD_FILL, 0x00);
sleep(1);
ioctl(fd, LCD_CMD, 0x25);
ioctl(fd, LCD_CMD, 0x33);
    .....................
```

즉 open() 함수로 LCD 디바이스 파일을 열고 이때 얻은 파일 디스크립터를 사용해 ioctl() 함수를 호출하고 있다. ioctl() 함수 호출 시 인수로 앞에서 정의한 명령어 번호(식별자)와 디바이스 드라이버로 전달할 데이터를 사용하고 있다. 단 ioctl(fd, LCD_INIT); 문에서는 디바이스 드라이버로 전달할 데이터가 없는 경우이다.

사용자 실행 프로그램에서 위와 같이 ioctl() 함수를 호출하면 해당 디바이스 드라이버의 다음 문이 가리키는 함수가 호출된다.

```
file_operations->(*ioctl) (struct inode *, struct file *, unsigned
int, unsigned long)
```

이 함수 이름을 lcd_ioctl() 이라 하였을 때 다음에 이 함수의 소스 예를 보였다.

```
int lcd_ioctl(struct inode *inode, struct file *filp, unsigned int cmd,
unsigned long arg)
{

switch(cmd)
```

```
{
case LCD_INIT :
lcd_init();
break;
    case LCD_CMD :
lcd_cmd((unsigned char )arg);
break;
case LCD_FILL :
lcd_fill((unsigned char )arg);
break;
default :
  printk("ioctl command mismatch ERROR! \n");
  break;
}
return 0;
}
```

위의 소스에서 switch(cmd)문에서는 사용자 실행 프로그램에서 ioctl() 함수 호출 시 사용한 명령어 번호(LCD_INIT, LCD_CMD, LCD_FILL)를 가지고 처리할 명령을 구분하여 이에 대응하는 각각의 함수인 lcd_init(), lcd_cmd(), lcd_fill() 함수를 호출하고 있다. 사용자 실행 프로그램에서 ioctl() 함수 호출 시 사용한 세 번째 인수인 데이터 값(예를 들어 위의 경우에는 ioctl(fd, LCD_CMDL, 0x25)에서 0x25에 해당)은 위의 lcd_ioctl() 함수의 네 번째 인수인 arg(타입은 unsigned long)를 통해 디바이스 드라이버 내로 전달된다.

디바이스 드라이버 내에서는 다음의 문처럼 해당 함수에서 필요로 하는 타입(여기서는 unsigned char형)으로 형 변환 하여 사용되고 있다.

```
lcd_cmd((unsigned char )arg);
```

switch문에서는 명령어 구분을 위해 앞에서 _IO()와 _IOW() 매크로를 사용해서 정의한 값(LCD_INIT, LCD_CMD, LCD_FILL)을 사용한다. 이 값들은 디바이스 드라이버 및 이 디바이스 드라이버를 사용하는 사용자 응용 프로그램에서도 동일한 값이어야 하므로 해당 정의부분을 디바이스 드라이버와 사용자 응용 프로그램 양쪽에서 모두 선언해 주어야 한다.

5-5 | 문자 디바이스 드라이버 프로그래밍 1

LED 장치 디바이스 드라이버

여기서는 문자 디바이스 드라이버 프로그래밍의 예로써 LED 장치 디바이스 드라이버를 설명한다. 표 5-7에 임베디드 보드 주변 장치에 할당된 주소값의 예를 보였고 여기서 LED 장치는 0x0C00 0C00 번지로 할당되어 있다(앞 4장의 표 4-1과 동일하다). 따라서 이 번지를 사용해 LED 디바이스 드라이버를 작성하는 것으로 설명한다(임베디드 보드가 바뀌면 이 주소도 당연히 달라진다).

표 5-7 주변 장치의 할당된 주소 값의 예

주변장치	주소
키패드	0x0C00 0000
문자 LCD	0x0C00 0300
7-세그먼트 1	0x0C00 0600
7-세그먼트 2	0x0C00 0700
7-세그먼트 3	0x0C00 0800
7-세그먼트 4	0x0C00 0900
7-세그먼트 5	0x0C00 0A00
7-세그먼트 6	0x0C00 0B00
LED 장치	0x0C00 0C00

임베디드 보드에서의 LED 장치 회로를 다음 그림 5-1에 보였다(앞 4장의 그림 4-1과 동일하다). LED 장치 주소는 프로세서의 주소 버스를 디코딩하여 주소가 결정된다.

전체 프로그램은 led-drv.h, led-drv.c, led-drv-app.c 3개의 파일로 구성되어 있으며 각 부분의 소스는 다음과 같다.

led-drv.h 소스:

```
#include <linux/kernel.h>
#include <linux/module.h>
#include <linux/init.h>
#include <linux/types.h>
#include <linux/ioport.h>
#include <unistd.h>
#include <linux/slab.h>
#include <linux/mm.h>
#include <asm/hardware.h>
#include <asm/uaccess.h>
#include <asm/irq.h>

#define LED_ADDR 0xF3000C00   // 베이스 주소+LED offset 값 0x0C00

static int led_major = 63;
```

led-drv.h에는 linux/kernel.h, linux/module.h 등 디바이스 드라이버 구현에 필요한 각종 헤더 파일들이 포함되어 있다. LED 디바이스 파일의 디바이스 주(major) 번호로 63이 정의되어 있다. 위 소스에서 다음 문은 리눅스 커널 소스에서 해당 임베디드 보드에 대한 물리주소(physical address)와 가상주소(virtual address)를 서로 연결(맵핑)해주는 부분에서 온 것이다. 즉 가상주소 0xF300 0000에 기본주소로부터 LED 장치의 오프셋(offset) 값인 0x0C00을 더한 것이다(임베디드 보드가 바뀌면 당연히 이 부분도 해당 보드에 따라 바뀌어야 한다).

```
#define LED_ADDR 0xF3000C00
```

디바이스 드라이버 실제 구현부분인 led-drv.c 의 소스는 다음과 같다.

led-drv.c 소스:

```
#include  "led-drv.h"

int led_open(struct inode *inode, struct file *filp)
{
MOD_INC_USE_COUNT;
printk("LED device open \n");
```

[참고]

리눅스 커널 소스 루트디렉터리 아래의 arch/arm/mach−pxa 디렉터리에는 PXA 프로세서를 사용한 특정 임베디드 보드만의 각종 주소 및 인터럽트 설정관련 내용이 들어 있는 C 소스 파일이 있다. 예를 들어 임베디드 보드 이름을 emb_test_pxa라 하면 파일 이름은 emb_test_pxa.c가 될 수 있다. 이 파일의 map_desc 구조체에는 임베디드 보드에서의 물리주소(physical address)와 가상주소(virtual address)를 서로 연결(맵핑)해주는 부분이 정의되어 있고 다음에 이의 예를 보였다.

static struct map_desc emb_test_pxa_io_desc[] __initdata = {

⋯⋯⋯⋯⋯⋯

{ 0xf3000000, 0x0C000000, 0x00010000, DOMAIN_IO, 1, 1, 0, 0 }, /* CS3 */

⋯⋯⋯⋯⋯⋯

LAST_DESC

};

여기서는 앞의 3−4절에 나온 PXA 프로세서의 메모리 맵에서 Static Chip Select 3(CS3) 주소 영역을 LED, 7−세그먼트, 문자 LCD 디스플레이 등의 여러 주변 장치의 주소 설정에 사용하는 것으로 설계한 경우이다. 즉 PXA 프로세서의 CS3 신호의 주소 영역은 앞의 3−4절에서 설명한 바와 같이 0x0C00 0000부터 시작되므로 물리주소 0x0C00 0000를 가상주소 0xF300 0000에 맵핑시키기 위해 리눅스 커널 소스 내에 위의 소스가 포함되어 있는 것이다.

만일 이 임베디드 보드가 PXA 프로세서의 메모리 맵에서 Static Chip Select 5(CS5) 주소 영역을 주변 장치의 주소 설정에 사용하는 것으로 설계되었다면 CS5 신호가 가리키는 영역은 앞의 3.4절 그림 3−7에서 보면 0x1400 0000번지부터 시작하므로 이때는 다음과 같은 식으로 커널 소스가 수정되어야 할 것이다.

static struct map_desc emb_test_pxa_io_desc[] __initdata = {

⋯⋯⋯⋯⋯⋯

{ 0xf1000000, 0x14000000, 0x00010000, DOMAIN_IO, 1, 1, 0, 0 }, /* CS5 */

⋯⋯⋯⋯⋯⋯

LAST_DESC

};

```c
return 0;
}

static ssize_t led_write(struct file *file, const char *buffer, size_t
length, loff_t *offset)
{
unsigned char *led_port;
size_t len = length;
int value;

get_user(value, (int *)buffer);
printk("data from application program : %d\n", value);

led_port = (unsigned char *)(LED_ADDR);
*led_port = value;
return len;
}


int led_release(struct inode *inode, struct file *filp)
{
MOD_DEC_USE_COUNT;
return 0;
}

struct file_operations led_fops = {
open : led_open,
write : led_write,
release : led_release,
};

static int __init led_init(void)
{
int result;

result = register_chrdev( led_major, "led_device", &led_fops);
if(result < 0)
{
printk(KERN_WARNING "register_chrdev() FAIL!\n");
return result;
}
```

```
    if(!check_region(LED_ADDR, 2))
        request_region(LED_ADDR, 2, "led_device");
    else
    printk(KERN_WARNING "check_region() FAIL!\n");

    return result;
    }

    static void __exit led_cleanup(void)
    {
        release_region(LED_ADDR, 2);
    if(unregister_chrdev(led_major, "led_device"))
    printk(KERN_WARNING "unregister_chrdev() FAIL!\n");
    }

    module_init(led_init);
    module_exit(led_cleanup);
```

위 소스에서 마지막 줄의 module_init(led_init)와 module_exit(led_cleanup) 문에서는 커널 모듈이 로드될 때 호출되는 함수가 led_init()이고 언로드(unload)될 때 호출되는 함수가 led_cleanup() 임을 나타낸다.

led_init() 함수는 LED 사용을 위해 초기화 작업을 하는데 먼저 다음 문에서 문자 디바이스를 등록한다.

```
result = register_chrdev( led_major, "led_device", &led_fops);
```

등록 시 LED의 디바이스 주(major) 번호는 63 이고 디바이스 이름은 led_device 이며, file_operations 구조체 포인터 led_fops는 다음과 같이 세 가지 함수 led_open(), led_write(), led_release()를 정의하고 있다.

```
struct file_operations led_fops = {
  open : led_open,
  write : led_write,
  release : led_release,
};
```

단 이 구조체는 이 세 가지 함수 뒤에 위치해야 한다. 미리 위치하면 컴파일 시 해당 함수가 선언되지 않았다는 에러 메시지가 나온다.

다음 check_region(LED_ADDR, 2) 문을 사용해 LED_ADDR이 가리키는 영역 (0xF3000C00)이 현재 입출력(I/O) 포트로 사용할 수 있는 영역인지 확인한다. check_region() 함수의 포맷은 다음과 같다.

```
int check_region(unsigned int from, unsigned int extent);
```

위에서 from 인수는 입출력 포트에 해당하는 영역의 시작 주소이고, extent는 그 영역의 범위를 나타낸다. check_region() 함수가 성공하면, request_region(LED_ADDR, 2, "led_device") 문을 사용해 LED_ADDR이 가리키는 메모리 영역을 입출력 포트로 사용하기 위해 할당한다. 할당 후에는 LED_ADDR을 사용해 디바이스에 대한 접근을 할 수 있다. request_region() 함수의 포맷은 다음과 같다.

```
void request_region(unsigned int from, unsigned int extent, const char
*name);
```

위에서 from 인수는 입출력 포트에 해당하는 메모리 영역의 시작 주소이고, extent는 그 영역의 범위를 나타내며, name은 디바이스의 이름이다. 즉 request_region() 함수는 디바이스의 입출력 포트를 위해 특정 주소의 메모리 영역을 커널에서 확보하는 데 사용한다.

reques_region() 함수로 할당 받은 메모리 영역의 해제에는 release_region() 함수를 사용한다. release_region() 함수의 포맷은 다음과 같다.

```
void release_region(unsigned int from, unsigned int extent);
```

위 소스에서는 led_cleanup() 함수 내에서 release_region() 함수가 사용되었다. led_cleanup() 함수 내에서는 LED 디바이스 등록의 해제를 위해 unregister_chrdev() 함수도 아울러 사용하고 있다.

led_open() 함수는 사용자 응용 프로그램에서 open() 시스템 콜을 사용했을 때 호출되며, 여기서는 MOD_INC_USE_COUNT 매크로를 이용하여 해당 디바이스를 사용하는 프로그램 개수(usage count)를 증가시키는 기능을 한다.

[참고]

입출력 포트가 아닌 데이터를 저장할 메모리 영역을 커널에서 확보하기 위해서는 kmalloc() 함수를 사용한다.

led_write() 함수는 실제 LED로 출력을 하는데 다음 문에서는 get_user() 함수를 사용해 사용자 메모리 영역(buffer)의 데이터를 커널 영역의 메모리(value)로 옮기고 있다. copy_from_user() 함수를 사용해도 동일한 작업을 할 수 있다.

```
get_user(value,(int *)buffer);
```

다음 문에서는 request_region() 함수로 확보한 메모리 영역에 접근(액세스) 하기 위해 LED_ADDR을 사용하며 이를 통해 사용자로부터 받은 값을 LED 디바이스로 직접 출력하고 있다.

```
led_port = (unsigned char *)(LED_ADDR);
*led_port = value;
```

led_release() 함수는 사용자 응용 프로그램에서 close() 함수를 사용했을 때 호출되는 함수이며, 여기서는 단지 MOD_DEC_USE_COUNT 매크로를 이용하여 이 디바이스를 이용하는 프로그램 개수(usage count)를 줄이는 기능만 수행한다.

사용자 응용 프로그램 led-drv-app.c 소스는 다음과 같다.

led-drv-app.c 소스:

```
#include <stdio.h>
#include <stdlib.h>
#include <fcntl.h>

int main() {

int fd;
int value;

    if((fd = open("/dev/led_device", O_RDWR)) < 0) {
 printf(" open() FAIL ! \n");
 exit(-1);
    }

for(value=0; value<64; value++){
write(fd, &value, sizeof(int));
usleep(8000);
}
```

```
    close(fd);
return 0;
}
```

위 소스에서는 fd = open("/dev/led_device", O_RDWR); 문에서 open()을 사용하여
LED 디바이스 파일을 읽기/쓰기 가능 모드로 열고 이때 파일 디스크립터(file descriptor)
값 fd를 얻는다. 이 파일 디스크립터 fd를 이용해 write(fd, &value, sizeof(int)); 문에서
LED로 데이터를 출력한다.

이 write() 시스템 호출 함수 실행 시 LED 디바이스 드라이버 내부의 led_write() 함수
가 호출되어 write() 함수의 value로 지정된 값이 LED에 출력된다. for() 문에서는 8개의
LED가 연결된 포트로 0~64까지의 값을 출력하는 단순한 작업을 반복한다(실제로는 8개
LED중 0~64 출력 값의 2진수 표시 중 1에 해당하는 LED 만 ON된다).

다음 Makefile은 위에서 설명한 디바이스 드라이버 소스 led-drv.c와 사용자 응용 프
로그램 led-drv-app.c를 각각 컴파일하여 커널 모듈인 led-drv.o와 사용자 실행 프로그램
led-drv-app를 생성하기 위한 것이다.

```
CC = arm-linux-gcc
STRIP = arm-linux-strip

INCLUDEDIR = /src/linux-2.4.21/include

CFLAGS = -D__KERNEL__ -DMODULE -O2 -Wall -I$(INCLUDEDIR)

EXECS = led-drv-app
MODULE_OBJ = led-drv.o
SRC = led-drv.c
APP_SRC = led-drv-app.c
HDR = led-drv.h

all : $(MODULE_OBJ)  $(EXECS)

$(MODULE_OBJ) : $(SRC) $(HDR)
 $(CC)  $(CFLAGS)  -c  $(SRC)

$(EXECS):  $(APP_SRC)
```

```
        $(CC)   -o $@   $(APP_SRC)
        $(STRIP) $@

clean :
 rm -f *.o   $(EXECS)
```

위에서 CFLAGS은 커널 모듈을 컴파일하기 위해 필요한 컴파일 옵션들을 선언하고 있다. 여기서 옵션 -Wall은 'Warning All'의 의미로 모든 경고 메시지를 표시하라는 것으로 이는 커널 모듈(디바이스 드라이버)은 커널 레벨에서 동작하므로 응용 레벨 프로그램과는 달리 에러 발생 시 시스템 전체에 영향을 미칠 수 있는 상황을 막기 위한 보호 장치가 없기 때문에 조심하기 위한 것이다.

컴파일 옵션 -O2는 최적화 레벨을 나타낸다. 이 옵션은 컴파일 시 최적화하지 않는 경우 인라인 함수를 외부로 공개하는 심벌로 간주해 에러가 발생할 수 있기 때문에 사용한다. 옵션 -O를 사용해도 된다.

컴파일 옵션 -D__KERNEL__는 코드가 커널 모드에서 실행됨을 알려주며, 옵션 -DMODULE는 헤더파일에게 소스가 모듈임을 알려 준다. INCLUDEDIR은 커널 모듈을 생성하기 위해서 필요로 하는 헤더 파일위치를 나타낸다. 여기서는 임의로 /src/linux-2.4.21/include 로 하였으나 이는 시스템에 따라 달라진다.

커널 모듈 컴파일 시는 링크 과정이 없으므로 옵션 -c를 사용하였고, 사용자 프로그램 컴파일 시는 링크 과정을 통해 실행파일이 생성되어야 하므로 옵션 -o가 사용되었다.

위 Makefile 파일에 대해 make 명령을 실행하면 커널 모듈 led-drv.o와 사용자 실행프로그램 led-drv-app가 생성된다.

디바이스 드라이버 실행 준비를 위해 먼저 위에서 얻은 디바이스 드라이버 파일 led-drv.o와 실행파일 led-drv-app를 임베디드 보드로 전송해야 한다. 이를 위해서 이 책에서는 임베디드 보드가 부팅 과정에서 NFS를 사용하여 마운트하는 루트파일시스템이 호스트 컴퓨터의 /test/nfs 디렉터리라고 설정하였으므로 다음과 같이 cp 명령을 사용하여 임베디드 보드의 '/root' 디렉터리, 즉 root 계정의 홈디렉터리로 보낸다.

```
cp  led-drv.o /test/nfs/root
cp  led-drv-app /test/nfs/root
```

이후 호스트에서 시리얼 통신 프로그램(minicom)을 실행시켜 임베디드 보드와 연결 후 사용자 계정 root로 임베디드 보드에 로그인하면 위에서 cp 명령으로 전송했던 파일

led-drv.o와 led-drv-app가 root의 홈 디렉터리에 있는 것이 보인다.

LED 디바이스 드라이버 실행을 위해 먼저 LED 디바이스 파일을 만들어야 한다. 이를 위해 다음 명령을 수행하여 디바이스 주(major) 번호 63으로 LED 디바이스(문자 디바이스) 파일을 생성한다.

```
mknod  /dev/led_device  c  63  0
```

다음 명령을 수행하여 LED 디바이스 드라이버 모듈인 led-drv.o를 메모리에 로드한다.

```
insmod  led-drv.o
```

insmod 명령을 사용하여 LED 디바이스 드라이버를 메모리에 로드한 후에는 다음과 같이 하여 사용자 응용 프로그램 led-drv-app을 실행할 수 있다.

```
/led-drv-app
```

실행 결과로 임베디드 보드의 8개 LED에 0~64에 해당 하는 2진수 값이 차례로 표시된다.

7-세그먼트 디스플레이 디바이스 드라이버 예제 1

여기서는 7-세그먼트(디스플레이) 디바이스 드라이버 프로그램 예제를 설명한다. 앞 4장의 표 4-1에 임베디드 보드 주변 장치에 할당된 주소값의 예를 보였고 여기서 6개의 7-세그먼트의 주소는 각각 0x0C00 0600, 0x0C00 0700, 0x0C00 0800, 0x0C00 0900, 0x0C00 0A000, 0x0C00 0B00이다. 따라서 이 번지를 사용해 7-세그먼트 디바이스 드라이버를 작성하는 것으로 설명한다(임베디드 보드가 바뀌면 이 주소도 당연히 달라진다). 그림 5-2에 7-세그먼트 회로 예를 보였다.

7-세그먼트에서 숫자 "0"~"9"를 표시하기 위한 데이터는 앞 4장 표 4-2에 정리되어 있다.

[참고]

나중에 LED 디바이스 드라이버 모듈을 메모리로부터 언로드(unload)할 때에는 다음과 같이 하면 된다.

```
 rmmod  led_drv
```

현재 로드되어 있는 디바이스 드라이버의 리스트는 'lsmod' 명령으로 확인할 수 있다.

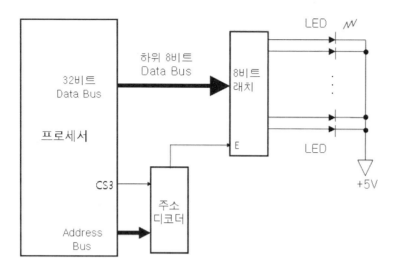

그림 5-2 7-세그먼트 회로 예

전체 프로그램은 seg-drv.h, seg-drv.c, seg-drv-app.c 3개의 파일로 구성되어 있으며 각 부분의 소스는 다음과 같다.

seg-drv.h 소스:

```
#include <linux/kernel.h>
#include <linux/module.h>
#include <linux/init.h>
#include <linux/types.h>
#include <linux/ioport.h>
#include <unistd.h>
#include <linux/slab.h>
#include <linux/mm.h>
#include <asm/hardware.h>
#include <asm/uaccess.h>
#include <asm/irq.h>

#define BASE_ADDR    0xF3000000

#define SEG1_OFFSET 0x0600
#define SEG2_OFFSET 0x0700
```

```
#define SEG3_OFFSET 0x0800
#define SEG4_OFFSET 0x0900
#define SEG5_OFFSET 0x0A00
#define SEG6_OFFSET 0x0B00

unsigned char num[10] = {0x3F, 0x06, 0x5B, 0x4F, 0x66, 0x6D, 0x7D,
0x27, 0x7F, 0x6F};
unsigned short seg_offset[6] = {
            SEG1_OFFSET,
            SEG2_OFFSET,
            SEG3_OFFSET,
            SEG4_OFFSET,
            SEG5_OFFSET,
            SEG6_OFFSET
            };

static int SEG_MAJOR = 64;
```

seg-drv.h 시작부에는 디바이스 드라이버 구현에 필요한 각종 헤더 파일들이 포함되어있다. 위 소스에서 다음 문은 이 임베디드 보드에 대한 물리주소(physical address)와 가상주소(virtual address)를 서로 연결(맵핑)해주기 위한 것이다.

```
#define BASE_ADDR 0xF3000000
```

즉 앞 4장의 표 4-1에서 6개의 7-세그먼트의 주소는 각각 0x0C00 0600~0x0C00 0B00의 물리 주소를 가지는데 외부 장치 주소 디코딩을 위한 프로세서 CS3 신호의 시작 주소인 0x0C00 0000을 가상주소(virtual address) 0xF300 0000으로 맵핑한 것이다.

따라서 프로그램상에서 6개의 7-세그먼트의 주소를 0xF300 0000 번지를 기준으로 오프셋 0600, 0700, ... 0B00을 더하여 얻을 수 있다(임베디드 보드가 바뀌면 이 부분도 해당 보드에 따라 바뀌어야 한다).

다음 위 소스에서 num[]는 7-세그먼트에 '0'~'9'를 표시하기 위한 데이터이다. seg_offset[]은 베이스 주소로부터 6개 7-세그먼트 주소까지의 오프셋 값이다. 또 위 소스에는 7-세그먼트 디바이스 파일의 디바이스 주(major) 번호로 64가 정의되어 있다.

디바이스 드라이버 실제 구현부분인 seg-drv.c 의 소스는 다음과 같다.

seg-drv.c 소스:

```c
#include  "seg-drv.h"

int seg_open(struct inode *inode, struct file *filp)
{
MOD_INC_USE_COUNT;
printk("7-Segment Display open \n");
return 0;
}

static ssize_t seg_write(struct file *file, const char *buffer, size_t
length, loff_t *offset)
{
    int i;
unsigned char *seg_base, *seg_addr;
size_t len = length;
int value;

get_user(value,(int *)buffer);

printk("data from user application= %d  sending data to 7-segment=
0x%x\n", value, num[value]);

seg_base = (unsigned char *)(BASE_ADDR);

 for(i=0; i<6; i++) {

    seg_addr = (unsigned char *)(seg_base + seg_offset[i]);
    *seg_addr = num[value];
 }

return len;
}


int seg_release(struct inode *inode, struct file *filp)
{
MOD_DEC_USE_COUNT;
return 0;
}
```

```
struct file_operations seg_fops = {
open : seg_open,
write : seg_write,
release : seg_release,
};

static int __init seg_init(void)
{
int result;

result = register_chrdev( SEG_MAJOR, "seg_device", &seg_fops);
if(result < 0)
{
printk(KERN_WARNING "register_chrdev() FAIL !\n");
return result;
}
if(!check_region(BASE_ADDR, 2))
    request_region(BASE_ADDR, 2, "seg_device");
else
printk(KERN_WARNING "!check_region() FAIL !\n");

return result;
}

static void __exit seg_exit(void)
{
    release_region(BASE_ADDR, 2);
if(unregister_chrdev(SEG_MAJOR, "seg_device"))
printk(KERN_WARNING "unregister_chrdev() FAIL !\n");
}

module_init(seg_init);
module_exit(seg_exit);
```

위 소스에서 마지막 줄의 module_init(seg_init)와 module_exit(seg_exit) 문에서는
커널 모듈이 로드될 때 호출되는 함수가 seg_init()이고 언로드될 때 호출되는 함수가 seg_
exit() 임을 나타낸다. seg_init() 함수에서는 7-세그먼트 사용을 위해 초기화 작업을 하는
데 먼저 다음 문에서 문자 디바이스를 등록한다.

```
result = register_chrdev(SEG_MAJOR,"seg_device", &seg_fops);
```

등록 시 7-세그먼트의 디바이스 주(major) 번호는 SEG_MAJOR(= 65)이고 디바이스 이름은 seg_device이며, file_operations 구조체 포인터 seg_fops는 다음과 같이 세 가지 함수 seg_open(), seg_write(), seg_release()를 정의하고 있다.

```
struct file_operations seg_fops = {
  open : seg_open,
  write : seg_write,
  release : seg_release,
};
```

다음 check_region(SEG_ADDR, 2) 문을 사용해 SEG_ADDR이 가리키는 영역 (0xF3000000)이 현재 입출력(I/O) 포트로 사용할 수 있는 영역인지 확인한다. check_region() 함수가 성공하면, 다음 문을 사용해 SEG_ADDR이 가리키는 메모리 영역을 입출력 포트로 사용하기 위해 할당한다.

```
request_region(SEG_ADDR, 2, "seg_device");
```

seg_open() 함수는 사용자 응용 프로그램에서 open() 함수 호출 시 실행되며, 여기서는 MOD_INC_USE_COUNT 매크로를 이용하여 해당 디바이스를 사용하는 프로그램 개수(usage count)를 증가시키는 기능을 한다.

사용자 응용 프로그램에서 open( ) 함수로 7-세그먼트 디바이스 파일 디스크립터를 얻은 후 write( ) 시스템 호출 함수를 실행하면 위 디바이스 드라이버의 seg_write( ) 함수가 실행된다. 여기서는 다음 문을 사용해 사용자 메모리 영역(buffer)의 데이터를 커널 영역의 메모리(value)로 옮기고 있다. copy_from_user() 함수를 사용해도 동일한 작업을 할 수 있다.

```
get_user(value,(int *)buffer);
```

다음 문에는 request_region() 함수로 확보한 메모리 영역에 접근 하기 위해 SEG_ADDR을 사용하여 7-세그먼트의 베이스 주소를 얻는다.

```
seg_base = (unsigned char *)(SEG_ADDR);
```

다음 문에서 사용자 프로그램으로부터 받은 값을 7-세그먼트 디바이스로 직접 출력한다.

```
for(i=0; i<6; i++) {
```

```
        seg_addr = (unsigned char *)(seg_base + seg_offset[i]);
        *seg_addr = num_data[value]
    }
```

6개 7-세그먼트를 각각 접근 하기 위해 베이스 주소 seg_base에 오프셋 값 seg_offset[i]
이 더해지고 이 주소로 변수 value에 해당하는 값을 표시하기 위한 데이터인 num_
data[value]가 출력된다. 여기서는 6개 7-세그먼트에 모두 동일한 값이 표시되는 것으로 하
였다.

seg_release() 함수는 사용자 응용 프로그램에서 close() 함수를 사용했을 때 호출되는
함수이며, 여기서는 단지 MOD_DEC_USE_COUNT 매크로를 이용하여 이 디바이스를
이용하는 프로그램 개수(usage count)를 하나 감소시키는 기능만 수행한다.

사용자 응용 프로그램 seg-drv-app.c 소스는 다음과 같다.

seg-drv-app.c 소스:

```
#include <stdio.h>
#include <stdlib.h>
#include <fcntl.h>

int main() {

int fd;
int value;

    if((fd = open("/dev/seg_device", O_RDWR)) < 0) {
printf("open() FAIL! \n");
exit(-1);
    }

    for(value = 0; value < 10; value++) {
      write(fd, &value, sizeof(int));
      sleep(1);
}

    close(fd);
return 0;
}
```

위 소스에서는 다음 문에서 7-세그먼트 디바이스 파일을 읽기/쓰기 가능 모드로 열고 이때 파일 디스크립터(file descriptor) 값 fd를 얻는다.

```
fd = open("/dev/seg_device", O_RDWR);
```

파일 디스크립터 fd를 이용해 write(fd, &value, sizeof(int)); 문에서 7-세그먼트로 데이터를 출력한다. write() 문 실행 시 7-세그먼트 디바이스 드라이버 내의 seg_write() 함수가 호출되어 value로 지정된 값이 7-세그먼트에 출력된다. for() 문에서는 해당 7-세그먼트에 0~9까지의 숫자를 출력하는 단순한 작업을 반복한다.

다음에 디바이스 드라이버 소스 seg-drv.c와 사용자 응용 프로그램 seg-drv-app.c를 각각 컴파일하여 커널 모듈인 seg-drv.o와 사용자 실행 프로그램 seg-drv-app를 만들기 위한 Makefile을 보였다.

```
CC = arm-linux-gcc
STRIP = arm-linux-strip

INCLUDEDIR = /src/linux-2.4.21/include

CFLAGS = -D__KERNEL__ -DMODULE -O2 -Wall -I$(INCLUDEDIR)

EXECS = seg-drv-app
MODULE_OBJ = seg-drv.o
SRC = seg-drv.c
APP_SRC = seg-drv-app.c
HDR = seg-drv.h

all : $(MODULE_OBJ)  $(EXECS)

$(MODULE_OBJ) :  $(SRC) $(HDR)
 $(CC)  $(CFLAGS)  -c  $(SRC)

$(EXECS):  $(APP_SRC)
 $(CC)  -o $@ $(APP_SRC)
 $(STRIP) $@

clean :
 rm -f *.o  $(EXECS)
```

위 Makefile 파일에 대해 make 명령을 실행하면 7-세그먼트 디바이스 드라이버 파일 seg-drv.o와 사용자 실행파일 seg-drv-app가 생성된다. 다음 위에서 얻은 디바이스 드라이버 파일 seg-drv.o와 실행파일 seg-drv-app를 임베디드 보드로 전송한다. 이를 위해서 임베디드 보드가 부팅 과정에서 NFS를 사용하여 마운트하는 루트파일시스템인 호스트 컴퓨터의 /test/nfs 디렉터리 아래의 root 계정 홈디렉터리로 다음과 같이 보낸다.

```
cp  seg-drv.o /test/nfs/root
cp  seg-drv-app /test/nfs/root
```

호스트에서 시리얼 통신 프로그램(minicom)을 실행시켜 임베디드 보드와 연결 후 사용자 계정 root로 임베디드 보드에 로그인한다. 다음 임베디드 보드상에서 7-세그먼트 디바이스 파일을 만들어야 하며, 이를 위해 다음 명령을 수행하여 디바이스 주(major) 번호 65으로 7-세그먼트 디바이스(문자 디바이스) 파일을 생성한다.

```
mknod  /dev/seg_device  c  65  0
```

다음 명령으로 디바이스 드라이버 모듈인 seg-drv.o를 메모리에 로드한다.

```
insmod  seg-drv.o
```

다음 명령으로 사용자 응용 프로그램 seg-drv-app을 실행하면 6개의 7-세그먼트에 숫자 '0'~'9'가 차례로 표시된다.

```
./seg-drv-app
```

7-세그먼트 디스플레이 디바이스 드라이버 예제 2

사용자로부터 입력받은 데이터를 7-세그먼트(디스플레이)에 출력하는 예제이다. 전체 프로그램은 seg-drv.h, seg-drv-2.c, seg-drv-app-2.c 3개의 파일로 구성되어 있으며 헤더 파일 seg-drv.h은 앞의 예제와 같다. 디바이스 드라이버 파일 seg-drv-2.c의 소스는 다음과 같다.

seg-drv-2.c 소스:

```
#include  "seg-drv.h"

int seg_open(struct inode *inode, struct file *filp)
{
```

```c
      int i;
unsigned char *seg_base, *seg_addr;

MOD_INC_USE_COUNT;

seg_base = (unsigned char *)(BASE_ADDR);

 for(i=0; i<6; i++) {

     seg_addr = (unsigned char *)(seg_base + seg_offset[i]);
     *seg_addr = num[0];
 }

printk("7-Segment Display Open & Cleared \n\n");
return 0;
}

static ssize_t seg_write(struct file *file, const char *buffer, size_t
length, loff_t *offset)
{
    int i, digit;
unsigned char *seg_base, *seg_addr;
size_t len = length;
int value;

get_user(value,(int *)buffer);

printk("Data from User Program: %d  \n", value);

seg_base = (unsigned char *)(BASE_ADDR);

 for(i=0; i<6; i++) {

     seg_addr = (unsigned char *)(seg_base + seg_offset[5-i]);
     digit = value % 10;
     value = (int)(value/10);
     *seg_addr = num[digit];
 }

return len;
}
```

```c
int seg_release(struct inode *inode, struct file *filp)
{
MOD_DEC_USE_COUNT;
return 0;
}

struct file_operations seg_fops = {
open : seg_open,
write : seg_write,
release : seg_release,
};

static int __init seg_init(void)
{
int result;

result = register_chrdev( SEG_MAJOR, "seg_device", &seg_fops);
if(result < 0)
{
printk(KERN_WARNING "register_chrdev() FAIL !\n");
return result;
}
if(!check_region(BASE_ADDR, 2))
    request_region(BASE_ADDR, 2, "seg_device");
else
printk(KERN_WARNING "!check_region() FAIL !\n");

return result;
}

static void __exit seg_exit(void)
{
    release_region(BASE_ADDR, 2);
if(unregister_chrdev(SEG_MAJOR, "seg_device"))
printk(KERN_WARNING "unregister_chrdev() FAIL !\n");
}

module_init(seg_init);
module_exit(seg_exit);
```

seg_init() 함수에서는 먼저 register_chrdev(SEG_MAJOR,"seg_device", &seg_fops); 문에서 문자 디바이스를 등록한다. 등록 디바이스 주(major) 번호와 디바이스 이름은 앞의 예와 동일하다. file_operations 구조체 포인터 seg_fops도 앞의 예와 동일하게 세 가지 함수 seg_open(), seg_write(), seg_release()를 정의한다.

다음 check_region(SEG_ADDR, 2)과 request_region(SEG_ADDR, 2, "seg_device"); 문도 앞의 예와 동일하게 SEG_ADDR이 가리키는 영역(0xF3000000)이 현재 입출력(I/O) 포트로 사용할 수 있는 영역인지 확인 후 해당 메모리 영역을 입출력 포트로 사용하기 위해 할당한다.

위 소스에서 seg_open() 함수는 사용자 응용 프로그램에서 open() 함수 호출 시 실행되며, 여기서는 MOD_INC_USE_COUNT 매크로를 이용하여 해당 디바이스를 사용하는 프로그램 개수(usage count)를 증가시키고 다음 부분은 6개의 7-세그먼트 디스플레이에 모두 "0"이 출력되게 한다.

```
seg_base = (unsigned char *)(BASE_ADDR);

   for(i=0; i<6; i++) {

     seg_addr = (unsigned char *)(seg_base + seg_offset[i]);
     *seg_addr = num[0];
   }
```

seg_write() 함수에서는 get_user()를 사용해 사용자 응용 프로그램에서 입력한 숫자를 가져온다. 다음 문에서는 입력받은 숫자를 10으로 나눈 나머지를 가장 오른쪽 7-세그먼트부터 차례로 출력하는 과정을 6회 반복한다.

```
for(i=0; i<6; i++) {

   seg_addr = (unsigned char *)(seg_base + seg_offset[5-i]);
   digit = value % 10;
   value = (int)(value/10);
   *seg_addr = num[digit];
}
```

위 과정을 통하여 사용자 응용 프로그램에서 입력된 정수값(최대 6자리 10진수)에 해당하는 숫자가 7-세그먼트에 출력된다.

사용자 실행 프로그램인 seg-drv-app-2.c의 소스는 다음과 같다.

seg-drv-app-2.c 소스:

```c
#include <stdio.h>
#include <stdlib.h>
#include <fcntl.h>

int main() {

int fd;
int value;

    if((fd = open("/dev/seg_device", O_RDWR)) < 0) {
printf("open() FAIL! \n");
exit(-1);
    }

    while(1) {
      printf("Input Number Range = 0 ~999999 : Exit = -1 \n");
      scanf("%d", &value);
      if(value == -1) {
          break;
      }

      if(value > 999999 || value  < 0) {
          printf("Out of Range !!\n");
      } else {
          printf("Input Number = %d\n\n", value );
          write(fd, &value, sizeof(int));
          sleep(1);

      }

  }

    close(fd);
return 0;
    }
```

위 소스에서는 fd = open("/dev/seg_device", O_RDWR); 문에서 7-세그먼트 디바이스 파일을 읽기/쓰기 가능 모드로 열고 이때 파일 디스크립터(file descriptor) 값 fd를 얻는다.

다음 scanf() 함수에서 6개의 7-세그먼트 디스플레이로 표시할 수 있는 범위인 0~999999 사이의 값을 받아들인다. 입력이 범위 내의 값이면 open() 함수에서 얻은 파일 디스크립터를 사용해 write(fd, &value, sizeof(int)); 문이 실행되고 이때 디바이스 드라이버 내의 seg_write() 함수가 실행된다. seg_write() 함수에서는 사용자가 입력한 값을 가져와 6개의 7-세그먼트로 출력한다.

다음에 소스를 컴파일하여 커널 모듈인 seg-drv-2.o와 사용자 실행 프로그램 seg-drv-app-2를 만들기 위한 Makefile을 보였다.

```
CC = arm-linux-gcc
STRIP = arm-linux-strip

INCLUDEDIR = /src/linux-2.4.21/include

CFLAGS = -D__KERNEL__ -DMODULE -O2 -Wall -I$(INCLUDEDIR)

EXECS = seg-drv-app-2
MODULE_OBJ = seg-drv-2.o
SRC = seg-drv-2.c
APP_SRC = seg-drv-app-2.c
HDR = seg-drv.h

all : $(MODULE_OBJ)  $(EXECS)

$(MODULE_OBJ) :  $(SRC) $(HDR)
 $(CC)  $(CFLAGS)  -c  $(SRC)

$(EXECS):  $(APP_SRC)
 $(CC)  -o $@ $(APP_SRC)
 $(STRIP) $@

clean :
 rm -f *.o  $(EXECS)
```

위 Makefile 파일에 대해 make 명령을 실행하면 7-세그먼트 디바이스 드라이버 파일

seg-drv-2.o와 사용자 실행파일 seg-drv-app-2가 생성된다. 임베디드 보드에서의 실행을 위해 seg-drv.o-2와 seg-drv-app-2 파일을 호스트의 /test/nfs/root 디렉터리로 복사 후 시리얼 통신 프로그램(minicom)을 통해 임베디드 보드에 root로 로그인한다.

다음 임베디드 보드상에서 7-세그먼트 디바이스 파일을 만들기 위해 다음 명령을 수행하여 Major 번호 65으로 7-세그먼트 디바이스 파일을 생성한다. 단 해당 디바이스 파일이 이미 생성되어 있으면 이 과정은 생략한다.

```
mknod  /dev/seg_device  c  65  0
```

다음 명령으로 디바이스 드라이버 모듈 seg-drv.o-2를 메모리에 로드한다.

```
insmod  seg-drv-2.o
```

다음 명령으로 사용자 응용 프로그램 seg-drv-app-2을 실행하면 사용자 입력을 받기위한 메시지가 나오고 이때 6자리 이내 숫자를 입력하면 입력된 숫자가 7-세그먼트에 차례대로 표시된다.

```
./seg-drv-app-2
```

5-6 | 문자 디바이스 드라이버 프로그래밍 2

여기서는 문자 LCD 디스플레이 디바이스 드라이버 작성 예에 대해 설명한다. LCD 디스플레이는 화면 표시를 위한 LCD 패널과 내부의 LCD 컨트롤러로 구성되어 있다. 화면 표시 형태에 따라 ASCII 코드를 가진 미리 정해진 문자만 표시할 수 있는 문자(character) 타입 디스플레이와 그래픽 화면을 표시할 수 있는 그래픽 타입 디스플레이의 두 가지로 나뉜다. 문자타입 디스플레이는 기종이 달라도 문자 출력을 위해서는 ASCII 코드만 보내주면 되고 사용방식은 거의 같다는 장점이 있는 반면 그래픽 타입 디스플레이는 주어진 해상도 내에서는 다양한 그래픽 화면을 표시할 수 있으나 기종에 따라 사용방식이 다르고 그래픽 화면 출력을 위해서는 그래픽 관련 라이브러리가 필요하므로 프로그래밍이 다소 복잡하다.

그림 5-3에 임베디드 보드상에서 문자 LCD 디스플레이 회로를 보였다. 문자 LCD 디스플레이는 한 라인당 16개 문자를 두 라인까지 표시할 수 있는 기종으로 하였다.

그림 5-3에서 프로세서의 주소 버스와 CS3 신호를 사용해 주소 디코더에서 문자 LCD 디스플레이의 주소를 설정한다. 프로세서 데이터 버스 하위 8비트는 LCD 디스플레이로 출

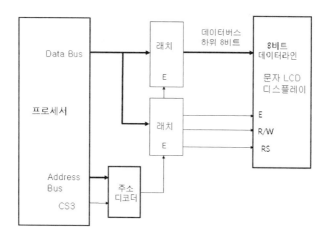

그림 5-3　문자 LCD 디스플레이 회로

력할 문자의 ASCII 코드를 전송하는 데 사용되며 다음 3비트(데이터 버스 비트 8, 비트 9, 비트 10)는 LCD 디스플레이 내부의 LCD 콘트롤러에 가해지는 제어신호이다.

여기서 RS 신호(비트 8)는 데이터 라인에 가해진 값이 출력데이터인지 명령어(instruction)인지를 구분하며, R/W 신호(비트 9)는 LCD 디스플레이 장치에 대한 읽기/쓰기 동작을 결정하고, E 신호(비트 10)는 LCD 디스플레이 장치를 동작 가능(enable)상태로 만든다. LCD 콘트롤러는 문자폰트 데이터가 들어 있는 CG(character generator) ROM, 실제 출력할 문자의 ASCII 코드가 들어가는 DD(display data) RAM, 제어 명령어를 해독하는 명령어 디코더 등으로 구성된다.

앞 4장의 표 4-1에 임베디드 보드 주변 장치에 할당된 주소값의 예를 보였고 여기서 문자 LCD 디스플레이의 주소는 0x0C00 0300이다. 따라서 이 번지를 사용해 문자 LCD 디스플레이 디바이스 드라이버를 작성하는 것으로 설명한다(임베디드 보드가 바뀌면 이 주소도 당연히 달라진다).

문자 LCD 디스플레이에서 문자의 출력은 DD(display data) RAM에 출력하고자 하는 문자의 ASCII 코드를 넣으면 ASCII 코드에 해당하는 문자의 폰트가 CG(character generator) ROM에서 읽혀져 LCD 패널 화면에 표시된다. 이때 DD RAM은 다음 그림 5-4에 보인 번지를 가진다. 여기서는 한 라인당 16개 문자를 두 라인까지 표시하는 경우를 예로 보였다. 첫 번째 라인은 주소 0x00~0x0F를 가지는 반면 두 번째 라인은 0x40~0x4F로써 주소가 0x40부터 시작한다.

1	2	3	4	5	6	7	8	9	10	11	12	13	14	15	16
00	01	02	03	04	05	06	07	08	09	0A	0B	0C	0D	0E	0F
40	41	42	43	44	45	46	47	48	49	4A	4B	4C	4D	4E	4F

그림 5-4 DD(display data) RAM 번지

문자 LCD 디스플레이의 제어 명령어 코드는 다음 표 5-8과 같다.

표 5-8 문자 LCD 디스플레이의 제어 명령 코드

Instruction	Instruction Code									
	RS	R/W	DB7	DB6	DB5	DB4	DB3	DB2	DB1	DB0
Clear Display	0	0	0	0	0	0	0	0	0	1
Return Home	0	0	0	0	0	0	0	0	1	-
Entry Mode Set	0	0	0	0	0	0	0	1	I/D	SH
Display ON/OFF Control	0	0	0	0	0	0	1	D	C	B
Cursor or Display Shift	0	0	0	0	0	1	S/C	R/L	-	-
Function Set	0	0	0	0	1	DL	N	F	-	-
Set CGRAM Address	0	0	0	1	AC5	AC4	AC3	AC2	AC1	AC0
Set DDRAM Address	0	0	1	AC6	AC5	AC4	AC3	AC2	AC1	AC0
Read Busy Flag and Address	0	1	BF	AC6	AC5	AC4	AC3	AC2	AC1	AC0

표 5-8에서 각 명령어의 기능은 다음과 같다.

- **화면 지우기 명령(Clear Display)**: 모든 DD RAM에 ASCII 공백문자(0x20)를 넣어 화면 전체를 지운다. 커서는 홈(첫 번째 라인 첫 번째 칸)에 위치한다.

- **홈 위치 명령(Return Home)**: 커서를 홈 위치로 보낸다.

- **시작모드 설정 명령(Entry Mode Set)** : 화면에 데이터 표시할 때 커서가 증가하는 방향인지(I/D = 1), 감소하는 방향인지(I/D = 0) 설정한다. 또 시프트 할 것인지(S=1), 아닌지(S = 0)를 설정한다.

- **디스플레이 ON/OFF 명령(Display ON/OFF)**: DD RAM의 내용을 화면에 표시 할 것인지 여부(표시 시 D = 1), 커서 표시 여부(표시 시 C = 1), 커서 깜빡임 여부(깜빡일 때 B = 1)를 설정한다.

- **커서/화면 이동 명령(Cursor/Display Shift)**: 커서나 화면을 오른쪽이나 왼쪽으로 이동하도록 설정한다(커서는 S/C = 0, 화면은 S/C = 1, 오른쪽은 R/L = 1, 왼쪽은 R/L = 0).

- **기능 설정 명령(Fnction Set)**: 데이터 폭(8비트/4 비트), 라인 수(2개/1개), 문자 폰트 크기(5 × 11/5 × 8)를 각각 설정한다(데이터 폭 8비트 시 DL = 1, 데이터 폭 4비트 시 DL = 0, 라인수 2개 시 N = 1, 라인수 1개 시 N = 0, 문자 폰트 크기 5 × 11 시 F = 1, 문자 폰트 크기 5 × 8 시 F = 0).

- **CG RAM 주소 설정 명령(Set CG RAM Address)**: CG RAM의 주소를 설정한다.

- **DD RAM 주소 설정 명령(Set DD RAM Address)**: DD RAM의 주소를 설정한다.

- **Busy플랙/주소 읽기 명령(Read Busy Flag and Address)**: LCD 모듈의 동작 상태를 나타내는 Busy 플랙이나 현 커서 위치를 나타내는 주소 값을 읽는다.

전체 프로그램은 헤더파일인 clcd-drv.h, 디바이스 드라이버 소스 파일인 clcd-drv.c, 사용자 응용 프로그램인 clcd-drv-app.c 3개의 파일로 구성되어 있으며 각 부분의 소스는 다음과 같다.

clcd-drv.h 소스:

```
#include <linux/module.h>
#include <linux/init.h>
#include <linux/version.h>
```

```
#include <linux/kernel.h>
#include <linux/proc_fs.h>
#include <linux/types.h>
#include <linux/ioport.h>
#include <unistd.h>
#include <linux/slab.h>
#include <linux/mm.h>
#include <asm/hardware.h>
#include <asm/uaccess.h>
#include <asm/io.h>
#include <asm/uaccess.h>
#include <asm/delay.h>

#define CLCD_ADDR   0xF3000300   // CLCD 주소-보드에따라 다름


static int CLCD_MAJOR = 66;

unsigned short *clcd;
```

위의 clcd-drv.h 소스 앞부분은 디바이스 드라이버 구현에 필요한 각종 헤더 파일들이
포함되어 있고, 다음 문은 문자 LCD 장치의 가상주소(virtual address)를 물리주소로 맵핑
해주기 위한 것이다. 임베디드 보드가 바뀌면 이 부분도 해당 보드에 따라 바뀌어야 한다.

```
#define CLCD_ADDR 0xF3000300
```

문자 LCD 장치 디바이스 파일의 디바이스 주(major) 번호로 66이 정의되어 있다.
디바이스 드라이버 실제 구현부분인 clcd-drv.c 의 소스는 다음과 같다.

clcd-drv.c 소스:

```
#include "clcd-drv.h"

char *in_str;

void clcd_out(int n, char *out_d)
{
 int i, j;
 char chr;
```

```c
    unsigned short chr_con;

    switch(n) {
        case 0:
            *clcd = 0x0402;
            udelay(5000);
            *clcd = 0x0002;
            udelay(5000);
            break;
        case 1:
            *clcd = 0x04C0;
            udelay(5000);
            *clcd = 0x00C0;
            udelay(5000);
            break;
        default :
            break;
    }

    j = strlen(out_d);
    for(i=0; i<j; i++) {
        chr = (short)*(out_d + i);
        chr_con = chr + 0x0500;
        udelay(10000);

        *clcd = chr_con;
        udelay(5000);

        chr_con = chr + 0x0100;
        *clcd = chr_con;

        udelay(10000);

        udelay(10000);
    }
}

static ssize_t clcd_write(struct file *filp, const char *buffer, size_t
length, loff_t *offset)
{
```

```
        int len;

   in_str = (char *)buffer;
   printk("User Input String : %s\n", in_str);

   len = strlen(in_str);

   if(len > 16) {
       clcd_out(0,  in_str);
       clcd_out(1,  in_str + 16);
   } else {
       clcd_out(0,  in_str);
   }

   return 0;
}

int clcd_open(struct inode *inode, struct file *filp)
{
 MOD_INC_USE_COUNT;
 printk("charater LCD Display Open \n");
 return 0;
}

int clcd_release(struct inode *inode, struct file *filp)
{
 MOD_DEC_USE_COUNT;
 return 0;
}

static struct file_operations clcd_fops = {
 open : clcd_open,
 write : clcd_write,
 release : clcd_release,
};

static int __init clcd_init(void)
{
 int result;

 result = register_chrdev(CLCD_MAJOR, "clcd", &clcd_fops);
```

```
    if(result < 0) {
        printk("register_chrdev() FAIL !!\n");
        return result;
    }

    in_str = (char *)kmalloc(40, GFP_ATOMIC);

    if(!check_region(CLCD_ADDR, 2))
        request_region(CLCD_ADDR, 2, "clcd");
    else printk("request_region() FAIL !! \n");

    clcd = (unsigned short *)CLCD_ADDR;

    *clcd = 0x0438;
    udelay(5000);

    *clcd = 0x0038;
    udelay(5000);


    *clcd = 0x040C;
    udelay(5000);

    *clcd = 0x000C;
    udelay(5000);


    *clcd = 0x0401;
    udelay(5000);

    *clcd = 0x0001;
    udelay(5000);

    return 0;
}

void __exit clcd_exit(void)
{
    release_region(CLCD_ADDR, 2);

    if(unregister_chrdev(CLCD_MAJOR, "clcd"))
```

```
        printk("unregister_chrdev() FAIL !!\n");

}

module_init(clcd_init);
module_exit(clcd_exit);
```

위 소스에서 마지막 줄의 module_init(clcd_init) 와 module_exit(clcd_exit) 문에서
는 커널 모듈이 로드될 때 호출되는 함수가 clcd_init()이고 언로드될 때 호출되는 함수가
clcd_exit() 임을 나타낸다. clcd_init() 함수에서는 디바이스 드라이버 사용을 위해 초기
화 작업을 하는데 먼저 다음 문에서 문자 디바이스를 등록한다.

```
result = register_chrdev(CLCD_MAJOR, "clcd", &clcd_fops);
```

등록 시 문자 LCD 디스플레이의 디바이스 주(major) 번호는 CLCD_MAJOR(= 66)이
고 디바이스 이름은 'clcd'이며, file_operations 구조체 포인터 clcd_fops는 다음과 같이
세 가지 함수 clcd_open(), clcd_write(), clcd_release()를 정의하고 있다.

```
struct file_operations clcd_fops = {
  open : clcd_open,
  write : clcd_write,
  release : clcd_release,
};
```

다음 kmalloc() 함수를 사용해 커널에서 사용할 메모리 영역을 확보한다.
다음 문에서 check_region(CLCD_ADDR, 2) 함수를 사용해 CLCD_ADDR이 가리
키는 영역(0xF3000300)이 현재 입출력(I/O) 포트로 사용할 수 있는 영역인지 확인한다.

```
 if(!check_region(CLCD_ADDR, 2))
    request_region(CLCD_ADDR, 2, "clcd");
```

[참고]

사용자 응용 프로그램에서 메모리 영역을 확보할 때는 malloc() 함수를 사용하나 커널에서의 메
모리 영역을 확보할 때는 kmalloc() 함수를 사용해야 한다.

check_region() 함수가 성공하면, request_region(CLCD_ADDR, 2, "clcd") 함수를 사용해 CLCD_ADDR이 가리키는 메모리 영역을 입출력 포트로 사용하기 위해 할당한다. 이후 다음 문에서 변수 clcd가 LCD 디스플레이를 가리키게 된다.

```
clcd = (unsigned short *)CLCD_ADDR;
```

다음은 데이터를 출력하기 전에 필요한 초기화 명령을 LCD 디스플레이 장치로 보내는 과정이 온다. 다음 문은 문자 LCD 디스플레이로 16진수 값 0x0438을 보낸다.

```
*clcd = 0x0438;
```

이 16진수 값 0x0438을 LCD 디스플레이가 사용하는 하위 11비트만 2진수로 표시하면 '100 0011 1000'에 해당한다. 이 중 앞의 세 비트 '100'은 LCD 디스플레이의 제어 신호 E(Enable), RS(Register Set), R(Read)/W(Write)에 각각 가해진다. 이는 LCD 디스플레이를 동작 가능(Enable)상태로 만들고 LCD 디스플레이 8비트 데이터 라인에 가해진 내용이 명령어(Instruction)이며(명령어가 아닌 경우는 문자 출력을 위한 값(ASCII 코드)이다), LCD 디스플레이에 대한 읽기/쓰기 동작 중 쓰기에 해당한다는 의미이다.

나머지 부분 '0011 1000'은 명령어 코드이며 앞의 표 5-8에 의하면 이는 Function Set 기능에 해당하고 그중에서도 DL = 1(데이터 폭은 8비트), N = 1(2라인 사용), F = 0(폰트 크기는 5 × 8 도트 사용)에 각각 해당한다.

다음 문은 LCD 디스플레이로 16진수 값 0x040C를 보내며 하위 11비트만 2진수로 표시하면 '100 0000 1100'에 해당한다.

```
*clcd = 0x040C;
```

'100 0000 1100' 중 앞의 세 비트 '100'은 LCD 디스플레이의 제어 신호 E(Enable), RS(Register Set), R(Read)/W(Write)에 각각 가해진다. 나머지 부분 '0000 1100'은 명령어 코드이며 앞의 표 5-8에 의하면 이는 디스플레이 ON/OFF 명령이고 디스플레이는 ON, 커서는 OFF에 해당한다.

다음 문은 LCD 디스플레이로 16진수 값 0x0401을 보내며 하위 11비트만 2진수로 표시하면 '100 0000 0001'에 해당한다.

```
*clcd = 0x0401;
```

'100 0000 0001' 중 앞의 세 비트 '100'은 LCD 디스플레이의 제어 신호 E(Enable),

RS(Register Set), R(Read)/W(Write)에 각각 가해진다. 나머지 부분 '0000 0001'은 명령어 코드이며 앞의 표 5-8에 의하면 화면 지우기 명령(Clear Display)이다.

중간 중간의 *clcd = 0x0038; udelay(5000); 문과 *clcd = 0x000C; udelay(5000); 문 및 *clcd = 0x0001; udelay(5000); 문은 제어신호 E(Enable)를 '0'으로 하고 시간 지연을 통해 LCD 디스플레이 모듈이 안정되게 동작하도록 하기 위한 것이다.

문자 LCD 디스플레이 응용 프로그램에서 write() 시스템 콜을 실행하면 위 디바이스 드라이버 소스의 clcd_write() 함수가 실행된다. 여기서는 다음 문을 사용해 사용자 메모리 영역(buffer)의 데이터를 커널 영역의 메모리(in_str)로 옮긴다.

```
get_user(in_str, (char *)buffer);
```

다음 문은 LCD 디스플레이 가 한 라인당 16개 문자까지만 표시되므로 사용자 입력 문자열이 16개 문자가 넘을 경우 두 줄로 표시하기 위한 부분이다.

```
if(length > 16) {
    clcd_out(0,  in_str);
    clcd_out(1,  in_str + 16);
} else {
    clcd_out(0,  in_str);
}
```

실제 LCD 디스플레이로의 출력은 clcd_out() 함수에서 이루어진다. clcd_out() 함수의 case 문에서 다음 문은 출력할 문자열이 16개 문자가 넘지 않아 첫 번째 라인에 모두 표시 가능한 경우 실행되며 0x0402를 LCD 디스플레이로 출력한다.

```
*clcd = 0x0402;
```

0x0402의 하위 11비트만 2진수로 표시하면 '100 0000 0010'에 해당하여 이 중 명령어 부분인 '0000 0010'은 앞의 표 5-8에 의하면 커서를 홈 위치로 보내는 기능을 한다.

다음 문은 출력할 문자열이 16개 문자를 넘어 두 번째 라인에 표시해야 하는 경우 실행되며 0x04C0를 LCD 디스플레이로 출력한다.

```
*clcd = 0x04C0;
```

0x04C0의 하위 11비트만 2진수로 표시하면 '100 1100 0000'에 해당하여 이 중 명령어 부분인 '1100 0000'은 앞의 표 5-8에 의하면 DD RAM 주소를 0x40으로 설정한다. 이는

그림 5-4에 보인 DD(display data) RAM 번지에서 LCD 패널에서 두 번째 라인의 첫 번째 칸의 위치이다.

다음 문은 LCD 디스플레이와 연결된 프로세서의 데이터 버스로 출력할 값을 만들기 위한 부분이다.

```
chr_con = chr + 0x0500;
```

이를 위해 8비트 문자 ASCII 코드와 세 비트 제어신호(E, R/W, RS)가 필요하고 제어 신호 E, R/W, RS는 앞의 그림 5-3에서 보인 LCD 디스플레이 회로에서 데이터 버스의 비트 10, 비트 9, 비트 8에 각각 연결되어 있다. 또 LCD 디스플레이에 명령어가 아닌 실제 화면에 출력할 문자 코드가 가해지는 것이므로 제어신호는 각각 E = 1, R/W = 0, RS = 1 이어야 한다. 따라서 위 문에서 8비트 문자 ASCII 코드 값(chr)에 0x0500을 더한 것이다. 0x0500는 데이터 버스의 비트 10 = 1, 비트 9 = 0, 비트 8 = 1 에 각각 해당한다.

이 더한 값을 다음 문을 사용해 LCD 디스플레이로 출력한다.

```
*clcd = chr_con;
```

다음 문에서는 LCD 디스플레이 제어 신호 중 E(Enable)만 0으로 한 값을 문자 ASCII 코드 값(chr)에 더하고 이를 LCD 디스플레이로 출력한다.

```
chr_con = chr + 0x0100;
*clcd = chr_con;
```

위의 문과 이어지는 시간 지연 함수는 LCD 디스플레이 모듈이 안정되게 동작하도록 하기 위한 것이다. clcd_out() 함수의 for()문 내에서 나머지 문자에 대해서도 위에서 설명한 동일한 과정을 반복한다.

사용자 응용 프로그램 clcd-drv-app.c 소스는 다음과 같다.

clcd-drv-app.c 소스:

```
#include <stdio.h>
#include <stdlib.h>
#include <unistd.h>
#include <string.h>
#include <sys/types.h>
#include <sys/stat.h>
```

```
#include <fcntl.h>

int main(int argc, char *argv[])
{
 int fd, input_len;
 char *input_str;

 if(argc != 2) {
     printf("Usage : %s  'output string' \n", argv[0]);
     exit(0);
 }
 input_str = (char *)malloc(sizeof(argv[1]));

 input_str = argv[1];

 if((fd = open("/dev/clcd", O_RDWR)) < 0) {
     printf("open() FAIL ! \n");
     exit(-1);
 }

 input_len = strlen(argv[1]);

 write(fd, input_str, input_len);

 close(fd);
 return 0;
}
```

위 소스에서는 다음 문에서 open() 함수를 사용하여 문자 LCD 디스플레이 디바이스 파일을 읽기/쓰기 가능 모드로 열고 이때 파일 디스크립터 fd를 얻는다.

    fd = open("/dev/clcd", O_RDWR);

파일 디스크립터 fd를 이용해 다음 문에서 사용자 응용 프로그램 실행 시 함께 입력한 문자열을 LCD 디스플레이로 출력한다.

    write(fd, input_str, input_len);

위의 write() 함수 실행 시 LCD 디스플레이 디바이스 드라이버 내부의 clcd_write() 함수가 호출되어 인수 input_str로 지정된 값이 LCD 디스플레이로 출력된다.

다음에 이상에서 설명한 디바이스 드라이버 소스 clcd-drv.c와 사용자 응용 프로그램 clcd-drv-app.c를 각각 컴파일하여 커널 모듈인 clcd-drv.o와 사용자 실행 프로그램 clcd-drv-app를 만들기 위한 Makefile을 보였다.

```
CC = arm-linux-gcc
STRIP = arm-linux-strip

INCLUDEDIR = /src/linux-2.4.21/include

CFLAGS = -D__KERNEL__ -DMODULE -O2 -Wall -I$(INCLUDEDIR)

EXECS = clcd-drv-app
MODULE_OBJ = clcd-drv.o
SRC = clcd-drv.c
APP_SRC = clcd-drv-app.c
HDR = clcd-drv.h

all : $(MODULE_OBJ)  $(EXECS)

$(MODULE_OBJ) :  $(SRC) $(HDR)
 $(CC)  $(CFLAGS)  -c  $(SRC)

$(EXECS):  $(APP_SRC)
 $(CC)  -o $@ $(APP_SRC)
 $(STRIP) $@

clean :
 rm -f *.o  $(EXECS)
```

위 Makefile 파일에 대해 make 명령을 실행하면 문자 LCD 디스플레이 디바이스 드라이버 파일 clcd-drv.o와 사용자 실행파일 clcd-drv-app가 생성된다. 다음 위에서 얻은 디바이스 드라이버 파일 clcd-drv.o와 실행파일 clcd-drv-app를 임베디드 보드로 전송한다. 이를 위해서 임베디드 보드가 부팅 과정에서 NFS를 사용하여 마운트하는 루트 파일시스템인 호스트 컴퓨터의 /test/nfs 디렉터리 아래의 root 계정 홈디렉터리로 다음과 같이 보낸다.

```
cp  clcd-drv.o /test/nfs/root
cp  clcd-drv-app /test/nfs/root
```

다음 호스트에서 시리얼 통신 프로그램(minicom)을 실행시켜 임베디드 보드와 연결 후 사용자 계정 root로 임베디드 보드에 로그인한다. 다음 임베디드 보드상에서 문자 LCD 디스플레이 디바이스 파일을 다음과 같이 하여 만든다(디바이스 주(major) 번호를 66으로 한 예이다).

```
mknod  /dev/clcd  c  66  0
```

다음 명령으로 디바이스 드라이버 모듈인 clcd_drv.o를 메모리에 로드한다.

```
insmod  clcd-drv.o
```

다음과 같은 식으로 사용자 응용 프로그램 실행 시 문자열을 입력하면 이 문자열이 문자 LCD 디스플레이에 표시된다.

```
./clcd-drv-app    '문자열'
```

ioctl() 함수를 사용한 문자 LCD 디스플레이 디바이스 드라이버 예제 1

여기서는 앞의 5-4절에서 설명한 ioctl() 함수를 사용한 문자 LCD 디스플레이 디바이스 드라이버 첫 번째 예제를 설명한다. 앞의 예에서는 디바이스 드라이버와 사용자 응용프로그램 사이에서 데이터를 주고받기 위해 read()나 write() 함수를 사용하였는데 이는 단순한 기능의 디바이스 제어에 적합하다. 반면 복잡한 기능의 디바이스를 제어하기 위해서는 ioctl() 함수를 사용하는 것이 좋다.

이 예서는 문자 LCD 디스플레이의 초기화 동작을 제어하는 데 ioctl() 함수를 사용하였다. 전체 프로그램은 헤더파일 clcd-drv.h, 디바이스 드라이버 소스 파일 clcd-drv-2.c 및 사용자 응용프로그램 파일 clcd-drv-app-2.c로 구성되어 있다. 헤더파일 clcd-drv.h는 앞의 예제와 동일하다.

디바이스 드라이버 clcd-drv-2.c 의 소스는 다음과 같다

clcd-drv-2.c 소스:

```
#include "clcd-drv.h"
#include <linux/ioctl.h>
#define LCD_DEV_MAGIC  'Y'
#define LCD_INIT _IO(LCD_DEV_MAGIC, 0)

char *in_str;
```

```c
void clcd_out(int n, char *out_d)
{
 int i, j;
 char chr;
 unsigned short chr_con;

 switch(n) {
     case 0:
         *clcd = 0x0402;
         udelay(5000);
         *clcd = 0x0002;
         udelay(5000);
         break;
     case 1:
         *clcd = 0x04C0;
         udelay(5000);
         *clcd = 0x00C0;
         udelay(5000);
         break;
     default :
         break;
 }

 j = strlen(out_d);
 for(i=0; i<j; i++) {
     chr = (short)*(out_d + i);
     chr_con = chr + 0x0500;
     udelay(10000);

     *clcd = chr_con;
     udelay(5000);

     chr_con = chr + 0x0100;
     *clcd = chr_con;

     udelay(10000);
     udelay(10000);
 }
}
```

```c
void lcd_init(void)
{
 *clcd = 0x0438;
 udelay(5000);

 *clcd = 0x0038;
 udelay(5000);

 *clcd = 0x040C;
 udelay(5000);

 *clcd = 0x000C;
 udelay(5000);

 *clcd = 0x0401;
 udelay(5000);

 *clcd = 0x0001;
 udelay(5000);
}

static ssize_t clcd_write(struct file *filp, const char *buffer, size_t
length, loff_t *offset)
{
    int len;

 in_str = (char *)buffer;
 printk("Input String from User Program  : %s\n", in_str);

 len = strlen(in_str);

 if(len > 16) {
    clcd_out(0,  in_str);
    clcd_out(1,  in_str + 16);
 } else {
    clcd_out(0,  in_str);
 }

 return 0;
}
```

```c
int clcd_open(struct inode *inode, struct file *filp)
{
 MOD_INC_USE_COUNT;
 printk("Charater LCD Display Open \n\n");
 return 0;
}

int clcd_release(struct inode *inode, struct file *filp)
{
 MOD_DEC_USE_COUNT;
 printk("Charater LCD Display Close \n\n");
 return 0;
}

int clcd_ioctl(struct inode *inode, struct file *filp, unsigned int
cmd, unsigned long arg)
{
if(_IOC_TYPE(cmd) == LCD_DEV_MAGIC)
 printk("ioctl Command Type Match \n\n");

   else {
     printk("ioctl command type mismatch ERROR! \n");
 return -1;
     }

switch(cmd)
{
case LCD_INIT :

     printk("ioctl LCD_INIT Command Execution \n\n");

lcd_init();
break;

default :
  printk("ioctl command ERROR! \n");
    break;
}
return 0;
}
```

```
static struct file_operations clcd_fops = {
 ioctl : clcd_ioctl,
 open : clcd_open,
 write : clcd_write,
 release : clcd_release,
};

static int __init clcd_init(void)
{
 int result;

 result = register_chrdev(CLCD_MAJOR, "clcd", &clcd_fops);
 if(result < 0) {
     printk("register_chrdev() FAIL !!\n");
     return result;
 }

 in_str = (char *)kmalloc(40, GFP_ATOMIC);

 if(!check_region(CLCD_ADDR, 2))
     request_region(CLCD_ADDR, 2, "clcd");
 else printk("request_region() FAIL !! \n");

 clcd = (unsigned short *)CLCD_ADDR;

 return 0;
}

void __exit clcd_exit(void)
{
 release_region(CLCD_ADDR, 2);

 if(unregister_chrdev(CLCD_MAJOR, "clcd"))
     printk("unregister_chrdev() FAIL !!\n");

}

module_init(clcd_init);
module_exit(clcd_exit);
```

위의 소스 처음 부분에서 다음 문은 ioctl() 함수의 명령어가 서로 유일한 값을 가지기 위해 사용하는 8비트 매직넘버(magic number)를 'Y'(ASCII 코드값=0x59)로 정의한다.

```
#define LCD_DEV_MAGIC  'Y'
```

다음 문은 한 개의 ioctl() 명령어 번호(LCD_INIT)를 정의한다.

```
#define LCD_INIT _IO(LCD_DEV_MAGIC, 0)
```

이때 이들 명령어 번호(식별자)를 관리하기 위해 5.4절에서 설명한 매크로 _IO()가 사용되었고 이 매크로가 선언된 파일을 포함시키기 위해 #include ⟨linux/ioctl.h⟩ 문이 사용되었다.

위 소스의 file_operations 구조체 포인터 clcd_fops는 다음과 같이 네 가지 함수를 정의하고 있다.

```
static struct file_operations clcd_fops = {
 ioclt : clcd_ioctl
 open : clcd_open,
 write : clcd_write,
 release : clcd_release,
};
```

여기서 clcd_ioctl() 함수는 사용자 응용프로그램에서 다음과 같이 ioctl() 함수를 사용하면 실행된다.

```
ioctl(fd, LCD_INIT);
```

이때 clcd_ioctl() 함수 내의 다음 switch()문에서 파라미터 cmd 값이 위의 사용자 응용 프로그램에서 ioctl() 함수 호출 시 사용한 명령어 번호(LCD_INIT)와 일치하면 디바이스 드라이버 내의 함수 lcd_init()를 호출해 LCD 디스플레이 초기화 과정을 수행하게 된다.

```
switch(cmd)
{
    case LCD_INIT :
    printk("ioctl LCD_INIT Command Execution \n");
    lcd_init();
    break;
```

```
            ..............
            ..............
    }
```

lcd_init() 함수에서는 LCD 디스플레이 초기화 과정을 위해 먼저 다음과 같이 LCD 디
스플레이로 16진수 값 0x0438을 보낸다.

```
    *clcd = 0x0438;
```

이는 앞 예제에서 설명한 대로 LCD 디스플레이를 동작 가능(Enable)상태로 만들
고 LCD 디스플레이 기능 설정을 위한 Function Set 명령어이며 앞의 표 5-8에 의하면
DL=1(데이터 폭은 8비트), N=1(2라인 사용), F=0(폰트 크기는 5x8 도트 사용)에 각각 해
당한다.

다음 문은 앞 예제에서 설명한 대로 LCD 디스플레이를 동작 가능(Enable)상태로 만드
는데 표 5-8에 의하면 이는 디스플레이 ON/OFF 명령이고 디스플레이는 ON, 커서는 OFF
에 해당한다.

```
    *clcd = 0x040C;
```

다음 문도 역시 앞 예제에서 설명한 대로 LCD 디스플레이를 동작 가능(Enable)상태로
만드는데 표 5-8에 의하면 화면 지우기 명령(Clear Display)이다.

```
    *clcd = 0x0401;
```

역시 앞 예제에서 설명한 대로 중간 중간의 *clcd = 0x0038; udelay(5000); 문과 *clcd
= 0x000C; udelay(5000); 문 및 *clcd = 0x0001; udelay(5000); 문은 제어신호 E(Enable)
를 '0'으로 하고 시간 지연을 통해 LCD 디스플레이 모듈이 안정되게 동작하도록 하기 위한
것이다.

위 소스의 나머지 부분은 앞의 예제와 동일하다.

사용자 응용 프로그램 clcd-drv-app-2.c 소스는 다음과 같다.

clcd-drv-app-2.c 소스:

```
#include <stdio.h>
#include <stdlib.h>
#include <unistd.h>
#include <string.h>
```

```c
#include <sys/types.h>
#include <sys/stat.h>
#include <fcntl.h>
#include <linux/ioctl.h>

#define LCD_DEV_MAGIC  'Y'
#define LCD_INIT _IO(LCD_DEV_MAGIC, 0)

int main(int argc, char *argv[])
{
 int fd, input_len;
 char *input_str;

 if(argc != 2) {
    printf("Usage : %s  'output string' \n", argv[0]);
    exit(0);
 }
 input_str = (char *)malloc(sizeof(argv[1]));
 input_str = argv[1];

 if((fd = open("/dev/clcd", O_RDWR)) < 0) {
    printf("open() FAIL ! \n");
    exit(-1);
 }

 ioctl(fd, LCD_INIT);
 sleep(1);

 input_len = strlen(argv[1]);
 write(fd, input_str, input_len);

 close(fd);
 return 0;
}
```

위의 소스에서 다음 부분은 ioctl() 함수의 명령어가 서로 유일한 값을 가지기 위해 사용하는 8비트 매직넘버(magic number)를 'Y'(ASCII 코드값 = 0x59)로 정의하고 있다.

```c
#define LCD_DEV_MAGIC  'Y'
```

다음 문은 한 개의 ioctl() 명령어 번호(LCD_INIT)를 정의한다.

```
#define LCD_INIT _IO(LCD_DEV_MAGIC, 0)
```

이때 이들 명령어 번호(식별자)를 관리하기 위해 매크로 _IO()가 사용되었고 이 매크로가 선언된 파일을 포함시키기 위해 인클루드 문 #include ⟨linux/ioctl.h⟩이 사용되었다.

다음 문에서 open()을 사용하여 LCD 디스플레이 디바이스 파일을 읽기/쓰기 가능 모드로 열고 이때 파일 디스크립터 fd를 얻는다.

```
fd = open("/dev/clcd", O_RDWR);
```

이 파일 디스크립터 fd를 이용해 다음 문에서 LCD 디스플레이 디바이스 드라이버로 제어 명령 LCD_INIT을 보낸다.

```
ioctl(fd, LCD_INIT);
```

이때 디바이스 드라이버 내의 clcd_ioctl() 함수가 실행되어 여기에서 LCD 디스플레이 초기화를 위한 함수 lcd_init()을 다시 호출한다.

다음 문이 실행되면 디바이스 드라이버 내의 clcd_write() 함수가 호출되어 인수 input_str로 지정된 값(문자열)이 LCD 디스플레이로 출력된다.

```
write(fd, input_str, input_len);
```

다음에 디바이스 드라이버 소스 clcd-drv-2.c와 사용자 응용 프로그램 clcd-drv-app-2.c를 각각 컴파일하여 커널 모듈 clcd-drv-2.o와 사용자 실행 프로그램 clcd-drv-app-2를 만들기 위한 Makefile을 보였다.

```
CC = arm-linux-gcc
STRIP = arm-linux-strip

INCLUDEDIR = /src/linux-2.4.21/include

CFLAGS = -D__KERNEL__ -DMODULE -O2 -Wall -I$(INCLUDEDIR)

EXECS = clcd-drv-app-2
MODULE_OBJ = clcd-drv-2.o
SRC = clcd-drv-2.c
APP_SRC = clcd-drv-app-2.c
```

```
HDR = clcd-drv.h

all : $(MODULE_OBJ)  $(EXECS)

$(MODULE_OBJ) :  $(SRC) $(HDR)
 $(CC)  $(CFLAGS)  -c  $(SRC)

$(EXECS):  $(APP_SRC)
 $(CC)  -o $@ $(APP_SRC)
 $(STRIP) $@

clean :
 rm -f *.o  $(EXECS)
```

위 Makefile 파일에 대해 make 명령을 실행하면 문자 LCD 디스플레이 디바이스 드라이버 파일 clcd-drv-2.o와 사용자 실행파일 clcd-drv-app-2가 만들어진다. 이들 파일을 임베디드 보드로 전송하기 위해서 다음과 같이 한다.

```
cp  clcd-drv-2.o /test/nfs/root
cp  clcd-drv-app-2 /test/nfs/root
```

다음 호스트에서 시리얼 통신 프로그램(minicom)을 실행시켜 임베디드 보드와 연결 후 사용자 계정 root로 임베디드 보드에 로그인한다. 임베디드 보드상에서 문자 LCD 디스플레이 디바이스 파일을 다음과 같이 하여 만든다(디바이스 주(major) 번호를 66으로 한 예이다. 이미 해당 파일이 있으면 다시 만들 필요가 없다).

```
mknod  /dev/clcd  c  66  0
```

다음 명령으로 디바이스 드라이버 모듈인 clcd_drv-2.o를 메모리에 로드한다.

```
insmod  clcd-drv-2.o
```

다음과 같은 식으로 사용자 응용 프로그램 실행 시 문자열을 입력하면 이 문자열이 문자 LCD 디스플레이에 표시된다.

```
./clcd-drv-app-2    '문자열'
```

ioctl() 함수를 사용한 문자 LCD 디스플레이 디바이스 드라이버 예제 2

여기서는 ioctl() 함수를 사용한 문자 LCD 디스플레이 디바이스 드라이버 두 번째 예제를 설명한다. 앞 예제에서는 ioctl() 함수를 문자 LCD 디스플레이의 초기화 동작 제어에만 사용하였으므로 사용자 응용 프로그램에서 LCD 디바이스 드라이버로 명령어 번호가 전달되고 데이터 자체는 전달될 필요가 없었다.

반면 이 예제에서는 사용자 응용 프로그램에서 입력받은 한 문자를 ioctl() 함수를 사용해 LCD 디바이스 드라이버로 전달해서 디바이스 드라이버 내부의 함수를 실행시키는 데 사용하는 예제이다. 기본 골격 이해를 위해 사용자 응용 프로그램은 단순화하였으나 이를 응용하면 ioctl() 함수를 사용한 복잡한 디바이스 제어도 가능하다.

전체 소스는 헤더파일 clcd-drv.h, 디바이스 드라이버 소스 파일 clcd-drv-3.c, 사용자 응용 프로그램 파일 clcd-drv-app-3.c의 세 개로 구성되어 있으며 헤더파일인 clcd-drv.h는 앞의 예제와 동일하다.

디바이스 드라이버 clcd-drv-3.c 의 소스는 다음과 같다.

clcd-drv-3.c 소스:

```c
#include "clcd-drv.h"
#include <linux/ioctl.h>

#define LCD_DEV_MAGIC   'Y'
#define LCD_INIT _IO(LCD_DEV_MAGIC, 0)
#define LCD_FILL _IOW(LCD_DEV_MAGIC, 1, unsigned char)

char *in_str;

void lcd_fill(unsigned char fillch)
{
    int i;
    unsigned short chr_con;

    printk("Now Fill LCD Display with Character : %c \n", fillch);

    *clcd = 0x0402;
    udelay(5000);
    *clcd = 0x0002;
    udelay(5000);
```

```
    for(i=0 ; i < 16 ; i++) {
        chr_con = (short)fillch + 0x0500;
        udelay(10000);

        *clcd = chr_con;

        udelay(5000);

        chr_con = (short)fillch + 0x0100;
        *clcd = chr_con;
        udelay(10000);
    }

    *clcd = 0x04C0;
    udelay(5000);
    *clcd = 0x00C0;
    udelay(5000);

    for(i=0 ; i < 16 ; i++) {
        chr_con = (short)fillch + 0x0500;
        udelay(10000);

        *clcd = chr_con;
            udelay(5000);

        chr_con = (short)fillch + 0x0100;
        *clcd = chr_con;
        udelay(10000);
    }
}

void lcd_init(void)
{
 *clcd = 0x0438;
 udelay(5000);

 *clcd = 0x0038;
 udelay(5000);

 *clcd = 0x040C;
 udelay(5000);
```

```
*clcd = 0x000C;
udelay(5000);

*clcd = 0x0401;
udelay(5000);

*clcd = 0x0001;
udelay(5000);

}

int clcd_open(struct inode *inode, struct file *filp)
{
 MOD_INC_USE_COUNT;
 printk("Charater LCD Display Open \n");
 return 0;
}

int clcd_release(struct inode *inode, struct file *filp)
{
 MOD_DEC_USE_COUNT;
 printk("Charater LCD Display Close \n");
 return 0;
}

int clcd_ioctl(struct inode *inode, struct file *filp, unsigned int
cmd, unsigned long arg)
{

if(_IOC_TYPE(cmd) == LCD_DEV_MAGIC)
 printk("ioctl Command Type Match \n");

   else {
     printk("ioctl command type mismatch ERROR! \n");
 return -1;
     }

switch(cmd)
{
case LCD_INIT :
```

```
                printk("ioctl LCD_INIT Command Execution \n");

    lcd_init();
    break;

                case LCD_FILL :
                printk("ioctl LCD_FILL Command Execution \n");

    lcd_fill((char)arg);
    break;

    default :
      printk("ioctl command ERROR! \n");
        break;
    }
    return 0;
    }

    static struct file_operations clcd_fops = {
     ioctl : clcd_ioctl,
     open : clcd_open,
     release : clcd_release,
    };

    static int __init clcd_init(void)
    {
     int result;

     result = register_chrdev(CLCD_MAJOR, "clcd", &clcd_fops);
     if(result < 0) {
        printk("register_chrdev() FAIL !!\n");
        return result;
     }

     in_str = (char *)kmalloc(40, GFP_ATOMIC);

     if(!check_region(CLCD_ADDR, 2))
        request_region(CLCD_ADDR, 2, "clcd");
     else printk("request_region() FAIL !! \n");

     clcd = (unsigned short *)CLCD_ADDR;
```

```
 return 0;
}

void __exit clcd_exit(void)
{
 release_region(CLCD_ADDR, 2);

 if(unregister_chrdev(CLCD_MAJOR, "clcd"))
     printk("unregister_chrdev() FAIL !!\n");

}

module_init(clcd_init);
module_exit(clcd_exit);
```

위의 소스에서 다음 문은 ioctl() 함수의 명령어가 서로 유일한 값을 가지기 위해 사용하는 8비트 매직넘버(magic number)를 'Y' (ASCII 코드값=0x59)로 정의한다.

```
#define LCD_DEV_MAGIC   'Y'
```

다음 문은 두 개의 ioctl() 명령어 번호(LCD_INIT, LCD_FILL)를 정의하고 있고 이때 이들 명령어 번호(식별자)를 관리하기 위해 매크로 _IO()와 _IOW()가 사용되었다.

```
#define LCD_INIT _IO(LCD_DEV_MAGIC, 0)
#define LCD_FILL _IOW(LCD_DEV_MAGIC, 1, unsigned char)
```

여기서 LCD_FILL 명령어 번호의 경우 사용자 응용 프로그램에서 LCD 디바이스 드라이버로 데이터를 전달하여야 하므로 매크로 _IO() 대신 _IOW()가 사용되었다. 이때는 사용자 응용 프로그램에서 호출하는 ioctl() 함수의 세 번째 인수가 디바이스 드라이버로 전달된다. 인클루드 문 #include ⟨linux/ioctl.h⟩은 이 매크로가 선언된 파일을 포함시키기 위해 사용되었다.

위 소스에서 file_operations 구조체 포인터 clcd_fops는 다음과 같이 세 가지 함수를 정의한다.

```
static struct file_operations clcd_fops = {
 ioclt : clcd_ioctl
```

```
 open : clcd_open,
 release : clcd_release,
};
```

여기서는 clcd_ioctl() 함수에서 사용자 응용 프로그램으로부터 데이터를 전달 받을 수 있으므로는 clcd_write() 함수가 필요 없다.

이 clcd_ioctl() 함수는 사용자 응용 프로그램에서 다음과 같이 ioctl() 함수를 사용하면 실행된다.

```
ioctl(fd, LCD_INIT);
ioctl(fd, LCD_FILL, data);
```

사용자 응용 프로그램에서 ioctl(fd, LCD_FILL, data); 함수가 실행되면 이때 clcd_ioctl() 함수의 다음 switch()문에서 디바이스 드라이버 내부함수 lcd_fill()를 호출해 사용자가 입력한 문자로 LCD 디스플레이 전체를 채우는 과정을 수행하게 된다.

```
switch(cmd)
{
case LCD_INIT :
        printk("ioctl LCD_INIT Command Execution \n");

 lcd_init();
 break;

 case LCD_FILL :
        printk("ioctl LCD_FILL Command Execution \n");

 lcd_fill((char)arg);
 break;
 .......................
}
```

위에서 lcd_init() 함수는 사용자 응용 프로그램에서 ioctl(fd, LCD_INIT); 함수가 호출되면 실행되며 이는 앞에서 설명한 ioctl() 사용 첫 번째 디바이스 드라이버 예제에서의 lcd_init() 함수와 동일한 내용으로서 LCD 디스플레이 초기화 과정을 수행한다.

lcd_fill() 함수는 사용자 응용프로그램에서 ioctl(fd, LCD_FILL, data); 식으로 함수가 호출되면 실행되며, ioctl() 함수의 세 번째 인수(사용자가 입력한 문자)가 디바이스 드라이버로 전달된다. 여기서는 이 인수를 문자형으로 받았다.

lcd_fill() 함수에서는 먼저 다음 문이 실행된다.

```
*clcd = 0x0402;
udelay(5000);
*clcd = 0x0002;
udelay(5000);
```

여기서 *clcd = 0x0402; 문은 LCD 디스플레이로 이진수로 '100 0000 0010'을 출력한
다. 이는 LCD 디스플레이를 동작 가능(Enable)상태로 만들고, LCD 디스플레이 명령어 코
드를 보여주는 앞의 표 5-8에 의하면 홈 위치 명령(커서를 첫 번째 라인의 첫 번째 칸 위치로
보낸다)에 해당한다.

이어지는 *clcd = 0x0002; 문은 LCD 디스플레이의 인에이블(enable) 신호를 OFF로 하
는데, 이는 시간 지연 udelay(5000); 문과 함께 동작 안정을 위해 삽입된 것이다.

다음 for() 문에서 사용자 응용 프로그램에서 ioctl() 함수의 세 번째 인수로 넘어온 문
자(변수 fillch)를 LCD 디스플레이 한 줄의 표시 길이인 16 문자만큼 반복 출력하여 한 줄
전체를 채운다.

```
for(i=0 ; i < 16 ; i++) {
    chr_con = (short)fillch + 0x0500;
    udelay(10000);

    *clcd = chr_con;

    udelay(5000);

    chr_con = (short)fillch + 0x0100;
    *clcd = chr_con;
    udelay(10000);
}
```

위에서 chr_con = (short)fillch + 0x0500; 문은 LCD 디스플레이와 연결된 프로세서
의 데이터 버스로 출력할 값을 만들기 위한 부분이다. LCD 디스플레이 제어신호 E, R/W,
RS는 그림 5-3 회로에서 데이터 버스의 비트 10, 비트 9, 비트 8에 각각 연결되어 있고 값은
E = 1, R/W = 0, RS = 1이어야 한다. 0x0500는 데이터 버스의 비트 10 = 1, 비트 9 = 0,
비트 8 = 1에 각각 해당하므로 8비트 문자 ASCII 코드 값(fillch)에 0x0500을 더한 것이다.

이어지는 *clcd = chr_con; 문에서 변수 fillch의 값이 LCD 화면에 출력된다.

다음 문은 LCD 디스플레이 제어 신호 중 E(Enable)만 0으로 한 값을 문자 ASCII 코드 값(fillch)에 더하고 이를 LCD 디스플레이로 출력하고 시간 지연 함수를 사용해 LCD 디스플레이 모듈이 안정되게 동작하도록 한다.

```
chr_con = (short)fillch + 0x0100;
*clcd = chr_con;
udelay(10000);
```

for()문 내에서 이와 같은 식으로 동일한 문자를 반복 출력하여 LCD 디스플레이 한 줄 전체를 채운다.

또 lcd_fill() 함수에서 다음 문은 LCD 디스플레이의 두 번째 라인에 문자를 출력하기 위하여 DD RAM 주소를 0x40으로 설정하기 위한 것이다.

```
*clcd = 0x04C0;
udelay(5000);
*clcd = 0x00C0;
udelay(5000);
```

16진수 0x04C0은 하위 11비트만 2진수로 표시하면 '100 1100 0000'에 해당하며 이 중 명령어 코드인 '1100 0000'는 앞의 표 5-8에 의하면 LCD 디스플레이 DD(display data) RAM 주소를 0x40으로 설정하는 코드에 해당한다(DD RAM 주소 0x40은 그림 5-4에 보인 DD RAM 번지에서 LCD 화면 두 번째 라인의 첫 번째 칸의 위치이다).

위 소스의 나머지 부분은 앞의 예제와 동일하다.

사용자 응용 프로그램 clcd-drv-app-3.c 소스는 다음과 같다.

clcd-drv-app-3.c 소스 :

```
#include <stdio.h>
#include <stdlib.h>
#include <unistd.h>
#include <string.h>
#include <sys/types.h>
#include <sys/stat.h>
#include <fcntl.h>
```

```
#include <linux/ioctl.h>

#define LCD_DEV_MAGIC  'Y'
#define LCD_INIT _IO(LCD_DEV_MAGIC, 0)
#define LCD_FILL _IOW(LCD_DEV_MAGIC, 1, unsigned char)

int main(int argc, char *argv[])
{
 int fd;
 char fill;

 if((fd = open("/dev/clcd", O_RDWR)) < 0) {
     printf("open() FAIL ! \n");
     exit(-1);
 }

  ioctl(fd, LCD_INIT);
 sleep(1);

 printf("Input Single Charater :  \n");

 fill = getchar();

  ioctl(fd, LCD_FILL, fill);
 sleep(1);
 }

 close(fd);
 return 0;
}
```

위의 소스에서 다음 부문은 ioctl() 함수의 명령어가 서로 유일한 값을 가지기 위해 사용하는 8비트 매직넘버(magic number)를 'Y'(ASCII 코드값=0x59)로 정의한다.

```
#define LCD_DEV_MAGIC  'Y'
```

다음 문은 두 개의 ioctl() 명령어 번호(LCD_INIT, LCD_FILL)를 정의한다.

```
#define LCD_INIT _IO(LCD_DEV_MAGIC, 0)
#define LCD_FILL _IOW(LCD_DEV_MAGIC, 1, unsigned char)
```

이때 이들 명령어 번호(식별자)를 관리하기 위해 매크로 _IO()와 _IOW()가 사용되었고 이 매크로가 선언된 파일을 포함시키기 위해 #include 〈linux/ioctl.h〉 문이 사용되었다.

위의 소스에서 다음 문에서 open() 함수를 사용하여 문자 LCD 디스플레이 디바이스 파일을 읽기/쓰기 가능 모드로 열고 이때 파일 디스크립터(file descriptor) 값 fd를 얻는다.

```
fd = open("/dev/clcd", O_RDWR);
```

파일 디스크립터 fd를 이용해 다음 문에서 LCD 디스플레이 디바이스 드라이버에게 제어 명령 LCD_INIT을 전송한다.

```
ioctl(fd, LCD_INIT);
```

이때 LCD 디스플레이 디바이스 드라이버 내의 clcd_ioctl() 함수가 실행되어 이 함수 내에서 LCD 디스플레이 초기화를 위한 함수 lcd_init()을 다시 호출한다.

다음 문에서는 사용자에게 입력받은 문자를 제어 명령 LCD_FILL로 LCD 디스플레이 디바이스 드라이버에게 전송한다.

```
ioctl(fd, LCD_FILL, fill);
```

이때 LCD 디스플레이 디바이스 드라이버 내의 clcd_ioctl() 함수가 실행되고 여기에서 입력받은 문자를 LCD 디스플레이 화면에 채우기 위한 내부 함수 lcd_fill()이 다시 호출된다.

이상에서 설명한 디바이스 드라이버 소스 clcd-drv-3.c와 사용자 응용 프로그램 clcd-drv-app-3.c를 각각 컴파일하여 커널 모듈 clcd-drv-3.o와 사용자 실행 프로그램 clcd-drv-app-3를 만들기 위한 Makefile을 다음에 보였다.

```
CC = arm-linux-gcc
STRIP = arm-linux-strip

INCLUDEDIR = /src/linux-2.4.21/include

CFLAGS = -D__KERNEL__ -DMODULE -O2 -Wall -I$(INCLUDEDIR)

EXECS = clcd-drv-app-3
MODULE_OBJ = clcd-drv-3.o
SRC = clcd-drv-3.c
APP_SRC = clcd-drv-app-3.c
HDR = clcd-drv.h
```

```
all : $(MODULE_OBJ)   $(EXECS)

$(MODULE_OBJ) :   $(SRC) $(HDR)
 $(CC)   $(CFLAGS)   -c   $(SRC)

$(EXECS):   $(APP_SRC)
 $(CC)   -o $@ $(APP_SRC)
 $(STRIP) $@

clean :
 rm -f *.o   $(EXECS)
```

'make' 명령을 실행하면 문자 LCD 디스플레이 디바이스 드라이버 파일 clcd-drv-3.o
와 사용자 실행파일 clcd-drv-app-3가 만들어진다. 다음 이들 파일을 임베디드 보드로 전
송하기 위해서 다음과 같이 한다.

```
cp  clcd-drv-3.o /test/nfs/root
cp  clcd-drv-app-3 /test/nfs/root
```

다음 호스트에서 시리얼 통신 프로그램(minicom)을 실행시켜 임베디드 보드와 연결 후
사용자 계정 root로 임베디드 보드에 로그인한다. 임베디드 보드상에서 문자 LCD 디스플
레이 디바이스 파일을 다음과 같이 하여 만든다(디바이스 주(major) 번호를 66으로 한 예
이다. 이미 해당 파일이 있으면 다시 만들 필요가 없다).

```
mknod  /dev/clcd  c  66  0
```

다음 명령으로 디바이스 드라이버 모듈인 clcd_drv-3.o를 메모리에 로드한다.

```
insmod  clcd-drv-3.o
```

다음과 같이 사용자 응용 프로그램을 실행한다.

```
./clcd-drv-app-3
```

실행 후 문자 하나를 입력하면 이 문자가 LCD 화면 전체를 채우게 된다.

임베디드 시스템
인터럽트 프로그래밍

6-1 | PXA 계열 인터럽트 제어 레지스터

PXA 계열 프로세서의 인터럽트 제어 방식 및 관련 레지스터는 거의 유사하다. PXA 계열 프로세서의 인터럽트 컨트롤러는 내부 유닛에서 발생하는 각종 인터럽트 및 GPIO 핀을 통한 외부 장치로부터의 인터럽트 요청을 모두 처리한다. 여기서는 PXA 계열 중 하나인 PXA 255를 예로 설명하며 이의 인터럽트 컨트롤러 블록도를 다음 그림 6-1에 보였다. PXA 270 등 다른 PXA 계열 프로세서도 이와 유사하다.

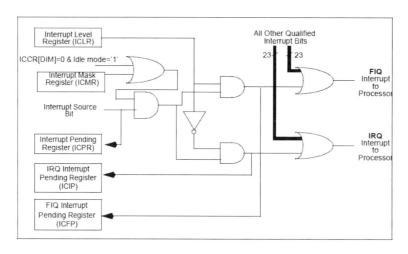

그림 6-4   인터럽트 컨트롤러의 블록도

PXA 계열 프로세서에서의 인터럽트는 상위레벨과 하위레벨의 두 단계 구조를 가진다. 상위레벨은 인터럽트를 발생하는 장치들이며 하위레벨은 각 장치 내부의 개별적인 인터럽트 소스들이다. 이들 내부 인터럽트 소스의 구분은 각 장치 내부의 상태 레지스터를 읽으므로써 알 수 있다.

예를 들어 DMA 컨트롤러는 상위레벨 인터럽트 발생 장치인데, DMA 컨트롤러 내부에는 16개 채널이 있고 이들 개별 채널이 각각 하위레벨 인터럽트 소스가 된다. 따라서 DMA 컨트롤러는 16개의 하위레벨 인터럽트 소스를 가진다. 또 UART는 상위레벨 인터럽트 발생 장치인데, UART 내부에서는 송신 인터럽트, 수신 인터럽트, 에러 인터럽트 등 여러 개의 하위레벨 인터럽트 소스를 가지는 것이다.

인터럽트 컨트롤러의 기능을 제어하는 레지스터들은 다음과 같은 것이 있다.

Interrupt Controller Pending Register(ICPR)

Interrupt Controller IRQ Pending Register(ICIP)

Interrupt Controller FIQ Pending Register(ICFP)

Interrupt Controller Mask Register(ICMR)

Interrupt Controller Level Register(ICLR)

Interrupt Controller Control Register(ICCR)

PXA 기종에 따라서는 제어 레지스터 이름 뒤에 2가 붙어 해당 제어 레지스터가 두 개 인 경우도 있다. 예를 들어 인터럽트 마스크 레지스터인 ICMR이 ICMR과 ICMR2의 두 개로 되어 있는 경우이다.

위의 인터럽트 컨트롤러 레지스터 중 ICPR(Interrupt Controller Pending Register) 레지스터는 인터럽트 발생 시 해당 비트가 "1"로 된다. 다음 그림 6-2에 각 비트의 내용을 보였다.

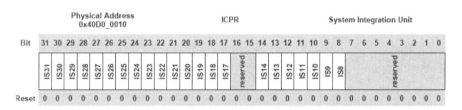

그림 6-2 ICPR 레지스터

위에서 보면 인터럽트 소스로 IS 8~IS 31까지가 정의되어 있고 해당 인터럽트 장치(소스) 에서 인터럽트(상위레벨 인터럽트) 발생 시 해당 비트가 "1"로 되며 커널에서는 이를 보고 해 당 장치의 인터럽트 핸들러(서비스 루틴)를 찾을 수 있게 된다. 해당 장치의 인터럽트 핸들 러에서는 해당 인터럽트 장치(소스)의 내부 레지스터를 접근해서 실제 인터럽트를 발생한 하 위레벨 인터럽트 소스를 찾은 다음 여기에 대한 처리를 한다. 각 비트에 대응하는 인터럽트 장치의 일부분을 다음 표 6-1에 보였다.

표 6-1 ICPR 레지스터 각 비트에 대응하는 인터럽트 장치(일부)

비트위치	소스 유닛	하위레벨 소스 번호	설명
IS 13	I2S	5	I2S 인터럽트
IS 12	ÄÚ¾î	1	PMU 인터럽트
IS 11	USB	7	USB 인터럽트
IS 10		79	GPIO 에지 검출 GPIO 핀번호 2~80에서 하나라도 인터럽트가 발생하면 "1"로 되는 논리 동작
IS 9		1	GPIO⟨1⟩ 에지 검출
IS 8		1	GPIO⟨1⟩ 에지 검출

여기서 인터럽트 소스 IS 11은 USB 장치이며 하위레벨(Level 2) 인터럽트를 7개 가지는 것을 알 수 있고, 인터럽트 소스 IS 10은 PXA 프로세서의 GPIO 핀 2~80으로부터의 외부 인터럽트이며 각 핀마다 인터럽트를 가지므로 총 79개의 하위레벨(Level 2)인터럽트를 가짐을 알 수 있다. GPIO 총 79개 핀 중 하나라도 인터럽트가 발생하면 인터럽트 소스 IS 10은 "1"로 되며, 인터럽트 소스 IS 10에 대한 인터럽트 핸들러에서 GPIO 어느 핀에서 인터럽트가 발생하였는지 검색하여 여기에 대한 인터럽트 처리를 하는 것이다.

ICLR(Interrupt Controller Level Register) 레지스터는 발생한 인터럽트가 일반 인터럽트인 IRQ인지 고속 인터럽트인 FIQ인지를 나타낸다. 해당 비트가 "0"이면 IRQ이고 "1"이면 FIQ이다.

인터럽트가 발생하면 ICPR(Interrupt Controller Pending Register) 레지스터의 해당 비트가 "1"로 되고, 이때 ICLR 레지스터의 값에 따라 일반 IRQ이면 ICIP(Interrupt Controller IRQ Pending Register) 레지스터의 해당 비트가 "1"로 되고, 고속 FIQ이면 ICFP(Interrupt Controller FIQ Pending Register) 레지스터의 해당 비트가 "1"로 된다. 각 비트의 위치는 ICPR 레지스터와 동일하다.

ICMR(Interrupt Controller Mask Register) 레지스터는 인터럽트에 대한 마스크 처리, 즉 인터럽트 발생 시 이를 무시할 것인가 처리할 것인가를 설정한다. ICMR 레지스터를 다음 그림 6-3에 보였다. 여기서 "1"로 되어 있는 비트에 해당하는 인터럽트는 발생 시 처리되고 "0"인 경우는 무시된다.

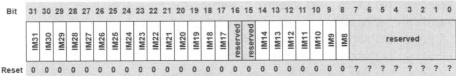

그림 6-3   ICMR 레지스터

ICCR(Interrupt Controller Control Register) 레지스터는 최하위 한 비트(DIM: disable idle mask)만을 제어에 사용한다. 이 비트는 기본값이 "0"이며 이 경우는 프로세서가 idle 모드에 있을 때 아무 인터럽트나 발생하면 idle 모드에서 빠져나온다. 이때 ICMR 레지스터는 무시된다. 이 비트가 "1"이면 idle 모드에서 빠져나오기 위해서는 발생한 인터럽트의 ICMR 레지스터의 마스크 비트가 "1"이어야 한다.

인터럽트 처리 및 등록

IRQ 인터럽트가 발생하면 현 프로그램 카운터(R15 레지스터)값을 링크 레지스터인 R14_irq에 저장하고 CPSR(Current Processor Status Register) 값을 SPSR_irq(Saved Processor Status Register)에 각각 저장한다. 다음 아래 그림 6-4에서 CPSR의 동작 모드 비트(bit 4~bit 0)를 IRQ 동작 모드에 해당하는 "10010"로 설정하고, I비트(bit 7)를 "1"로 하여 IRQ를 불능(disable) 상태로 만든다. 이는 인터럽트 서비스 루틴 실행중 다른 인터럽트의 처리를 막기 위한 것이다.

다음 IRQ의 exception 벡터 주소인 0x0000 0018 번지로 점프하여 인터럽트 처리가 시작된다. 인터럽트 처리 완료 후에는 링크 레지스터 R14_irq에 저장된 복귀주소(return address)로 리턴되고 SPSR_irq 레지스터의 내용도 다시 CPSR로 복구하여 인터럽트 이전 상태로 돌아간다.

인터럽트를 사용하고자 하는 디바이스 드라이버는 인터럽트 서비스 루틴을 등록하고 이는 리눅스 커널의 전역변수 irq_desc에 등록된다. 인터럽트가 발생하면 커널은 ICPR 레지스터에서 "1"인 비트를 조사해 인터럽트를 발생한 장치 번호를 얻고, do_IRQ() 함수에서 전역변수 irq_desc를 조사해 해당 인터럽트 서비스 루틴을 찾는 방식으로 동작한다.

다음은 리눅스 커널 소스 루트 디렉터리 아래의 include/asm-arm/arch-pxa/irqs.h 파일 내용의 일부이다.

```
#define  IRQ_HWUART  PXA_IRQ(7)/* HWUART Transmit/Receive/Error */
#define  IRQ_GPIO0   PXA_IRQ(8)  /* GPIO0 Edge Detect */
#define  IRQ_GPIO1   PXA_IRQ(9)  /* GPIO1 Edge Detect */
#define  IRQ_GPIO_2_80   PXA_IRQ(10)   /* GPIO[2-80] Edge Detect */
#define  IRQ_USB  PXA_IRQ(11)   /* USB Service */
#define  IRQ_PMU PXA_IRQ(12) /*Performance Monitoring Unit */
#define  IRQ_I2S PXA_IRQ(13) /* I2S Interrupt */
#define  IRQ_AC97    PXA_IRQ(14) /* AC97 Interrupt */
#define  IRQ_ASSPPXA_IRQ(15) /* Audio SSP Service Request */
#define  IRQ_NSSPPXA_IRQ(16) /* Network SSP Service Request */
#define  IRQ_LCD     PXA_IRQ(17) /* LCD Controller Service Request */
#define  IRQ_I2C     PXA_IRQ(18) /* I2C Service Request */
#define  IRQ_ICP     PXA_IRQ(19) /* ICP Transmit/Receive/Error */
#define  IRQ_STUART  PXA_IRQ(20) /* STUART Transmit/Receive/Error */


. . . . . . . . . . . . . . . . . . . . . . . . . . .


#define  IRQ_DMA     PXA_IRQ(25) /* DMA Channel Service Request */
#define  IRQ_OST0    PXA_IRQ(26) /* OS Timer match 0 */
#define  IRQ_OST1    PXA_IRQ(27) /* OS Timer match 1 */
#define  IRQ_OST2    PXA_IRQ(28) /* OS Timer match 2 */
#define  IRQ_OST3    PXA_IRQ(29) /* OS Timer match 3 */
#define  IRQ_RTC1Hz PXA_IRQ(30) /* RTC HZ Clock Tick */
#define  IRQ_RTCAlrm PXA_IRQ(31) /* RTC Alarm */
```

이는 PXA 프로세서 인터럽트 컨트롤러 부분의 ICPR 레지스터의 각 비트 기능을 정의
한 부분이다. 앞의 표 6-1은 ICPR 레지스터 각 비트에 대응하는 인터럽트 장치의 일부분을
보여주고 있다.

예를 들어 위에서 다음 문은 앞 표 6-1에서 인터럽트 소스 IS 10 (비트 10)에 해당하며
인터럽트 소스 IS 10은 PXA 프로세서의 GPIO 핀 번호 2~80으로부터의 외부 인터럽트를
정의한다.

```
#define  IRQ_GPIO_2_80     PXA_IRQ(10)
```

디바이스 드라이버에서 인터럽트 처리 함수를 등록하기 위해서는 커널 내부 함수
request_irq()를 사용한다. 이 함수는 인터럽트 자원을 할당하고 인터럽트 라인을 활성화하
고 인터럽트 처리를 가능하게 한다. request_irq() 함수의 포맷은 다음과 같다.

```
int request_irq(unsigned int, void (*handler)(int, void *, struct pt_
regs *), unsigned long, const char *, void *)
```

함수에서 각 인수의 기능은 차례대로 다음과 같다.

인터럽트 번호
인터럽트를 처리할 함수(인터럽트 핸들러)에 대한 포인터
인터럽트 타입 플래그
인터럽트를 요청한 디바이스의 이름
인터럽트 핸들러에게 전달되는 유일한 값

첫 번째 인수인 인터럽트 번호는 인터럽트를 요청한 장치(소스)의 번호이며 앞에서 설명한 ICPR 레지스터의 각 비트에 인터럽트 소스 번호가 할당되어 있다. 두 번째 인수인 인터럽트 처리 함수는 인터럽트가 발생하면 실행할 부분을 디바이스 드라이버 내에서 구현한 루틴이다.

세 번째 인수인 인터럽트 타입 플래그에는 보통 SA_INTERRUPT나 SA_SHIRQ 중 하나를 사용한다. SA_SHIRQ는 여러 장치가 인터럽트를 공유할 때 사용하고 SA_INTERRUPT는 인터럽트 처리 중 다른 인터럽트를 금지한다. 이 플래그는 OR 연산자("|")를 이용해서 복수 개로 표현할 수도 있다. 예로 "SA_INTERRUPT | SA_SHIRQ" 식으로 사용할 수 있다.

네 번째 인수인 인터럽트를 요청한 디바이스의 이름은 /proc/interrupts 파일에서 찾아볼 수 있다. 다음 그림 6-5에 PXA 255를 사용한 임베디드 보드의 경우 /proc/interrupts 파일의 실제 내용 예를 보였다.

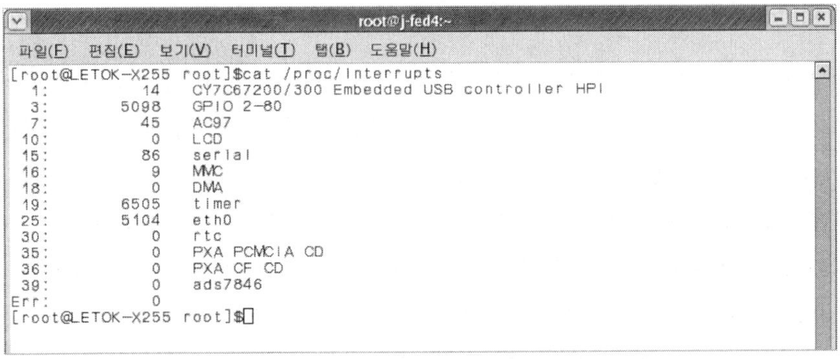

그림 6-5   /proc/interrupts 파일 내용 예

그림 6-6에는 일반 PC에 설치된 리눅스(페도라) 환경에서 /proc/interrupts 파일 내용 예를 보였다. 위의 임베디드 보드와는 인터럽트 번호 및 디바이스가 많이 다른 것을 알 수 있다.

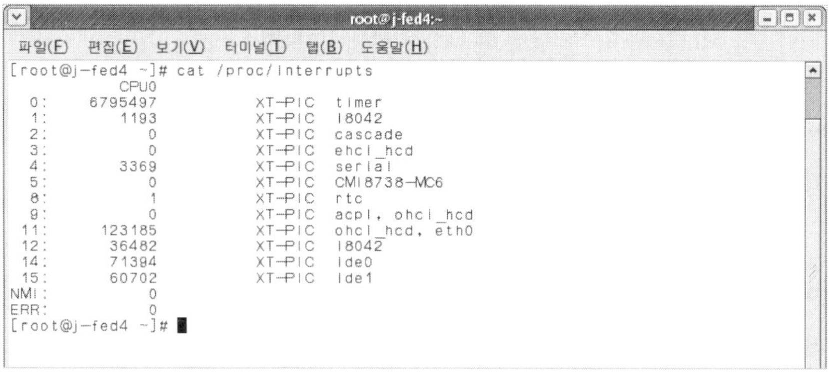

```
                                    root@j-fed4:~                          _ □ ×
파일(F)  편집(E)  보기(V)  터미널(T)  탭(B)  도움말(H)
[root@j-fed4 ~]# cat /proc/interrupts
          CPU0
  0:     6795497          XT-PIC   timer
  1:        1193          XT-PIC   i8042
  2:           0          XT-PIC   cascade
  3:           0          XT-PIC   ehci_hcd
  4:        3369          XT-PIC   serial
  5:           0          XT-PIC   CMI8738-MC6
  8:           1          XT-PIC   rtc
  9:           0          XT-PIC   acpi, ohci_hcd
 11:      123185          XT-PIC   ohci_hcd, eth0
 12:       36482          XT-PIC   i8042
 14:       71394          XT-PIC   ide0
 15:       60702          XT-PIC   ide1
NMI:           0
ERR:           0
[root@j-fed4 ~]#
```

그림 6-6   /proc/interrupts 파일 내용 예(일반PC)

다섯 번째 인수인 인터럽트 핸들러에게 전달되는 유일한 값은 인터럽트 핸들러의 두 번째 인수로 전달되며 보통 NULL을 사용한다. 그러나 인터럽트 공유 시에는 NULL을 사용하지 않고 반드시 유일한 값을 사용해야 한다.

리눅스에서 인터럽트와 관련된 헤더파일은 리눅스 커널 소스의 루트 디렉터리 아래에 있는 include/linux/sched.h이므로 이 파일을 포함시켜야 한다. request_irq() 함수로 등록한 인터럽트를 해제하는 함수는 free_irq()이다.

디바이스 드라이버 내에서 구현되는 인터럽트 핸들러의 포맷은 다음과 같다.

```
void (*handler)(int irq, void *dev_id, struct pt_regs regs)
```

첫 번째 인수 irq는 디바이스의 인터럽트 번호이며 request_irq() 함수로 등록한 인터럽트 번호와 동일하다. 두 번째 인수 dev_id는 인터럽트 핸들러에게 전달되는 유일한 값을 가지고 있는 request_irq() 함수의 마지막 인수이다. 세 번째 인수 regs는 인터럽트가 발생하기 전의 CPU 레지스터 값들이 저장된 구조체이다. 주로 디버깅용으로 사용한다.

디바이스 드라이버에서 인터럽트가 발생할 때까지 기다리는 동안 해당 프로세스는 대기 상태(sleep state)에 있어야 한다. 프로세스를 위해서 대기 상태로 보내기 위한 커널 함수는 interruptible_sleep_on() 이며, 이 함수의 포맷은 다음과 같다.

```
interruptible_sleep_on(struct wait_queue **wq)
```

대기 상태로 들어간 프로세스는 대기 큐(wait queue)에 연결된다. 대기 큐는 이중 연결 리스트(double linked list) 구조이며 이 리스트의 시작을 wait_queue_head_t가 가리키고 리스트의 원소는 wait_queue_t가 가리킨다. 대기 큐를 정의하는 매크로는 다음과 같다.

```
DECLARE_WAIT_QUEUE_HEAD(wq);
```

interruptible_sleep_on()에 의해 대기 상태가 된 프로세스는 wake_up_interruptible() 함수에 의해 깨어난다. wake_up_interruptible() 함수의 포맷은 다음과 같다.

```
wake_up_interruptible(struct wait_queue **wq)
```

GPIO 핀을 인터럽트 입력으로 설정하기

PXA 계열 프로세서의 GPIO 핀들은 외부장치로부터의 인터럽트 요청을 받는 입력신호로 사용할 수 있다. 이와 같이 설정하기 위해서 필요한 PXA 계열 프로세서의 GPIO 관련 레지스터들 및 그 기능은 다음과 같다. 기종에 따라 일부 레지스터가 추가될 수 있으나 아래 내용은 동일하며 여기서는 PXA 255 기준으로 설명한다.

GPDR 레지스터: 인터럽트 입력으로 사용할 핀의 동작 방향을 입력으로 설정한다.
GAFR 레지스터: 인터럽트 입력으로 사용할 핀은 부가기능을 OFF시켜야 하므로 이에 대응한 비트를 "00"으로 설정한다.
GRER 레지스터: 인터럽트 입력으로 사용할 핀에서 신호가 상승 에지 시 인터럽트를 검출하고자 할 때 설정한다.
GFER 레지스터: 인터럽트 입력으로 사용할 핀에서 신호가 하강 에지 시 인터럽트를 검출하고자 할 때 설정한다.
GEDR 레지스터: 인터럽트 신호가 들어오면 해당 핀에 대응하는 비트가 "1"로 된다.

GPIO 핀 0, 1번은 앞의 ICPR 레지스터에서 보면 인터럽트 소스 IS 8(비트 8)과 IS 9(비트 9)에 각각 대응한다. 반면 GPIO 핀 2~80은 ICPR 레지스터의 인터럽트 소스 IS 10(비트 10)을 공통으로 사용한다. 즉 GPIO 핀 2~80은 인터럽트 소스 IS 10에 대한 79개의 하위레벨 인터럽트 중 각각 하나에 해당한다. GPIO 핀 2~80을 인터럽트 입력으로 설정할 때 상승 에지로 설정하려면 GRER 레지스터, 하강 에지로 설정하려면 GFER 레지스터의 각각 GPIO 핀 번호에 해당 하는 비트를 "1"로 하여야 한다.

그림 6-7에 상승 에지 설정을 위한 3개의 GRER0~GRER2 레지스터 중에서 GRER0 레지스터의 각 비트 내용을 보였다.

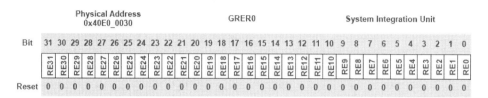

그림 6-7   GRER0 레지스터의 각 비트 내용

다음 그림 6-8에 하강 에지 설정을 위한 3개의 GFER0~GFER2 레지스터 중에서 GFER1 레지스터의 각 비트 내용을 보였다.

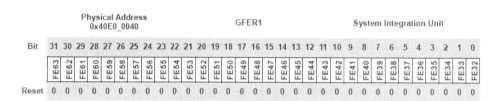

그림 6-8   GFER1 레지스터의 각 비트 내용

예를 들어 GPIO 40번 핀을 하강 에지로 설정하려면 위의 GFER1 레지스터의 비트 8을 "1"로 해주면 되고 GPIO 28번 핀을 상승 에지로 설정하려면 위의 GRER0 레지스터의 비트 28을 "1"로 해주면 된다. 이와 같은 기능을 대신해주는 함수로 set_GPIO_IRQ_edge() 이 있다. set_GPIO_IRQ_edge() 함수의 포맷은 다음과 같다.

```
set_GPIO_IRQ_edge(unsigned int, unsigned long)
```

첫 번째 인수는 인터럽트 입력으로 설정하려는 GPIO 핀 번호이고 두 번째 인수는 플랙으로서 해당 핀을 상승 에지로 설정하려면 GPIO_RISING_EDGE를, 하강 에지로 설정하려면 GPIO_ FALLING_EDGE를 각각 넣으면 된다. 이와 같이 동작 에지를 설정한 후 인터럽트가 발생하면 GEDR 레지스터의 해당 하는 비트가 "1"로 된다.

6-2 | 스위치 디바이스 인터럽트 프로그래밍 예

여기서는 GPIO 핀 35, 36번에 각각 스위치 1과 스위치 2를 연결해 인터럽트 소스로 사용하는 예를 설명한다. 전체 소스는 sw-drv.h, sw-drv.c, sw-drv-app.c의 세 개 파일로 구성된다.

헤더 파일인 sw-drv.h 소스는 다음과 같다.

```
#include <linux/kernel.h>
#include <linux/module.h>
#include <linux/init.h>
#include <linux/types.h>
#include <linux/ioport.h>
#include <unistd.h>
#include <linux/slab.h>
#include <linux/mm.h>
#include <asm/hardware.h>
#include <asm/uaccess.h>
#include <asm/io.h>
#include <asm/uaccess.h>
#include <asm/delay.h>

#define SW_MAJOR    66

DECLARE_WAIT_QUEUE_HEAD(sw_queue);
```

위에서 앞부분은 디바이스 드라이버 구현에 필요한 각종 헤더파일들이 포함되어 있고 다음 문에서 대기 큐를 선언한다.

```
DECLARE_WAIT_QUEUE_HEAD(sw_queue);
```

스위치 디바이스 파일의 디바이스 주 번호로 66이 정의되어 있다. 디바이스 드라이버 구현 부분인 sw-drv.c 소스는 다음과 같다.

sw-drv.c 소스:

```
include "sw_drv.h"

char sw_buf;
```

```
int sw_open(struct inode *inode, struct file *filp)
{
 MOD_INC_USE_COUNT;
 return 0;
}


int sw_release(struct inode *inode, struct file *filp)
{
 MOD_DEC_USE_COUNT;
 return 0;
}

ssize_t sw_read (struct file *filp, char *buf, size_t count, loff_t
*f_pos)
{
 interruptible_sleep_on ( &sw_queue);

    if( sw_buf == 1 ){
     udelay(40000);
     if(!(GPLR1 & GPIO_bit(35)))
         sw_buf = 1;
     else
         sw_buf = 0;
 }
    else if( sw_buf == 2 ){
     udelay(40000);
         if(!(GPLR1 & GPIO_bit(36)))
             sw_buf = 2;
         else
             sw_buf = 0;
    }
 copy_to_user( buf, &sw_buf, sizeof(sw_buf));
 return 0;
}


static void sw_interrupt(int irq, void *dev_id, struct pt_regs *regs)
{

 if(!(GPLR1 & GPIO_bit(35)))
     sw_buf = 1;
```

```c
    else if(!(GPLR1 & GPIO_bit(36)))
        sw_buf = 2;
    else
        sw_buf = 0;

        wake_up_interruptible(&sw_queue);
}

struct file_operations sw_fops = {
 open:        sw_open,
 read:        sw_read,
 release:     sw_release,
};

static int __init sw_init(void)
{
    int result, ret;

    result = register_chrdev(SW_MAJOR, "sw_device", &sw_fops);

 if ((ret = request_irq(IRQ_SW1, sw_interrupt, SA_INTERRUPT, "GPIO35_
SW1", NULL)))
        {
            printk("request_irq() FAIL !\n");
            return ret;
        }

    if ((ret = request_irq(IRQ_SW2, sw_interrupt, SA_INTERRUPT,
"GPIO36_SW2", NULL)))
        {
            printk("request_irq() FAIL !\n");
            return ret;
        }

    set_GPIO_IRQ_edge(IRQ_TO_GPIO_2_80(IRQ_SW1), GPIO_FALLING_EDGE);
    set_GPIO_IRQ_edge(IRQ_TO_GPIO_2_80(IRQ_SW2), GPIO_FALLING_EDGE);

    return 0;
}

static void __exit sw_exit(void)
```

```
    {
        disable_irq(IRQ_SW1);
        free_irq(IRQ_SW1, NULL);

        disable_irq(IRQ_SW2);
        free_irq(IRQ_SW2, NULL);

        unregister_chrdev( SW_MAJOR, "sw_dev");
    }

    module_init(sw_init);
    module_exit(sw_exit);
```

위 소스에서 sw_init(void) 부분은 디바이스 드라이버가 메모리에 로드될 때 실행된다. 여기서 다음 문에서 문자 디바이스 드라이버를 등록한다. 인수 SW_MAJOR는 디바이스 드라이버의 Major 번호이고 'sw_dev' 는 디바이스 이름이다.

```
    result = register_chrdev(SW_MAJOR, "sw_dev", &sw_fops);
```

다음 문은 두 개의 인터럽트 소스 IRQ_SW1와 IRQ_SW2에 대한 인터럽트 핸들러를 등록한다.

```
    request_irq(IRQ_SW1, sw_interrupt, SA_INTERRUPT, "GPIO35_SW1", NULL)
    request_irq(IRQ_SW2, sw_interrupt, SA_INTERRUPT, "GPIO36_SW2", NULL)
```

IRQ_SW1와 IRQ_SW2에 대한 정의는 리눅스 커널 소스의 루트 디렉터리에서 include/asm-arm/arch-pxa/'보드모델명'.h 파일에 되어 있다. 여기서 '보드모델명'은 실제 임베디드 보드의 이름이다(파일이름 예: test_board.h). 이 파일은 특정 임베디드 보드에만 국한된 각종 사항들이 정의되어 있는 헤더파일이다. 이 파일에 인터럽트 소스에 대한 다음 내용이 정의되어 있다.

```
    #define IRQ_SW1          IRQ_GPIO(35)
    #define IRQ_SW2          IRQ_GPIO(36)
```

여기서는 GPIO 핀 35, 36을 외부 인터럽트(IRQ_SW1, IRQ_SW2) 신호로 사용한다는 의미이다. 매크로 IRQ_GPIO( )는 include/asm-arm/arch-pxa/irqs.h 파일에 다음과 같이 정의되어 있다.

```
#define IRQ_GPIO(x) (((x) < 2) ? (IRQ_GPIO0 + (x)) : GPIO_2_80_TO_
IRQ(x))
```

또 매크로 GPIO_2_80_TO_IRQ(x)는 같은 파일에 다음과 같이 정의되어 있다.

```
#define GPIO_2_80_TO_IRQ(x)\
        PXA_IRQ((x) - 2 + 32)
```

여기서 매크로 PXA_IRQ(x)는 다음과 같이 정의되어 있다.

```
#define PXA_IRQ(x)       ((x) - PXA_IRQ_SKIP)
```

PXA_IRQ_SKIP는 다음과 같이 정의되어 있다.

```
#define PXA_IRQ_SKIP    8   /* The first 8 IRQs are reserved */
```

위에서 값이 8인 이유는 PXA 프로세서의 ICPR 레지스터에서 처음 8개의 인터럽트 소스(IS 0~IS 7)는 예약되어 있기 때문이다.

결국 위에 나온 매크로를 순서대로 삽입해 보면, IRQ_GPIO(35)의 값은

```
IRQ_GPIO(35) → GPIO_2_80_TO_IRQ(35) → PXA_IRQ((35) - 2 + 32) → (35 -
8 - 2 + 32) = 57
```

이 되어 이것이 스위치 1에 대한 인터럽트 번호이다. 같은 식으로 IRQ_GPIO(36)의 값은 58이 되어 이것이 스위치 2에 대한 인터럽트 번호가 된다.

다음 문에서 스위치 1에 대한 GPIO 핀 35번과 스위치 2에 대한 GPIO 핀 36번을 각각 하강 에지 인터럽트 신호로 동작하도록 설정한다.

```
set_GPIO_IRQ_edge(IRQ_TO_GPIO_2_80(IRQ_SW1), GPIO_FALLING_EDGE);
set_GPIO_IRQ_edge(IRQ_TO_GPIO_2_80(IRQ_SW2), GPIO_FALLING_EDGE);
```

위에서 매크로 IRQ_TO_GPIO_2_80()는 irqs.h 파일에 다음과 같이 정의되어 있다.

```
#define IRQ_TO_GPIO_2_80(i)\
            ((i) - PXA_IRQ(32) + 2)
```

따라서 매크로 IRQ_TO_GPIO_2_80(IRQ_SW1)는 다음과 같이 된다.

```
IRQ_TO_GPIO_2_80(IRQ_SW1)
 → IRQ_TO_GPIO_2_80(57)
```

```
→ (57 -   PXA_IRQ(32) + 2)
→ 57 - (32 - 8) + 2 = 35
```

따라서

```
set_GPIO_IRQ_edge(IRQ_TO_GPIO_2_80(IRQ_SW1), GPIO_FALLING_EDGE);
```

문은 다음과 같이 되고 이는 결국 GPIO 35번 핀을 하강 에지 인터럽트 신호로 동작하도록 설정한 셈이 되는 것이다.

```
set_GPIO_IRQ_edge(35, GPIO_FALLING_EDGE);
```

또 매크로 IRQ_TO_GPIO_2_80(IRQ_SW2)는 값이 36이 되어, 결국

```
set_GPIO_IRQ_edge(IRQ_TO_GPIO_2_80(IRQ_SW2), GPIO_FALLING_EDGE)
```

문은 다음과 같이 되고 이는 GPIO 36번 핀을 하강 에지 인터럽트 신호로 동작하도록 설정한다.

```
set_GPIO_IRQ_edge(36, GPIO_FALLING_EDGE);
```

응용 프로그램에서 open( ) 후 read( ) 시스템 콜을 실행하면 위 디바이스 드라이버의 sw_read( ) 함수가 실행된다. 여기서 다음 문에서 프로세스는 인터럽트가 발생할 때까지 대기 상태로 들어간다.

```
interruptible_sleep_on ( &sw_queue);
```

스위치 1이나 스위치 2에 의한 인터럽트가 발생하면 인터럽트 핸들러 sw_interrupt()가 실행된다. 인터럽트 핸들러의 다음 문에서 스위치 1에 해당하는 GPIO 핀 35번이 ON되면 해당 입력은 "0" 상태로 되므로 변수 sw_buf 값은 1이 되고, 스위치 2에 해당하는 GPIO 핀 36번이 ON되면 해당 입력은 "0" 상태로 되므로 변수 sw_buf 값은 2가 된다.

```
if(!(GPLR1 & GPIO_bit(35)))
    sw_buf = 1;
else if(!(GPLR1 & GPIO_bit(36)))
    sw_buf = 2;
```

위에서 GPIO 핀 번호 32~63 사이의 레벨 값을 표시하는 핀 레벨 레지스터 GPLR1과 매크로 GPIO_bit( )는 include/asm-arm/arch-pxa/pxa-regs.h 파일에 다음과 같이 정의

되어 있다.

```
#define GPLR1        __REG(0x40E00004)
#define GPIO_bit(x) (1 << ((x) & 0x1f))
```

위에서 0x40E00004는 GPLR1 레지스터의 물리번지이다.

인터럽트 발생 후 다음 문에서 대기 상태에 있던 프로세스를 깨워 sw_read( ) 함수에서
나머지 처리를 시작하도록 한다.

```
wake_up_interruptible(&sw_queue);
```

sw_read( ) 함수에서는 다음 문을 사용하여 sw_buf의 값을 사용자 영역으로 보낸다.

```
copy_to_user(buf, &sw_buf, sizeof(sw_buf));
```

위 디바이스 드라이버를 이용하는 사용자 프로그램 sw-drv-app.c 소스는 다음과 같다.

sw-drv-app.c 소스:

```
#include    <stdio.h>
#include    <fcntl.h>

static int  fd = (-1);

int main()
{
    char  buf;

    if((fd = open("/dev/sw_device", O_RDWR )) < 0){
        perror("open() FAIL !\n");
        exit(-1);
    }

  while(1){
      read(fd , &buf, sizeof(buf));
      printf(" swich : %x  pushed \n",buf);

  }
  return 0;
}
```

위 소스에서는 다음 문에서 open() 함수를 사용하여 스위치 디바이스 파일을 열고 이때 파일 디스크립터 fd를 얻는다.

```
fd = open("/dev/sw_device", O_RDWR);
```

다음 문에서는 스위치 ON/OFF 상태를 읽어들인다.

```
read(fd , &buf, sizeof(buf));
```

이상에서 설명한 디바이스 드라이버 소스 sw-drv.c와 사용자 응용 프로그램 sw-drv-app.c를 각각 컴파일 하여 커널 모듈인 sw-drv.o와 사용자 실행 프로그램 sw-drv-app를 만들기 위한 Makefile을 다음에 보였다.

```
CC = arm-linux-gcc
STRIP = arm-linux-strip

INCLUDEDIR = /src/linux-2.4.21/include

CFLAGS = -D__KERNEL__ -DMODULE -O2 -Wall -I$(INCLUDEDIR)

EXECS = sw-drv-app
MODULE_OBJ = sw-drv.o
SRC = sw-drv.c
APP_SRC = sw-drv-app.c
HDR = sw-drv.h

all : $(MODULE_OBJ)  $(EXECS)

$(MODULE_OBJ) : $(SRC) $(HDR)
 $(CC)  $(CFLAGS)  -c  $(SRC)

$(EXECS):   $(APP_SRC)
 $(CC)  -o $@   $(APP_SRC)
 $(STRIP) $@

clean :
 rm -f *.o  $(EXECS)
```

위 Makefile 파일에 대해 make 명령을 실행하면 스위치 디바이스 드라이버 파일 sw-drv.o와 사용자 실행파일 sw-drv-app가 생성된다. 다음 위에서 얻은 디바이스 드라이버 파일 sw-drv.o와 실행파일 sw-drv-app를 임베디드 보드로 전송한다. 이를 위해서 임베디드 보드가 부팅 과정에서 NFS를 사용하여 마운트하는 루트 파일시스템인 호스트 컴퓨터의 /test/nfs 디렉터리 아래의 root 계정 홈디렉터리로 다음과 같이 보낸다.

```
cp  sw-drv.o /test/nfs/root
cp  sw-drv-app /test/nfs/root
```

다음 호스트에서 시리얼 통신 프로그램(minicom)을 실행시켜 임베디드 보드와 연결 후 사용자 계정 root로 임베디드 보드에 로그인한다. 임베디드 보드상에서 스위치 디바이스 파일을 다음과 같이 하여 만든다(디바이스 주(major) 번호를 66으로 한 예이다).

```
mknod  /dev/sw_device  c  66  0
```

다음 명령으로 디바이스 드라이버 모듈인 clcd_drv.o를 메모리에 로드한다.

```
insmod  sw-drv.o
```

다음 명령을 실행하여 사용자 응용 프로그램을 실행한다.

```
./sw-drv-app
```

다음 스위치 1과 스위치 2를 번갈아 누르면 화면에 "swich : 1 pushed"와 "swich : 2 pushed" 메시지가 번갈아 표시된다.

6-3 | 키패드 디바이스 인터럽트 프로그래밍 예

여기서는 인터럽트를 사용하는 응용 예로써 키패드 디바이스 드라이버를 설명한다. 키패드 주소는 앞 4장 표 4-1과 같이 0x0C00 0000 번지로 가정하였다(임베디드 보드가 바뀌면 이 주소도 달라진다).

키패드는 내부에 디코더를 가지고 있어 눌려진 키에 대한 4비트 BCD 데이터를 출력하며 이 출력은 4비트 래치를 거쳐 프로세서의 데이터 버스에 입력된다. 4비트를 위해 사용되는 데이터 버스의 비트 위치는 비트 15~비트 12로 가정하였다(임베디드 보드가 바뀌면 이 비트 위치도 달라진다). 다음 그림 6-9에 키패드의 회로 예를 보였다.

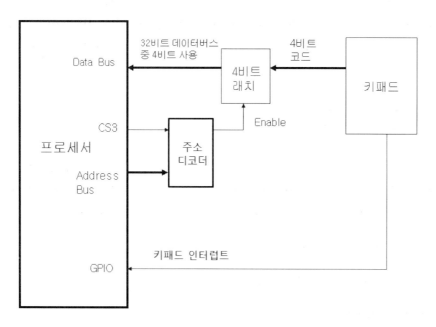

그림 6-9 키패드 회로

키패드 회로에서는 주소 0x0C00 0000에서 래치 동작신호(enable 신호)를 발생시키기 위하여 주소 디코더에 칩 선택 신호 CS3를 사용하고 있다. 또 키패드에서 발생하는 인터럽트를 처리하기 위해 인터럽트 요청 신호가 PXA 프로세서의 GPIO 핀에 연결되어 있다.

전체 프로그램은 key-drv.h, key-drv.c, key-app.c 세 개의 파일로 구성되어 있으며 각 부분의 소스는 다음과 같다.

key-drv.h 소스:

```
#include <linux/kernel.h>
#include <linux/module.h>
#include <linux/init.h>
#include <linux/types.h>
#include <linux/ioport.h>
#include <unistd.h>
#include <linux/slab.h>
#include <linux/mm.h>
```

```
#include <asm/hardware.h>
#include <asm/uaccess.h>
#include <asm/irq.h>

#define KEY_ADDR 0xF3000000

#define KEY_IRQ IRQ_GPIO(19)

static int KEY_MAJOR = 67;

static DECLARE_WAIT_QUEUE_HEAD(key_queue);
```

key_drv.h의 처음 부분에는 디바이스 드라이버 구현에 필요한 각종 헤더파일들과 인터럽트 사용에 필요한 헤더파일들이 있다. 키패드 디바이스 파일의 주 번호로 67이 정의되어 있다. 다음 문에서는 인터럽트가 발생할 때까지 프로세스를 대기 상태로 두는 대기 큐를 선언한다.

```
DECLARE_WAIT_QUEUE_HEAD(key_queue);
```

다음 문은 리눅스 커널 소스에서 해당 임베디드 보드에 대한 물리주소(physical address)와 가상주소(virtual address)를 서로 연결(맵핑)해주기 위한 것이다(임베디드 보드가 바뀌면 당연히 이 부분도 해당 보드에 따라 바뀌어야 한다).

```
#define LED_ADDR 0xF3000000
```

앞의 5장 5-5 절에서 설명한 바와 같이 리눅스 커널 소스 루트 디렉터리 아래의 arch/arm/mach-pxa/'보드모델명'.c 파일에 있는 map_desc 구조체에는 해당 임베디드 보드에서의 물리주소와 가상주소(virtual address)를 서로 맵핑해주는 부분이 정의되어 있고 여기서 예로 설명하는 임베디드 보드에서는 다음과 같이 물리주소 0x0C000000은 가상주소 0xF3000000에 맵핑되어 있으므로 위의 소스 문이 들어간 것이다.

```
static struct map_desc  kumoh_x255_io_desc[] __initdata = {
   /* virtual    physical    length      domain    r  w  c  b */
   ..................
  { 0xf3000000, 0x0C000000, 0x00010000, DOMAIN_IO, 1, 1, 0, 0 }, /* CS3 */
   ..................
```

LAST_DESC
};

디바이스 드라이버 실제 구현 부분인 key-drv.c의 소스는 다음과 같다.

key-drv.c 소스:

```c
#include  "key-drv.h"

static unsigned short *key;
static int key_data = 0;

static void key_interrupt(int irq, void *dev_id, struct pt_regs *regs)
{

 key_data = (*(key) & 0xf000) >> 12 ;

 printk("Interrupt Service : Input Data from Keypad : %d \n", key_
data);

 wake_up_interruptible(&key_queue);

}

static ssize_t key_read(struct file *filp, char *buf,size_t count,
loff_t *l)
{
 int tmp;

 tmp = key_data;

 interruptible_sleep_on(&key_queue);

 copy_to_user(buf, &key_data, sizeof(tmp));
 return 0;
}

static int key_open(struct inode *inode,struct file *filp)
{

 MOD_INC_USE_COUNT;
```

```
 printk("Keypad Device Oepn \n");
 return 0;
}

static int key_release(struct inode *inode, struct file *filp)
{

 MOD_DEC_USE_COUNT;
 printk("Keypad Device Released \n");
 return 0;
}

static struct file_operations key_fops = {

 open: key_open,
 read: key_read,
 release: key_release,
};

static int __init key_init(void)
{
 int res, result;

 if((result = register_chrdev(KEY_MAJOR,"key", &key_fops)) < 0) {
     printk(" register_chrdev() FAIL ! \n");
     return result;

 if(!check_region(KEY_ADDR, 2))
     request_region(KEY_ADDR, 2, "key");


 }

 key = (unsigned short *)KEY_ADDR;

 if((res = request_irq(KEY_IRQ, &key_interrupt, SA_INTERRUPT, "key",
NULL)) < 0)
     printk(KERN_ERR "request_irq() FAIL !\n");

   set_GPIO_IRQ_edge(IRQ_TO_GPIO_2_80(KEY_IRQ), GPIO_FALLING_EDGE);
```

```
   return 0;
}

void __exit key_exit(void)
{

 disable_irq(KEY_IRQ);
     free_irq(KEY_IRQ, NULL);

 release_region(KEY_ADDR, 2);
 unregister_chrdev(KEY_MAJOR,"key");
}

module_init(key_init);
module_exit(key_exit);
```

위 소스에서 마지막 줄의 module_init(key_init)와 module_exit(key_exit) 문에서는
커널 모듈이 로드될 때 호출되는 함수가 key_init()이고 언로드될 때 호출되는 함수가 key_
exit()임을 나타내며, key_init() 함수에서는 숫자 키패드 사용을 위해 초기화 작업을 한다.
여기서는 먼저 다음 문에서 문자 디바이스를 등록한다.

```
result = register_chrdev(KEY_MAJOR,"key", &key_fops);
```

등록 시 키패드의 Major 번호는 67이고 디바이스 이름은 key이며, file_operations
구조체 포인터 key_fops는 다음과 같이 세 가지 함수 key_open(), key_write(), key_
release()를 정의하고 있다.

```
struct file_operations key_fops = {
  open : key_open,
  write : key_read,
  release : key_release,
};
```

다음 check_region(KEY_ADDR, 2) 문을 사용해 KEY_ADDR이 가리키는 영역
(0xF3000000)이 현재 입출력(I/O) 포트로 사용할 수 있는 영역인지 확인한다. check_
region() 함수가 성공하면, request_region(KEY_ADDR, 2, "key") 문을 사용해 KEY_
ADDR이 가리키는 메모리 영역을 입출력 포트로 사용하기 위해 할당한다. 할당 후에는
KEY_ADDR을 사용해 디바이스에 액세스를 할 수 있다

다음 문에서 인터럽트 소스 KEY_IRQ에 대한 인터럽트 핸들러를 등록한다.

```
if((res = request_irq(KEY_IRQ, &key_interrupt, SA_INTERRUPT, "key",
NULL)) < 0)
```

KEY_IRQ에 대한 정의는 특정 임베디드 보드에만 국한된 각종 사항들이 정의되어 있는 헤더파일인 리눅스 커널 소스 루트 디렉터리 아래의 다음 파일에 되어 있다.

```
include/linux/asm-arm/arch-pxa/'보드모델명'.h
```

이 파일에 정의된 내용을 아래에 보였다. 여기서는 GPIO 핀 번호 19를 키패드 인터럽트 입력 신호를 사용하는 것으로 되어 있으며, 이는 임베디드 보드에 따라 다르다.

```
#define  KEY_IRQ IRQ_GPIO(19)
```

응용 프로그램에서 open( ) 후 read( ) 시스템 콜을 실행하면 위 디바이스 드라이버의 key_read( ) 함수가 실행된다. 여기서 다음 문에 의해서 프로세스는 인터럽트가 발생할 때까지 대기 상태로 들어간다.

```
interruptible_sleep_on ( &key_queue);
```

키패드에 의한 인터럽트가 발생하면, 인터럽트 핸들러 key_interrupt가 실행되고 여기서 다음 문에서 키패드로부터 가져온 데이터를 AND 연산을 통해 상위 4비트만 남기고, 이 값을 다시 12비트 오른쪽으로 시프트시켜 원래 키패드에서 발생한 4비트 코드 값을 얻는다.

```
key_data = (*(key) & 0xf000) >> 12 ;
```

이는 그림 6-9의 키패드 회로에서 키패드에서 출력되는 4비트를 위해 사용되는 프로세서 데이터 버스의 비트 위치를 비트 15~비트 12로 가정하였기 때문이다.

다음 문에서 대기 상태에 있던 프로세스를 깨워 key_read() 함수에서 나머지 처리를 시작한다.

```
wake_up_interruptible(&sw_queue);
```

key_read()함수에서는 copy_to_user(buf, &key_data, sizeof(tmp)); 문을 사용하여 key_data의 값을 사용자 영역으로 보낸다.

위 디바이스 드라이버를 이용하는 사용자 프로그램 key-drv-app.c 소스는 다음과 같다.

key-drv-app.c 소스:

```c
#include <stdio.h>
#include <stdlib.h>
#include <unistd.h>
#include <sys/types.h>
#include <sys/stat.h>
#include <fcntl.h>
#include <errno.h>

static int fd;

int main(void)
{
 int key_buff=0;

 if((fd = open("/dev/key", O_RDWR)) < 0) {
     printf("open() FAIL ! \n");
     exit(1);
 }

 while(1) {
     read(fd, &key_buff, 4);
     printf("\nKey Value from Device: %d\n\n", key_buff);
 }

 close(fd);
 return 0;
}
```

여기서는 open("/dev/key", O_RDWR) 문으로 키패드 디바이스 파일에 대한 파일 디스크립터를 얻고 이를 사용해 다음의 문에서 키패드로부터 값을 읽어온다.

```c
read(fd, &key_buff, 4);
```

읽어온 값은 화면에 출력한다. 이상에서 설명한 키패드 디바이스 드라이버 모듈 key-drv.o와 사용자 응용 프로그램 key-drv-app를 만들기 위한 Makefile은 다음과 같다.

```
CC = arm-linux-gcc
STRIP = arm-linux-strip

INCLUDEDIR = /src/linux-2.4.21/include

CFLAGS = -D__KERNEL__ -DMODULE -O2 -Wall -I$(INCLUDEDIR)

EXECS = key-drv-app
MODULE_OBJ = key-drv.o
SRC = key-drv.c
APP_SRC = key-drv-app.c
HDR = key-drv.h

all : $(MODULE_OBJ)  $(EXECS)

$(MODULE_OBJ) : $(SRC) $(HDR)
 $(CC)  $(CFLAGS)  -c  $(SRC)

$(EXECS):  $(APP_SRC)
 $(CC)  -o $@  $(APP_SRC)
 $(STRIP) $@

clean :
 rm -f *.o  $(EXECS)
```

위 Makefile 파일에 대해 make 명령을 실행하면 키패드 디바이스 드라이버 파일 key-drv.o와 사용자 실행파일 key-drv-app가 생성된다. 다음 위에서 얻은 디바이스 드라이버 파일 key-drv.o와 실행파일 key-drv-app를 임베디드 보드로 전송한다. 이를 위해서 임베디드 보드가 부팅 과정에서 NFS를 사용하여 마운트하는 루트 파일시스템인 호스트 컴퓨터의 /test/nfs 디렉터리 아래의 root 계정 홈디렉터리로 다음과 같이 보낸다.

```
cp  key-drv.o /test/nfs/root
cp  key-drv-app /test/nfs/root
```

다음 호스트에서 시리얼 통신 프로그램(minicom)을 실행시켜 임베디드 보드와 연결 후 사용자 계정 root로 임베디드 보드에 로그인한다. 다음 임베디드 보드상에서 키패드 디바이스 파일을 다음과 같이 하여 만든다(디바이스 주(major) 번호를 67으로 한 예이다).

```
mknod   /dev/key    c  67  0
```

다음 명령으로 디바이스 드라이버 모듈인 key_drv.o를 메모리에 로드한다.

```
insmod   key-drv.o
```

다음 명령을 실행하여 사용자 응용 프로그램을 실행한다.

```
./key-drv-app
```

실행 후 키패드를 누르면 화면에 눌러진 키 값이 표시된다.

센서네트워크의 이해

7-1 | 센서네트워크

센서 네트워크(Sensor Network)는 필요한 곳에 센서노드를 위치시킨 후 주변의 각종 환경 정보(온도, 습도, 조도 등)를 측정하여 이를 실시간으로 네트워크를 통해 서버로 전송하고 서버에서는 획득된 센서 정보를 이용하여 각종 제어나 관리를 하는 시스템을 말한다. 특히 모든 사물에 컴퓨팅 및 통신 기능을 부여하여 시간, 장소에 구애받지 않은 네트워킹이 가능한 환경을 구현하는 것을 유비쿼터스 센서 네트워크(USN: Ubiquitous Sensor Network)라 한다.

센서 네트워크는 센서와의 연결에 유선과 무선 모두 사용 가능하지만 여기서는 무선 센서 네트워크를 다루며 무선 연결에는 저전력, 저비용, 저전송률의 Zigbee 네트워크에 대해 설명한다.

센서는 외부의 변화를 감지하고 측정하는 장치이며 빛, 온도, 습도, 적외선, 개스 농도 등을 전기신호로 변환하여 감지한다. 센서는 소형화, 저가화, 저전력 기술이 적용되고 있다.

7-2 | Zigbee 네트워크

IEEE 802.15 워킹그룹(working group)은 무선 네트워크 중 하나인 WPAN(wireless personal area network) 기술 및 표준안을 연구하는 단체이며 세부적인 분야를 다루기 위해 내부에 여러 개의 소그룹을 두고 있다(예: IEEE 802.15.1 그룹은 블루투스분야를 다룬다). 이 중 IEEE 802.15.4 그룹은 저전력, 저비용, 저전송률의 무선 네트워크인 Zigbee 분야에서 물리 계층 및 MAC 계층 기술을 다룬다.

Zigbee는 수개월 이상 배터리로 동작 가능한 저전력, 저비용 무선 기기에 사용될 수 있으며 각종 센서노드, 홈오토메이션(home automation), 간단한 제어 분야 등에 사용될 수 있다.

Zigbee(IEEE 802.15.4)의 주요 사양은 다음 표 7-1과 같다.

표 7-1 **Zigbee(IEEE 802.15.4)의 주요 사양**

항목	사양
전송속도	20kbps~250 kbps
토폴로지	스타 토폴로지(peer to peer 구성도 가능)

노드 개수	네트워크 당 최대 255노드
MAC 방식	CSMA/CA
주파수 영역	2.4GHz, 868/915 MHz 사용
동작범위	10m~30m (최대 100m)

Zigbee 칩

Zigbee 기능을 제공하는 무선 통신 칩의 예로 CC2420이 있다. 이 칩은 2.4 GHz IEEE 802.15.4 사양을 지원하는 무선 송수신 칩이다. 전력 소모가 작고 250kbps까지 데이터 전송이 가능하다. 이 칩은 각 128바이트의 무선 송수신 버퍼, 프레임 체커, MAC 인증 기능 등을 가지며, 다음 절에 설명할 소형 임베디드시스템용 운영체제인 NanoQplus는 이 칩에 대한 디바이스 드라이버를 제공하므로 프로세서와 연동한 제어 프로그램을 쉽게 작성할 수 있다.

7-3 | NanoQplus 개요

NanoQplus는 ETRI(한국전자통신연구원)가 개발한 저전력 센서 네트워크 노드에 적합한 초소형 임베디드시스템용 운영체제이다(현재 버전 2.5까지 나와 있다). 최근 활발해지는 사물인터넷(IoT)의 핵심 기술로 사용될 전망이며 이밖에 저전력 초소형 임베디드시스템용 운영체제로는 TinyOS, Contiki 등도 있다.

NanoQplus는 IEEE 802.15.4(Zigbee) 기반 무선 통신을 지원하는 칩(CC2420)의 드라이버를 제공하며 이외에도 AVR 시리즈용 시리얼 포트 드라이버, AD컨버터 드라이버 등 센서노드 구성에 필요한 각종 드라이버를 제공하므로 쉽게 Zigbee 센서 네트워크를 구성할 수 있게 한다.

NanoQplus의 계층구조는 그림 7-2과 같다.

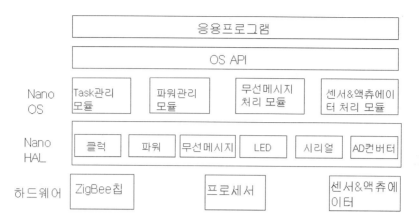

그림 7-1 NanoQplus의 계층구조

NanoQplus의 제일 하부는 하드웨어와의 연결을 위한 Nano HAL(hardware abstraction layer) 층이 위치하고 그 위의 Nano OS 층에는 태스크 관리모듈, 파워 관리모듈, 무선메시지 처리모듈, 센서&액추에이터 처리 모듈이 위치한다. 그 위에 응용 프로그램과의 연결을 위한 API 층이 있다.

7-4 | NanoQplus 구조

Nano HAL 층

Nano HAL 층은 하드웨어를 추상화하여 운영체제가 하드웨어에 독립적이고 높은 이식성을 갖도록 하기 위한 기능을 제공한다. 이를 위하여 디바이스의 초기화, 제어, 데이터 입출력을 위한 각종 디바이스 관련 함수를 제공하며 클럭 모듈, 파워 모듈, 무선 메시지 모듈, LED 모듈, 시리얼포트(UART) 모듈, AD컨버터 모듈 등으로 구성된다. 즉 Nano HAL 층은 아래층에 있는 하드웨어의 물리적 인터페이스를 직접 액세스하여 상위층(Nano OS층)에서 하드웨어의 자원을 읽거나 쓸 수 있는 제어 함수를 제공한다.

- **CLOCK 모듈**

  Clock 모듈은 프로세서의 타이머/클럭을 제어하기 위한 함수를 제공한다. 제공되는 주요 함수는 다음과 같다.

» set_clock_timer(): 프로세서 클럭과 타이머를 설정한다.

» get_clock_timer(): 프로세서 클럭과 타이머의 현재 상태 값을 가져온다.

» timer_interrupt_enable(): 타이머 인터럽트를 enable시킨다.

» timer_interrupt_diable(): 타이머 인터럽트를 disable시킨다.

- **파워 모듈**

파워 모듈은 시스템의 배터리 상태를 감시하고 프로세서가 제공하는 파워 슬립모드를 제어할 수 있는 기능을 제공한다. 제공되는 주요 함수는 다음과 같다.

» set_sleep_mode(): 파워 슬립모드를 설정한다.

» get_sleep_mode(): 현재 파워 슬립모드의 상태를 확인한다.

» enable_sleep_mode(): 프로세서의 파워 슬립모드 설정을 eable한다.

» disable_sleep_mode(): 프로세서의 파워 슬립모드 설정을 disable한다.

» get_power_level(): 현재 남아 있는 배터리의 전력 레벨을 표현한다.

- **무선메시지(RFM) 모듈**

무선메시지 모듈은 무선칩(ZigBee칩)을 제어하고 무선으로 메시지를 송수신하기 위한 기능을 제공한다. 제공되는 주요 함수는 다음과 같다.

» rfm_control_cmd(): 무선칩을 직접 제어한다.

» mac_read(): MAC 계층에서 수신된 패킷을 읽어온다.

» mac_write(): MAC 계층에 송신할 패킷을 쓴다.

» get_rfm_state(): MAC 계층의 상태를 확인한다.

» set_rfm_state(): MAC 계층의 상태를 설정한다.

- **LED 모듈**

LED 모듈은 센서 노드에 부착된 각종 LED를 ON/OFF할 수 있는 다음과 같은 제어 함수를 제공한다.

» led_init(): LED를 초기화한다(LED가 부착된 프로세서 포트를 출력 기능으로 설정).

» led_On(): LED를 ON한다.

» led_Off(): LED를 OFF한다.

» led_Toggle(): LED를 토글(점멸)한다.

- **시리얼 포트**

시리얼 통신을 위해 프로세서에서 제공하는 포트(UART 포트)를 제어하고 이 시리얼 포트를 통해 데이터를 송수신하는 기능을 제공한다. 제공되는 주요 함수는 다음과 같다.

» uart_control_cmd(): 시리얼 포트(UART 포트)를 제어한다.

» uart_read(): 수신된 데이터를 시리얼 포트의 수신버퍼에서 읽어온다.

» uart_write(): 송신할 데이터를 시리얼 포트의 송신버퍼에 쓴다.

» set_uart_config(): 시리얼 포트의 통신 방식을 설정한다.

» get_uart_config(): 설정된 시리얼 포트 통신 모드 값을 읽어온다.

- **AD컨버터 모듈**

  센서를 통해 측정된 아날로그 신호를 디지털 값으로 변환해주는 AD컨버터의 설정 및
  제어를 위한 기능을 제공한다. 제공되는 주요 함수는 다음과 같다.

  » adc_control_cmd(): AD컨버터를 제어한다.

  » get_adc_data(): AD컨버터에서 변환된 값을 읽어온다.

  » adc_dataReady(): AD컨버터의 변환값이 안정된 상태인지 확인한다.

  » get_adc_ch(): AD컨버터 각 채널의 설정 상태를 읽어 온다.

  » set_adc_ch(): AD컨버터 각 채널을 설정한다.

Nano OS 층

Nano OS층은 태스크 관리모듈, 파워 관리모듈, 무선메시지 처리모듈, 센서&액츄에이터 처
리모듈로 구성되며 응용 프로그램이 사용할 수 있는 각종 API를 제공한다.

- **태스크 관리 모듈**

  태스크 관리 모듈은 태스크들의 생성에서부터 소멸에 이르기까지의 태스크 상태를 관리
  하며 다음과 같은 기능들을 제공한다.

  태스크 스케줄링 및 인터럽트 처리

  태스크 생성 및 소멸

  태스크 컨텍스트 스위칭 및 실행

  태스크 시간지연

- **파워 관리 모듈**

  파워 관리모듈은 프로세서가 제공하는 파워 모드를 제어하여 운영체제 차원에서 시스템
  의 파워 소모를 효율적으로 관리할 수 있도록 하며 다음과 같은 기능들을 제공한다.

파워 모니터링

슬립모드 제어

외부 장치 파워 제어

- **무선메시지 처리 모듈**

  무선메시지 처리 모듈은 각 노드들 사이에서 ZigBee 통신을 사용하여 데이터를 송수신
  할 수 있도록 한다.

- **센서&엑츄에이터 처리 모듈**

  센서&엑츄에이터 처리 모듈은 온도, 조도, 습도 등 각종 센서에서 값을 입력하고 이 값
  에 따라 모터나 스위치 등을 작동시키는 기능을 한다.

7-5 | NanoQplus 주요 API

NanoQplus는 센서 네트워크 응용 프로그램이 사용할 수 있는 다양한 API를 제공한다. 표
7-2에 온도센서 API, 표 7-3에 조도센서 API, 표 7-4에 습도센서 API, 표 7-5에 가스센서
API, 표 7-6에 AD컨버터 API, 표 7-7에 시리얼포트 API, 표 7-8에 LED API, 표 7-8에
엑츄에이터의 API를 각각 보였다.

표 7-2 온도센서 API

API	기능
void powerOn_temperature_sensor(void)	온도 센서 파워 ON
void powerOff_temperature_sensor(void)	온도 센서 파워 OFF
unsigned int get_temperature_adc_raw_data(void))	온도 센서 값(10비트)읽어오기

표 7-3 조도센서 API

API	기능
void powerOn_light_sensor(void)	조도 센서 파워 ON
void powerOff_light_sensor(void)	조도 센서 파워 OFF
unsigned int get_light_adc_raw_data(void))	조도 센서 값(10비트)읽어오기

표 7-4　습도센서 API

API	기능
void powerOn_humidity_sensor(void)	습도 센서 파워 ON
void powerOff_humidity_sensor(void)	습도 센서 파워 OFF
unsigned int get_humidity_adc_raw_data(void))	습도 센서 값(10비트) 읽어오기
void print_humidity(unsigned char sensor_type, unsigned int data)	습도 센서 값을 시리얼 포트로 출력한다.

표 7-5　가스센서 API

API	기능
void powerOn_gas_sensor(void)	가스 센서 파워 ON
void powerOff_gas_sensor(void)	가스 센서 파워 OFF
unsigned int get_gas_adc_raw_data(void))	가스 센서 값(10비트) 읽어오기

표 7-6　AD컨버터 API

API	기능
unsigned char adc_convert(unsigned char channel, BYTE data_mode)	AD컨버터 설정
unsigned char adc_get_data(unsigned char channel)	AD컨버터에서 데이터 읽기

표 7-7　시리얼포트 API

API	기능
int getc(void)	한 문자(바이트) 입력
char *gets(char *str)	문자열(스트링) 입력
void putc(unsigned char data)	한 문자(바이트) 출력
void puts(unsigned char *str)	문자열(스트링) 출력

표 7-8 LED API

API	기능
LED_INIT()	LED 초기화
CLR_LED0()~CLR_LED2()	LED0~LED2 OFF
SET_LED0()~SET_LED2()	LED0~LED2 ON
TOGGLE_LED0()~TOGGLE_LED2()	LED0~LED2 토글
LED0_BLINKING()~LED2_BLINKING()	LED0~LED2 점멸
CLEAR_ALL_LED()	모든 LED OFF

표 7-9 엑츄에이터 API

API	기능
ACTUATOR_INIT()	엑츄에이터 초기화
ACTUATOR0_ON()~ACTUATOR3_ON()	릴레이 스위치 ON
ACTUATOR0_OFF()~ACTUATOR3_OFF()	릴레이 스위치 OFF

7-6 | NanoQplus 개발 환경

NanoQplus를 사용한 소형 임베디드시스템(센서노드)의 프로그램 개발을 위해서는 이클립스 기반의 통합개발환경이 나와 있다. 여기에는 NanoQplus 동작에 필요한 Cygwin과 커널 설정을 쉽게 해주는 Qplus 타겟빌더(target builder) 등이 포함된다. Qplus 타겟빌더는 Nano Qplus 운영체제를 사용하는 임베디드시스템(타겟시스템) 개발 시 커널 설정과정에서 각 항목들을 쉽게 선택할 수 있게 하고 선택된 항목들의 의존성 검사를 하며 최종 타겟 이미지를 자동 생성하는 기능을 제공한다.

그림 7-2는 이클립스 메인화면에서 File→New→Project 메뉴를 선택하여 나온 프로젝트 위저드 창이다. 여기에서 Qplus Target Builder → Nano Q+ System Project 항목을 선택해 새로운 프로젝트를 생성할 수 있으며 이때 사용하는 CPU 구조(예: Atmega128)를 선택할 수 있다.

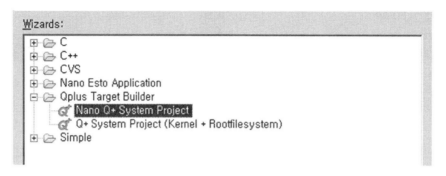

그림 7-2 프로젝트 위저드 창

그림 7-3은 프로젝트 생성 후 초기화면이다. 여기서 중앙 창인 메인 에디터에서 커널 구성에 필요한 각 항목을 설정 및 편집할 수 있다(각 항목들을 더블클릭후 하위 항목들이 보여지면 이들 중 필요한 것들을 선택한다). 그림 7-4는 Nano-24 보드에서 이어지는 Nano-24 Menu에서 커널에 필요한 항목들을 선택한 예이다(여기서는 시리얼 포트(UART 모듈)와 LED 모듈을 선택 한 경우이다). 타겟보드에서 센서 기능을 사용할 경우에는 Enable ADC or Sensor module 항목을 클릭해 나오는 하위의 각종 센서들 중에서 필요한 센서들을 선택하면 된다.

이와 같이 커널 구성에 필요한 항목들 선택 완료 후 이클립스 메인화면에서 File → Save 하여 저장 후 Target Builder → Build Nano Qplus 메뉴로 프로젝트를 빌드(컴파일)한다. 커널 빌드가 완료되면 이클립스 workspace 폴더 밑에 프로젝트명/build 폴더가 생성되고 여기에 커널 컴파일된 결과가 저장된다.

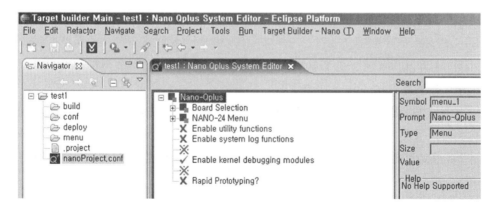

그림 7-3 프로젝트 생성 후 초기화면

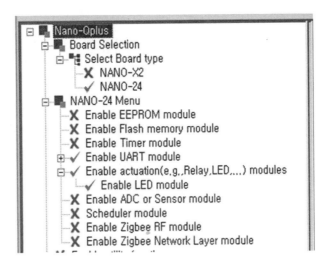

그림 7-4 커널에 필요한 항목들의 선택한 예

CHAPTER

08

AVR ATmega128

8-1 | AVR ATmega128 기본 구조

AVR 시리즈 마이크로컨트롤러는 칩 내부에 CPU 코어, 병렬 입출력 포트, 타이머/카운터, 인터럽트 콘트롤러, 시리얼(serial) 입출력 포트, 클록발생 회로 등 시스템 구성에 필요한 각종 모듈을 모두 포함하고 있어 쉽게 시스템을 구성할 수 있게 해준다. 또 성능에 비해 비교적 전력 소모가 낮고 파워 절약 모드도 제공되어 배터리로 동작하는 무선 센서 등에 쉽게 이용 할 수 있다. AVR 시리즈 중 대표적인 기종이 ATmega128이며 9장 이후부터 이를 사용한 소형 무선 센서 보드에서의 프로그래밍을 다루므로 이 장에서는 ATmega128의 내부 구조와 기능을 설명한다. ATmega128의 외부신호는 그림 8-1과 같다.

다음에 ATmega128의 주요 특징을 보였다.

- 128K 바이트의 내부 플래시 메모리(프로그램용)
- 4K 바이트의 내부 SRAM(데이터용)
- 4K 바이트의 내부 EEPROM 메모리(데이터용)

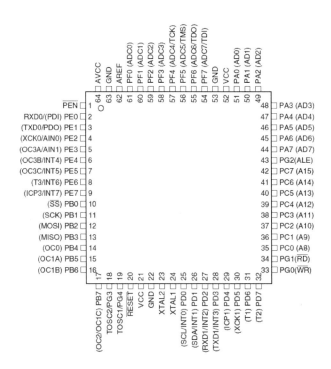

그림 8-1 ATmega128 외부 신호

- 최대 64K 바이트의 외부 메모리(데이터용) 사용 가능
- 7개의 병렬포트(포트 A~포트 G, 8비트 포트 6개, 5비트 포트 1개)
- 4개의 타이머/카운터(8비트용 2개 , 16비트용 2개)
- 두 개의 동기/비동기 시리얼 통신(USART) 포트 및 SPI 시리얼 포트
- A/D 컨버터(8채널 10비트)

표 8-1에 주요 외부 신호를 요약하였다.

표 8-1   ATmega128 주요 외부 신호

외부신호	기능
PA0~PA7	8비트 포트 A의 입출력 신호
PB0~PB7	8비트 포트 B의 입출력 신호
PC0~PC7	8비트 포트 C의 입출력 신호
PD0~PD7	8비트 포트 D의 입출력 신호
PE0~PE7	8비트 포트 E의 입출력 신호
PF0~PF7	8비트 포트 F의 입출력 신호
PG0~PG4	5비트 포트 G의 입출력 신호
INT0~INT7	8개 외부 인터럽트 요청 신호
AD0~AD7	외부 데이터 메모리 액세스를 위한 8비트 데이터 버스 및 하위 8비트 어드레스 버스(어드레스 버스와 데이터 버스 분리를 위해 ALE 신호가 사용된다.)
A8~A15	외부 데이터 메모리 액세스를 위한 상위 8비트 어드레스 버스(즉 외부 데이터 메모리 액세스에서는 16비트 어드레스 버스가 사용된다.)
ALE	AD0 ~ AD7에서 어드레스 버스와 데이터 버스를 분리하기 위한 address latch enable 신호(어드레스 출력 시에 ALE 신호가 1 상태로 있게 된다. 외부 데이터 메모리 액세스 시에만 사용된다.)
RD*	외부 데이터 메모리 읽기 액세스 시 0으로 된다.('*'는 액티브 로우 표시)
WR*	외부 데이터 메모리 쓰기 액세스 시 0으로 된다.('*'는 액티브 로우 표시)
OC0, OC2	8비트 타이머/카운터0, 2의 출력 비교(output compare) 신호
OC1A, OC1B, OC1C	16비트 타이머/카운터1의 출력 비교(output compare) 신호
OC3A, OC3B, OC3C	16비트 타이머/카운터3의 출력 비교(output compare) 신호
T1~T3	타이머/카운터1~타이머/카운터3의 클록 입력 신호
ICP1, ICP3	16비트 타이머/카운터1,3의 입력 캡처(input capture) 신호

TXD0, TXD1	두 개의 시리얼 통신 포트(USART0, USART1)의 송신 데이터 신호
RXD0, RXD1	두 개의 시리얼 통신 포트(USART0, USART1)의 송신 데이터 신호
ADC0~ADC7	A/D 컨버터의 8개 입력 채널 신호
PDI	ISP 프로그래밍 데이터 입력
PDO	ISP 프로그래밍 데이터 출력

ATmega128 내부 CPU 코어의 주요 구성 요소들은 다음과 같다.

범용 레지스터

ATmega128은 32개의 8비트 범용 레지스터 R0~R31을 가지고 있다. 32개의 범용 레지스터 중에서 마지막의 6개인 R26~R31은 각각 2개씩 합해져서 3개의 16비트 레지스터인 X 레지스터, Y 레지스터, Z 레지스터로 사용될 수 있다. 이러한 16비트 레지스터들은 주로 데이터 메모리의 16비트 어드레스를 간접 지정하는 어드레스 포인터로 사용된다. 그림 8-2에 32개의 범용 레지스터를 보였다. 이중 R26, R27이 X 레지스터, R28, R29가 Y 레지스터, R30, R31이 Z 레지스터를 각각 구성할 수 있음도 보여주고 있다.

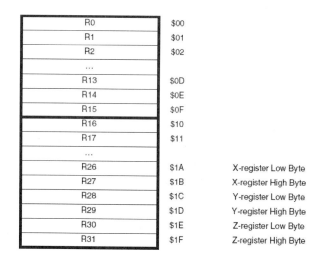

그림 8-2 32개 범용 레지스터

프로그램 카운터(program counter)

ATmega128의 프로그램 카운터는 16비트이다. ATmega128 내부 프로그램 메모리(플래시 메모리) 크기는 128KB인데 프로그램 카운터가 액세스 시에는 16비트를 하나의 어드레스로 액세스하므로 16비트 프로그램 카운터는 64KB가 아닌 128KB 전체 영역을 모두 액세스 가능하다. 이와 같이 ATmega128 내부 프로그램 메모리는 16비트 단위로 1개 번지가 주어진다. 명령어 코드의 길이도 16비트 또는 32비트이다.

상태 레지스터(status register: SREG)

상태 레지스터(SREG)는 연산 명령 실행 후 그 결과 상태를 나타낸다(주소는 0x5F 이다). 즉 80x86 프로세서에의 플래 레지스터에 해당한다. 상태 레지스터는 상태를 나타내는 플래 들 이외에도 전체적으로 인터럽트를 가능/불가능(enable/disable)시키는 비트도 가지고 있다. 그림 8-3에 상태 레지스터를 보였다.

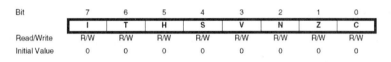

그림 8-3 상태 레지스터

상태 레지스터가 가지는 플래들의 기능은 다음과 같다.

- **H**: 하프(half) 캐리 플래(비트 5): 8비트 덧셈이나 뺄셈에서 하위 4비트에서 캐리나 보로우(borrow: 빌림수)가 발생 시 1로 된다. BCD 수의 연산에 사용하다.

- **S**: 부호(sign) 플래(비트 4): N 플래과 V 플래의 exclusive OR 값이 들어간다. 이는 부호 없는 수(unsigned number) 및 부호 있는 수(signed number)의 크기 비교 시 사용한다.

- **V**: 오버플로우 플래(비트 3): 연산 시 오버플로우(overflow)가 발생하면 1로 된다.

- **N**: 네거티브(negative) 플래(비트 2): 연산 결과의 MSB가 들어간다. 부호 있는 수의 경우 음수 일 때 1이 된다. 80x86 프로세서의 부호 플래(sign flag)과 동일한 기능이다.

- **Z**: 제로(zero) 플래(비트 1): 연산 결과가 0이면 1로 된다.

- **C**: 캐리(carry) 플래(비트 0): 산술 연산에서 캐리나 보로우(borrow : 빌림수)가 발생하면 1이 된다.

상태 레지스터에는 이상의 플래들 외에도 글로벌 인터럽트 인에이블(global interrupt enable) 비트인 I 비트(비트 7)도 있다. 이 비트는 전체적으로 인터럽트를 가능/불가능(enable/disable)시키는 기능을 한다. 이 비트가 1이어야 모든 인터럽트 처리가 시작될 수 있다 (0이면 모든 인터럽트 금지). 인터럽트 처리가 시작되면 이 비트는 0이 되며, 나중에 인터럽트 서비스 루틴에서 RETI(return from interrupt service routine) 명령을 만나면 다시 1이 된다. 각각의 인터럽트를 개별적으로 허용하는 것은 인터럽트 마스크 레지스터(interrupt mask register)에 의하여 설정된다. 소프트웨어적으로는 SEI 및 CLI 명령을 사용하여 아무 때나 이 I 비트를 각각 세트(1 = enable) 또는 리셋(0 = disable)시킬 수 있다. T(bit copy storage) 비트(비트 6)는 비트 복사 명령인 BLD(bit load)나 BST(bit store)를 사용하여 이 비트와 다른 레지스터의 특정 비트 사이에 비트 복사를 할 때 사용된다.

스택 포인터(stack pointer)

스택 포인터(SP)는 스택의 탑(top)을 가리키는 레지스터로써 16비트이다. 주소는 0x5D, 0x5E 이다. 0x5D가 하위바이트이고 0x5E가 상위바이트이다. ATmega128에서는 보통 초기 값으로 내부 데이터 SRAM 메모리(4K바이트)의 가장 높은 번지(0x10FF)를 가리키도록 설정해 준다. 서브루틴을 호출하거나 인터럽트 서비스 루틴으로 이동 시에는 복귀 어드레스(return address)를 저장하기 위해 스택 포인터 값이 2만큼 감소하며, 서브루틴에서 RET(return from subroutine) 명령을 만나거나 인터럽트 서비스 루틴에서 RETI(return from interrupt) 명령을 만나면 복귀 어드레스를 스택에서 다시 읽어 들이므로 2 만큼 증가한다. 또 80x86 프로세서 경우와 같이 PUSH와 POP 명령을 사용해 레지스터 값을 스택에 일시 저장하고 다시 읽어 들일 때도 스택 포인터가 사용된다.

메모리 구성

ATmega128은 프로그램 메모리와 데이터 메모리를 별도로 가지는 하버드 구조이므로 메모리 구성도 프로그램 메모리와 데이터 메모리로 나뉜다. 단 ATmega128은 프로그램 메모리로 내부의 플래시 메모리만을 사용하므로 외부에는 데이터 메모리용의 어드레스 버스와 데이터 버스 만을 가지고 있다.

ATmega128은 프로그램 메모리로 내부에 128KB의 플래시 메모리를 가지고 있다. 프로그램 카운터(16비트)가 이 프로그램 메모리 액세스 시는 16비트 단위로 액세스하며(16비트마다 어드레스 한 개씩이다) 모든 명령어 코드는 16비트/32비트 길이이므로 각 명령어 코드는 프로그램 메모리에서 한 개 내지 두 개의 어드레스를 차지한다.

프로그램 메모리(플래시 메모리)는 그림 8-4처럼 부트(boot) 플래시 섹션과 응용(application) 플래시 섹션으로 나뉜다. 사용자가 작성한 프로그램은 응용 플래시 섹션에 들어가며 응용 플래시 섹션이 0번지부터 시작한다. 프로그램 메모리 어드레스는 2바이트 단위로 부여되므로 0~0xFFFF 까지이며 따라서 128KB 용량이다.

ATmega128은 ISP(in-system programming) 기능을 가지고 있어서 칩을 보드에 장착한 채로 사용자가 작성한 프로그램을 쉽게 이 플래시 메모리에 쓸 수 있다. 플래시 메모리에 쓸 때는 시리얼 통신 방식의 일종인 SPI(serial peripheral interface)나 JTAG(디버깅 용도로 사용) 기능을 사용하는데 보통 SPI를 사용한다.

ATmega128의 데이터 메모리는 내부의 4KB SRAM(static RAM), 외부 데이터 메모리, 내부의 4KB EEPROM 세 가지로 나눌 수 있다. 이 중에서 내부의 4KB SRAM과 외부 데이터 메모리는 64KB의 데이터 메모리 어드레스 공간(0~0xFFFF)을 사용한다. EEPROM은 별도의 레지스터를 통하여 특별한 방식으로 액세스하며 별도의 어드레스 공간을 가

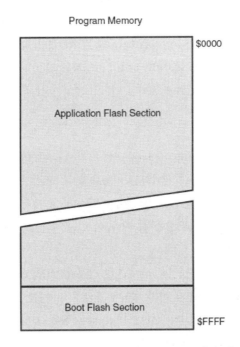

그림 8-4 프로그램 메모리(플래시 메모리) 구성

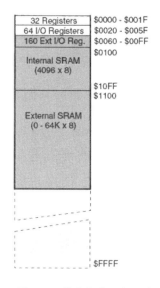

32 Registers	$0000 - $001F
64 I/O Registers	$0020 - $005F
160 Ext I/O Reg.	$0060 - $00FF
Internal SRAM (4096 x 8)	$0100
	$10FF
	$1100
External SRAM (0 - 64K x 8)	
	$FFFF

그림 8-5 데이터 메모리 구성

진다.

　다음 그림 8-5에 데이터 메모리 구성을 보였다. 여기서 0~0x001F 번지의 32개 어드레스는 범용 레지스터(R0~R31)로 사용되고, 그 다음 영역(0x0020~0x005F)이 64개의 I/O 레지스터로 사용된다. 다음 영역인 0x0060~0x00FF은 160개의 확장 I/O 레지스터(extended I/O register)로 사용되고, 다음 0x0100~0x10FF 영역은 4KB 내부 SRAM으로 사용된다. 마지막으로 0x1100~0xFFFF가 외부 데이터 메모리 영역이다(그림의 '$'는 16진수 의미).

I/O 레지스터

데이터 메모리 구성에서 번지 0x0020~0x005F를 가지는 64개 I/O 레지스터는 ATmega128에 내장된 각종 I/O 디바이스들을 제어하는 기능을 하며 병렬 포트 제어 레지스터, 타이머/카운터 제어 레지스터, 시리얼 통신 포트 제어 레지스터, A/D 컨버터 제어 레지스터 등 다양하다. 연산 실행 결과를 나타내는 플래그들이 들어 있는 상태 레지스터(SREG)와 스택 포인터도 이 영역에 위치한다.

　이들 I/O 레지스터를 읽고 쓰는 ATmega128 명령어는 IN, OUT이다. 이들 I/O 레지스터는 실제로는 0x0020~0x005F의 번지 영역에 존재하지만 IN, OUT 명령에서는 0x20을 뺀 0~0x3F로 지정한다. 다음에 IN, OUT 명령 사용 예를 보였다. ATmega128 명령어에 대해서는 다음 장에서 상세히 다룬다.

```
IN R12, 0x01
```

이 명령에서 입력 포트 어드레스가 0x01로 주어졌지만 실제로는 여기에 0x20을 더한 0x0021 번지의 내용을 범용 레지스터 R12로 입력하라는 명령이다. 0x0021 번지는 뒤에서 다룰 포트 E의 입력 레지스터 어드레스이다.

```
OUT 0x03, R13
```

이 명령에서 출력 포트 어드레스가 0x03로 주어졌지만 실제로는 여기에 0x20을 더한 0x0023 번지로 범용 레지스터 R13의 내용을 출력하라는 명령이다. 0x0023 번지는 뒤에서 다룰 포트 E의 출력 레지스터 어드레스이다.

확장 I/O 레지스터(extended I/O register)

ATmega128에는 이전의 AVR 컨트롤러들에 비해 내부에 새로 각종 I/O 디바이스들이 추되었는데 이들을 제어하기 위한 레지스터들이 확장 I/O 레지스터(extended I/O register)이다. 확장 I/O 레지스터는 데이터 메모리 구성에서 0x0060~0x00FF의 160개 번지 영역에 존재하며, 이것들을 읽고 쓰려면 IN, OUT 명령을 사용하는 I/O 레지스터와 달리 데이터 메모리 액세스 시 사용하는 명령인 LD(load)와 ST(store)를 사용한다. 이 영역에도 병렬 포트 관련 레지스터, 타이머/카운터 제어 레지스터, 시리얼 통신 포트 관련 레지스터 등이 위치한다.

내부 데이터 메모리

ATmega128은 4KB SRAM을 내부 데이터 메모리로 가지고 있으며 어드레스는 0x0100~0x10FF까지다. 이 내부 데이터 메모리(SRAM)는 프로그램상에서 각종 변수나 스택 용도로 사용된다. 내부 데이터 메모리 액세스 시에는 LD(load) 및 ST(store) 명령이 사용되고 이때 어드레스는 직접 16비트로 주거나 X, Y, Z 레지스터에 넣어 사용한다. 스택 영역을 액세스할 때는 PUSH 및 POP 명령이 사용된다.

내부 데이터 메모리의 시작 어드레스가 0x0100인 이유는 0번지부터 32개의 범용 레지스터, 64개 I/O 레지스터, 160개 확장 I/O 레지스터들이 차례로 위치한 후부터 SRAM이 시작되기 때문이다. 내부 데이터 메모리(SRAM) 액세스 시에는 2개의 CPU 클록이 소요된다. 반면에 내부 프로그램 메모리(플래시 메모리) 액세스 시에는 1개의 CPU 클록만 소요된다.

외부 데이터 메모리

외부 데이터 메모리 영역은 0x1100~0xFFFF 이다. 데이터 메모리 전체 영역 64KB 중 각종 레지스터들과 4KB SRAM을 제외하면 60KB보다 약간 작은 크기이다. 이 영역은 SRAM을 연결하여 외부 데이터 메모리로 사용하거나 또는 I/O 확장 영역으로 사용할 수도 있다.

외부 데이터 메모리도 내부 SRAM과 같이 프로그램상에서 각종 변수나 스택 용도로 사용된다. 외부 데이터 메모리 액세스 시에는 내부 데이터 메모리 액세스 시와 마찬가지로 LD(load) 및 ST(store) 명령이 사용되고 이때 어드레스는 직접 16비트로 주거나 X, Y, Z 레지스터에 넣어 사용한다. 단 내부 데이터 메모리 액세스 시에 2개의 CPU 클록이 소요되는데 비해 외부 데이터 메모리 액세스에는 최소 3개 CPU 클록이 소요된다.

8-2 | ATmega128 명령어 세트

ATmega128의 명령어 세트는 기능에 따라 크게 데이터 이동 명령, 산술 연산 명령, 논리 연산 명령, 점프(jump) 명령, 비트처리 관련 명령, MCU 제어 명령으로 나눌 수 있다. ATmega128 명령어는 첫 번째 오퍼랜드(operand)가 목적지이고 두 번째 오퍼랜드가 소스이다.

데이터 이동 명령

레지스터와 레지스터 사이, 또는 레지스터와 메모리 사이에서의 데이터 이동 명령이다.

- **MOV**: 범용 레지스터 R0~R31 사이의 데이터 이동(move) 명령이다.

  💬 예: MOV R2, R12; R12 내용을 R2로 이동한다(';'는 어셈블리 언어에서 사용하는 명령어 설명을 위한 코멘트 표시이다).

- **LD**: 메모리에서 범용 레지스터(R0~R31)로 데이터를 로드(load)한다. 이때 메모리 주소는 16비트 X, Y, Z 레지스터를 사용하는 간접 어드레싱(indirect addressing)을 사용한다. X 레지스터는 R27, R26을, Y 레지스터는 R29, R28을, Z 레지스터는 R31, R30을 각각 하나로 묶은 것이다.

  💬 예: LD R2, X; X 레지스터가 지시하는 메모리 번지 내용을 R2로 가져온다.

- **LDS**: 메모리에서 범용 레지스터(R0~R31)로 데이터를 로드한다. 이때 메모리 주소는 16

비트 어드레스 값을 직접 사용하는 직접 어드레싱(direct addressing)을 사용한다. LD 명령은 직접 어드레싱 대신 X, Y, Z 레지스터를 사용하는 간접 어드레싱 인 것과 구별된다.

> 예: LDS R2, 0x0120; 메모리 번지 0x0120 내용을 R2로 가져온다.

- **LDI:** 8비트 immediate 값을 범용 레지스터(R16~R31)로 로드한다. R16~R31만 사용 가능하다. immediate 값이란 명령어상에 직접 데이터 값이 주어지는 것을 의미한다.

> 예: LDI R17, 0xFF; 0xFF를 R17로 로드한다.

- **LDD:** 메모리에서 범용 레지스터(R0~R31)로 데이터를 로드한다. 이때 메모리 주소는 Y, Z 레지스터 값에 명령어에서 주어지는 변위(displacement) 값을 서로 합하여 사용한다. X 레지스터는 사용되지 않는다. 이때 변위는 0~63까지이다.

> 예: LDD R2, Z + 06; Z 레지스터 + 06한 값이 지시하는 메모리 주소 내용을 R2 로 가져온다. Z 레지스터 값이 0x0800이라면 실제 주소는 0x0806이 된다.

- **ST:** 범용 레지스터(R0~R31) 값을 메모리에 저장(store)한다. LD 명령과 마찬가지로 메모리 주소를 나타내기 위해 X, Y, Z 레지스터를 사용한다.

> 예: ST Y, R2; R2 내용을 Y 레지스터가 지시하는 메모리 주소에 저장한다.

- **STS:** 범용 레지스터(R0~R31) 값을 메모리에 저장(store)한다. LDS 명령과 마찬가지로 메모리 주소를 나타내기 위해 16비트 어드레스 값을 직접 사용한다.

> 예: STS 0x0120, R2; R2값을 메모리 번지 0x0120에 저장한다.

- **STD:** 범용 레지스터(R0~R31) 값을 메모리에 저장(store)한다. 이때 메모리 주소는 Y, Z 레지스터 값에 변위(displacement)를 합하여 사용한다. X 레지스터는 사용되지 않는다. 변위는 0~63까지이다.

> 예: STD R2, Z + 06; R2 내용을 Z 레지스터 + 06한 값이 지시하는 메모리 주소에 저장한다. Z 레지스터 값이 0x0404라면 메모리 주소는 0x040A이다.

- **PUSH:** 범용 레지스터(R0~R31) 값을 스택에 쓴다(write). 이때 SP 값은 1 감소한다.

> 예: PUSH R4; R4 값을 스택에 쓴다(write). 명령 실행 후 SP 값은 1 감소한다.

- **POP:** 스택에서 범용 레지스터(R0~R31)로 데이터를 읽어온다. 이때 SP 값은 1 증가

한다.

> 예: POP R3; 스택에서 값을 읽어 R3에 저장한다. 명령 실행 후 SP 값은 1 증가한다.

- **IN:** 주소에 해당하는 I/O 레지스터의 값을 읽어서(입력하여) 범용 레지스터(R0~R31)에 저장한다. 명령어상에서 I/O 레지스터 주소(포트 주소)는 0~63 범위로 주어지는데(모두 64개 I/O 레지스터가 있다) 실제 액세스하는 주소는 여기에 0x20을 더한 값이다. 이는 32개 범용레지스터 R0~R31이 주소 0~0x1F를 차지하기 때문이다.

> 예: IN R4, 0x05; 포트 주소가 0x25(= 0x05 + 0x20)인 I/O 레지스터의 값을 R4로 읽어 들인다.

- **OUT:** 범용 레지스터(R0~R31)의 값을 주소에 해당하는 I/O 레지스터로 보낸다(출력한다). 실제 액세스하는 주소는 명령어 상의 주소에 0x20을 더한 값이다.

> 예: OUT 0x0F, R5; R5의 값을 포트 주소가 0x2F(= 0x0F + 0x20)인 I/O 레지스터로 보낸다.

산술 연산 명령

ATmega128은 산술 연산 명령으로 정수 8비트 덧셈(ADD, ADC), 뺄셈(SUB, SBC), 곱셈(MUL, MULS) 명령을 가진다. 나눗셈 명령은 없다.

- **ADD:** 범용 레지스터(R0~R31) 두 개를 서로 더하여 결과는 목적지 범용 레지스터에 저장된다.

> 예: ADD R2, R4; R2와 R4를 더하여 결과는 R2에 저장된다(R2 ← R2 + R4).

- **ADC:** 범용 레지스터(R0~R31) 두 개와 캐리(carry) 플래그까지 함께 더한다.

> 예: ADC R1, R3; R1 ← R1 + R3 + 캐리플래그

- **SUB:** 범용 레지스터(R0~R31) 두 개를 서로 뺄셈하여 결과는 목적지 범용 레지스터에 저장된다.

> 예: SUB R2, R4; R2 ← R2 − R4

- **SBC:** 범용 레지스터(R0~R31) 두 개를 서로 뺄셈할 때 캐리 플래그까지 함께 뺀다.

> 예: SBC R2, R4; R2 ← R2 − R4 − 캐리 플래그

- **SBI:** 범용 레지스터(R16~R31)에서 8비트 immediate 값을 뺄셈한다(R0~R15는 사용하지 않는다).

  💬**예:** SBI R17, 0x57; R17 ← R17 − 0x57

- **INC:** 범용 레지스터(R0~R31) 값을 1 증가(increment)시킨다.

  💬**예:** INC R16; R16 ← R16 + 1

- **INC:** 범용 레지스터(R0~R31) 값을 1 감소(decrement)시킨다.

  💬**예:** DEC R16; R16 ← R16 − 1

- **MUL:** 범용 레지스터(R0~R31) 두 개를 서로 곱한다. 8비트 부호없는 수(unsigned number) 끼리의 곱셈이다. 16비트 곱셈 결과는 R1:R0에 저장된다. 16비트 레지스터를 나타내는 'R1:R0' 표기는 R1은 상위 바이트, R0는 하위 바이트인 2개 레지스터로 구성된다. MUL 명령에서는 결과가 저장되는 레지스터가 다른 산술 명령들과는 달리 R1, R0로 제한된다.

  💬**예:** MUL R12, R14; R1:R0 ← R12 x R14 (8비트 부호 없는 수의 곱셈이며 곱셈 결과는 R1:R0에 저장된다.)

- **MULS:** 범용 레지스터(R0~R31) 두 개를 서로 곱한다. 8비트 부호 있는 수(signed number) 끼리의 곱셈이다. 16비트 곱셈 결과는 R1:R0에 저장된다. MULS 명령에서도 결과가 저장되는 레지스터가 다른 산술 명령들과는 달리 R1, R0로 제한된다.

  💬**예:** MULS R13, R15; R1:R0 ← R13 x R15 (8비트 부호 있는 수의 곱셈이며 곱셈 결과는 R1:R0에 저장된다.)

논리 연산 명령

ATmega128의 논리 연산 명령은 비트 단위의 AND, OR, exclusive OR가 있다.

- **AND:** 범용 레지스터(R0~R31) 두 개를 서로 비트 단위로 AND하여 결과는 목적지 범용 레지스터에 저장된다.

  💬**예:** AND R2, R4; R2 ← R2 AND R4

- **ANDI:** 범용 레지스터(R16~R31)와 8비트 immediate 값을 서로 AND하여 결과는 목적지 범용 레지스터에 저장된다. R0~R15는 사용하지 않는다.

예: ANDI R22, 0xF8; R22 ← R22 AND 0xF8

- **OR**: 범용 레지스터(R0~R31) 두 개를 OR하여 결과는 목적지 범용 레지스터에 저장된다.

  예: OR R2, R4; R2 ← R2 OR R4

- **ORI**: 범용 레지스터(R16~R31)와 8비트 immediate 값을 OR한다. R0~R15는 사용하지 않는다.

  예: ORI R22, 0xF8; R22 ← R22 OR 0xF8

- **EOR**: 범용 레지스터(R0~R31) 두 개를 exclusive OR하여 결과는 목적지 범용 레지스터에 저장된다.

  예: EOR R2, R4; R2 ← R2 EOR R4 (exclusive-OR)

- **COM**: 범용 레지스터(R0~R31)에 대한 1의 보수(1' s complement)를 구한다. 레지스터 각 비트의 0과 1이 서로 반대로 된다.

  예: COM R0; R0 ← 0xFF − R0 (1의 보수)

- **NEG**: 범용 레지스터(R0~R31)에 대한 2의 보수(2' s complement)를 구한다.

  예: NEG R3; R3 ← 0x00 − R3 (2의 보수)

- **CLR**: 범용 레지스터(R0~R31) 값을 0으로 한다(clear register). 실제로는 자신을 exclusive-OR하여 모든 비트를 0으로 한다.

  예: CLR R5; R5 ← R5 exclusive-OR R5

- **SER**: 범용 레지스터(R16~R31)의 모든 비트를 1로 한다(set register). 실제로는 0xFF를 로드하여 모든 비트를 1로 한다.

  예: SER R4; R4 ← 0xFF

점프(jump) 명령

ATmega128에서 조건부 점프 명령은 모두 BR(branch)로 시작하고 오프셋(7비트)을 사용하는 상대 점프이다. 이밖에 조건부 점프 명령 시 조건 비교에 사용되는 비교(compare) 명령도 포함되어 있다.

- **JMP:** 주어진 16 비트 주소로 점프하는 무조건 점프 명령이다. 또 직접 주소를 사용하므로 절대 점프이다.

  💬 **예:** JMP 0x4F00; 프로그램 메모리(내부 128KB 플래시 메모리) 어드레스 0x4F00 으로 무조건 점프한다.

- **RJMP:** 현 위치를 기준으로 오프셋(12비트) 만큼 점프하는 무조건 점프 명령이다. 또 오 프셋을 사용하므로 상대 점프이다.

  💬 **예:** RJMP LABEL; 변위 LABEL로 무조건 점프한다. 무조건 점프이면서 상대 점프 이다.

- **CP:** 범용 레지스터(R0~R31) 두 개를 서로 비교(compare)하는 명령이다. 내부적으로는 목적지 오퍼랜드에서 소스 오퍼랜드를 빼고 이 과정에서 SREG의 각 상태 플래(carry, zero, overflow, negative, sign, half-carry 플래)들이 변화한다.

명령 실행 결과로 목적지 오퍼랜드는 값이 변화하지 않는다. 즉 플래만 변화한다. CP 명 령은 조건부 점프 명령에서 조건을 비교하기 위해 주로 사용한다. 비교 명령은 다른 프로세 서에서는 산술연산 명령으로 취급하지만 ATmega128에서는 점프 명령 그룹에 포함시킨다.

  💬 **예:** CP R1, R2; R1 − R2하여 SREG 레지스터의 플래만 변화한다. R1의 변화는 없다.

- **CPI:** 범용 레지스터(R16~R31)와 8비트 immediate 데이터를 서로 비교(compare)하는 명령이다. R0~R15는 사용하지 않는다.

  💬 **예:** CPI R3, 0x88; R3 − 0x88하여 뺄셈 과정에서의 플래만 변화한다. R3의 변화는 없다.

- **BREQ:** SREG의 Z(zero) 플래이 1이면 점프한다. 현 위치에서 오프셋(7비트) 값만큼 점프 하는 상대 점프이다.

  💬 **예:** BREQ LABEL; SREG의 Z(zero) 플래이 1이면 LABEL(7비트 오프셋)로 점프한 다. 조건부 점프이자 상대점프이다.

- **BRNE:** SREG의 Z(zero) 플래이 0이면 점프한다(상대 점프).

- **BRCS:** SREG의 C(carry) 플래이 1이면 점프한다(상대 점프). 이 명령은 부호 없는 수 (unsigned number)를 서로 비교해 목적지 오퍼랜드가 소스 오퍼랜드보다 작으면 점프

하는 데 사용할 수 있다. BRLO(branch if lower) 명령과 동일한 동작이다.

- **BRCC:** SREG의 C(carry) 플래그가 0이면 점프한다(상대 점프). 부호 없는수(unsigned number)를 서로 비교해 크거나 같으면 점프하는 데 사용할 수 있다. BRSH(branch if same or higher) 명령과 동일한 동작이다.

- **BRVS:** SREG의 V(overflow) 플래그가 1이면 점프한다(상대 점프).

- **BRVC:** SREG의 V(overflow) 플래그가 0이면 점프한다(상대 점프).

- **BRMI:** SREG의 N(negative) 플래그가 1이면 점프한다(상대 점프).

- **BRPL:** SREG의 N(negative) 플래그가 0 이면 점프한다(상대 점프).

- **BRLT:** SREG의 N 플래그와 V 플래그를 exclusive-OR하여 1이면 점프한다(상대 점프). 이는 부호 있는 수(signed number)를 서로 비교해 목적지 오퍼랜드가 소스 오퍼랜드보다 작으면 점프하라는 의미이다.

- **BRGE:** SREG의 N 플래그와 V 플래그를 exclusive-OR하여 0이면 점프한다(상대 점프). 이는 부호 있는 수(signed number)를 서로 비교해 목적지 오퍼랜드가 소스 오퍼랜드보다 크거나 같으면 점프하라는 의미이다.

- **SBRC:** 범용 레지스터(R0~R31)의 지정된 비트가 0이면 다음 명령을 건너뛰고(skip) 그 다음 명령을 수행한다.

  💬 **예:** SBRC R3, 5; R3의 비트 5가 0이면 다음 명령을 건너뛰고(skip) 그 다음 명령을 수행한다.

- **SBRS:** 범용 레지스터(R0~R31)의 지정된 비트가 1이면 다음 명령을 건너뛰고 그 다음 명령을 수행한다.

  💬 **예:** SBRS R0, 3; R0의 비트 3이 1이면 다음 명령을 건너뛰고(skip) 그 다음 명령을 수행한다.

- **CALL:** 서브루틴 호출(call) 명령이다. 16비트 주소를 직접 사용한다. 현 프로그램 카운터 값(복귀 주소)을 스택에 저장하고 서브루틴 시작 주소로 점프하며(절대점프) 이때 스택 포인터는 스택에 2바이트 복귀 주소가 저장되었으므로 2 만큼 감소한다.

  💬 **예:** CALL 0x3F00; 현 프로그램 카운터 값을 스택에 저장하고 서브루틴 시작 주소 0x3F00로 점프한다. 이때 스택 포인터는 2 만큼 감소한다.

- **RCALL:** 서브루틴 호출(call) 명령이며 변위(12비트)를 사용한다(상대 점프).

  💬 **예:** RCALL LABEL; 현 프로그램 카운터 값을 스택에 저장하고 서브루틴 시작 위치 인 변위 LABEL로 점프한다. 이때 스택 포인터는 2 만큼 감소한다.

- **RET:** 서브루틴에서의 리턴명령이다(return from subroutine). 스택에 저장된 복귀 주소를 읽어 내어 프로그램 카운터에 넣으므로 결국 복귀 주소가 가리키는 위치로 점프하는 결과가 된다. 이때 스택 포인터는 2 만큼 증가한다.

- **RETI:** 인터럽트 서비스 루틴에서의 리턴명령이다(return from interrupt service routine). 스택에 저장된 복귀 주소를 읽어 내어 프로그램 카운터에 넣으므로 결국 복귀 주소가 가리키는 위치로 점프하는 결과가 된다. 이때 스택 포인터는 2 만큼 증가한다. 또 SREG의 글로벌 인터럽트 플랙(global interrupt flag) I가 1로 된다.

비트처리 관련 명령

ATmega128의 비트처리 관련 명령에는 비트 시프트(shift) 및 회전(rotate)을 위한 명령과 상태 플랙들을 직접 0이나 1로 설정하는 명령들이 있다.

- **LSL:** 범용 레지스터(R0~R31)를 1비트 좌측 이동(logical shift left)한다. MSB(비트 7) 는 캐리 플랙으로 들어가고 LSB(비트 0)에는 0이 들어간다.

  💬 **예:** LSL R2; R2를 1비트 좌측 이동(logical shift left)한다. R2의 MSB는 캐리 플랙 으로 들어간다. R2 = 0x42(이진수 01000010)인 경우 실행 시 1비트 좌측 이동 하므로 실행 후 R2 = 0x84(이진수 10000100)가 된다. 또 MSB가 캐리 플랙으 로 들어가므로 캐리 플랙은 0이 된다.

- **LSR:** 범용 레지스터(R0~R31)를 1비트 우측 이동(logical shift right)한다. LSB(비트 0) 는 캐리 플랙으로 들어가고 MSB(비트 0)에는 0이 들어간다.

  💬 **예:** LSR R5; R5를 1비트 우측 이동(logical shift right)한다. R5 = 0x95(이진수 10010101)인 경우 실행 시 1비트 우측 이동하므로 실행 후 R5 = 0x4A(이진수 01001010)가 된다. 또 LSB가 캐리 플랙으로 들어가므로 캐리 플랙은 1이 된다.

- **ASR:** 범용 레지스터(R0~R31)를 1비트 우측 이동하는데 이때 MSB는 변화가 없 다(arithmetic shift right). 즉 부호 비트(sign bit)는 변화가 없다. 부호 비트는 ATmega128에서는 네거티브 플랙에 해당한다. LSB는 캐리 플랙으로 들어간다.

💬 **예:** ASR R0; R0를 1비트 우측 이동한다. R0 = 0x95(이진수 10010101)이면 MSB는
　　　변화 없이 1비트 우측 이동하므로 실행 후 R0 = 0xCA(이진수 11001010)가 된
　　　다. 캐리 플래그는 1이 된다.

- **ROL:** 범용 레지스터(R0~R31)를 1비트 좌측 회전하는데 이때 C(carry) 플래그는 LSB로 들어가고 MSB는 캐리 플래그으로 들어간다(rotate left through carry).

- **ROR:** 범용 레지스터(R0~R31)를 1비트 우측 회전하는데 이때 C(carry) 플래그는 MSB로 들어가고 LSB는 캐리 플래그로 들어간다(rotate right through carry).

- **CLI:** SREG 레지스터의 글로벌 인터럽트 플래그(global interrupt flag) I를 0으로 한다 (clear global interrupt flag).

- **SEI:** SREG 레지스터의 글로벌 인터럽트 플래그(global interrupt flag) I를 1로 한다(set global interrupt flag).

- **CLC:** 캐리 플래그을 0으로 한다(clear carry flag).

- **SEC:** 캐리 플래그을 1로 한다(set carry flag).

- **CLZ:** 제로 플래그을 0으로 한다(clear zero flag).

- **SEZ:** 제로 플래그을 1로 한다(set zero flag).

- **CLN:** 네거티브 플래그을 0으로 한다(clear negative flag).

- **SEN:** 네거티브 플래그을 1로 한다(set negative flag).

- **CLV:** 오버플로우 플래그을 0으로 한다(clear overflow flag).

- **SEV:** 오버플로 플래그을 1로 한다(set overflow flag).

- **CLS:** 부호 플래그을 0으로 한다(clear sign flag).

- **SES:** 부호 플래그을 1로 한다(set sign flag).

MCU 제어 명령

- **NOP:** 아무 기능도 수행 않고 1사이클 실행시간만 소비한다(no operation). 시간 지연 루틴에서 주로 사용된다.

- **SLEEP:** CPU를 슬립모드로 들어가게 한다. 슬립모드 자체의 허용 여부는 MCUCR에서

설정한다.

- **WDR**: 워치독 타이머(watchdog timer)를 리셋시킨다. 워치독 타이머 사용 시 타임 아웃(time-out) 내에 이 명령을 사용해 타이머를 리셋시키지 않으면 CPU 자체가 리셋되어 프로그램 실행이 중단되고 재부팅된다.

8-3 | ATmega128 인터럽트

ATmega128은 모두 35개의 인터럽트를 가지며 여기에는 CPU 리셋이 포함된다. 나머지 34개 중에는 8개의 외부 인터럽트(INT0~INT7)와 타이머/카운터, 시리얼 포트(USART, SPI), AD 컨버터 등에서 발생하는 다양한 인터럽트가 있다. 인터럽트 벡터는 인터럽트 서비스 루틴 시작 주소를 가리키는 데 사용한다. 예를 들어 외부 인터럽트 INT2(벡터번호 4)가 발생하면 현 프로그램 카운터 값을 스택에 저장하고 INT2의 프로그램 어드레스인 0x0006~0x0007번지에 들어 있는 명령(보통은 인터럽트 서비스 루틴으로의 점프 명령이 들어 있다)을 실행하여 INT2의 인터럽트 서비스 루틴을 실행하게 된다. 여기에 4개 CPU 클록이 소요된다.

주요 인터럽트의 벡터 번호는 표 8-2과 같고 인터럽트 우선순위(priority)는 벡터 번호 나열 순서와 동일하다(예: 벡터 번호 3이 벡터 번호 4보다 우선순위가 높다).

표 8-2 주요 인터럽트의 벡터 번호

벡터번호	프로그램 주소	인터럽트 소스
1	$0000	리셋
2~9	$0002 ~$0010	외부인터럽트 INT0~INT7
10	$0012	타이머/카운터2 비교매치
11	$0014	타이머/카운터2 오버플로우
12	$0016	타이머/카운터1 캡처이벤트
13	$0018	타이머/카운터1 비교매치A
14	$001A	타이머/카운터1 비교매치B
15	$001C	타이머/카운터1 오버플로우
16	$001E	타이머/카운터0 비교매치

17	$0020	타이머/카운터0 오버플로우
19	$0024	시리얼포트 USART0 수신완료
20	$0026	시리얼포트 USART0 데이터 레지스터 비어 있음
21	$0028	시리얼포트 USART0 송신완료
22	$002A	AD컨버터 변환완료
31	$003C	시리얼포트 USART1 수신완료
32	$003E	시리얼포트 USART1 데이터 레지스터 비어 있음
33	$0040	시리얼포트 USART1 송신완료

SREG 레지스터의 글로벌 인터럽트 인에이블 비트 I로 전체적인 인터럽트를 인에이블/디스에이블(enable/disable)을 시킬 수 있고 개별적인 인에이블/디스에이블은 각각의 모듈에 관련된 인터럽트 마스크(interrupt mask) 레지스터로 할 수 있다.

ATmega128에서는 인터럽트가 요청되어 이것이 허용되면 인터럽트 서비스 루틴이 실행되면서 SREG 레지스터의 I 비트가 0으로 되어 모든 인터럽트가 금지 상태로 되고, 인터럽트 서비스 루틴 마지막에서 RETI(return from interrupt) 명령이 실행되면 SREG 레지스터의 I 비트는 다시 1로 된다.

인터럽트 처리과정에서 SREG 레지스터는 자동으로 저장되는 것은 아니므로 인터럽트 서비스 루틴 내에서 SREG 레지스터를 저장/복구하는 것은 프로그래머가 해주어야 한다. 만일 사용자가 인터럽트 서비스 루틴이 실행되는 동안에 다른 인터럽트가 발생되도록 다중 인터럽트(multi-level interrupt)를 허용하려면 인터럽트 서비스 루틴 내에서 SEI 명령을 사용하여 SREG 레지스터의 I 비트를 1로 설정하면 된다.

외부 인터럽트

외부 인터럽트는 INT0~INT7의 8개 신호로 입력된다. INT0~INT3은 병렬 포트 D의 하위 4비트인 PD0~PD3 신호와 겸용이고 INT4~INT7은 병렬 포트 E의 상위 4비트인 PE4~PE7 신호와 겸용이다. 외부 인터럽트 관련 레지스터는 다음과 같다.

EICRA(external interrupt control register A): 외부인터럽트 제어 레지스터 A
EICRB(external interrupt control register B): 외부인터럽트 제어 레지스터 B
EIMSK(external interrupt mask register): 인터럽트 마스크 레지스터
EIFR(external interrupt flag register): 인터럽트 플래그 레지스터

- **EICRA, EICRB:** 외부 인터럽트 제어 레지스터

외부 인터럽트 신호의 발생 여부를 CPU가 인식하는 방식에는 에지(edge) 방식과 레벨(level) 방식 두 가지가 있으며 에지(edge) 방식은 다시 하강 에지(falling edge)와 상승 에지(rising edge)가 있다. 이 방식의 설정은 레지스터 EICRA(external interrupt control register A) 및 EICRB(external interrupt control register B)에서 한다. EICRA는 INT0~INT3을 제어하며 그림 8-6에 EICRA의 비트를 보였다(주소 0x6A). 각 비트의 기능은 다음과 같다.

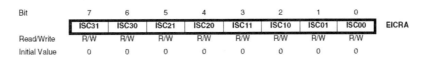

그림 8-6 EICRA의 비트 구성

» **ICSn1, ICSn0 비트:** 이 두 개 비트가 에지(edge)와 레벨(level) 방식을 설정하는데 ICSn1, ICSn0 = 0, 0이면 로우(low) 레벨 상태에서 인터럽트가 검출되고, ICSn1, ICSn0 = 1, 0이면 하강 에지(falling edge)에서, ICSn1, ICSn0 = 1, 1이면 상승 에지(rising edge)에서 각각 인터럽트가 검출된다(n은 INT0~INT3에 각각 대응하는 0~3).

EICRB는 INT4~INT7을 제어하며 그림 8-7에 EICRB의 비트를 보였다. 주소는 0x5A 이다. 각 비트의 기능은 다음과 같다.

» **ICSn1, ICSn0 비트:** 이 두 개 비트 동작은 EICRA와 같은데 0, 0이면 로우(low) 레벨 상태에서 인터럽트가 검출되고 1, 0이면 하강 에지(falling edge)에서 검출되고 1, 1이면 상승 에지(rising edge)에서 인터럽트가 검출된다(n은 INT4~INT7에 각각 대응하는 4~7).

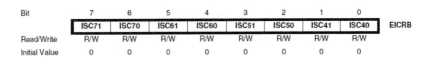

그림 8-7 EICRB의 비트 구성

사용 예:

8개 외부 인터럽트 중 INT1, INT6는 하강 에지에서 인터럽트가 검출되도록 하고 나머지는 레벨(level) 방식을 사용하려면 다음과 같이 하면 된다.

INT1 설정은 EICRA에서 하므로 하강 에지로 설정하기 위해 ICS11, ICS10 = 1, 0으로 하고 나머지 비트는 모두 0으로 한다. 이와 같이 하면 EICRA는 2진수로 00001000(= 0x08)이 된다. INT6 설정은 EICRB에서 하므로 하강 에지로 설정하기 위해 ICS61, ICS60 = 1, 0으로 하고 나머지 비트는 모두 0으로 한다. 이와 같이 하면 EICRB는 2진수로 00100000(= 0x20)이 된다.

따라서 다음 코드에서 EICRA는 0x08을 넣고 EICRB는 0x20을 넣는다.

```
LDI R16, $08
STS 0x006A, R16        ; EICRA로 출력
LDI R16, $20
OUT $3A, R16           ; EICRB로 출력(실제 주소는 0x5A)
```

위에서 EICRA 주소는 0x6A이고 이는 확장 I/O레지스터 영역이므로 OUT 명령 대신 STS 명령을 사용하였다. EICRB 주소는 0x5A인데 I/O 레지스터에 대한 OUT 명령 사용 시 주소는 0번지부터 시작하므로 0x20을 빼서 0x5A − 0x20 = 0x3A가 주소로 되었다.

- **EIMSK:** 인터럽트 마스크 레지스터

  인터럽트 마스크 레지스터 EIMSK(external interrupt mask register)는 외부 인터럽트 INT0~INT7을 개별적으로 마스크한다. 해당 비트(INTn)가 1이면 허용, 0이면 금지이다. 물론 허용된 인터럽트도 SREG의 I 비트가 1이어야 처리된다. 그림 8-8에 EIMSK를 보였다. 주소는 0x59이다.

Bit	7	6	5	4	3	2	1	0	
	INT7	INT6	INT5	INT4	INT3	INT2	INT1	IINT0	EIMSK
Read/Write	R/W	R/W	R/W	R/W	R/W	R/W	R/W	R/W	
Initial Value	0	0	0	0	0	0	0	0	

그림 8-8 EIMSK(External Interrupt Mask register) 레지스터

- **EIFR 인터럽트 플래 레지스터**

  인터럽트 플래 레지스터 EIFR(external interrupt flag register)는 외부 인터럽트 INT0~INT7에 요청 신호가 들어오면 해당 비트(INTFn)가 1로 된다. 이 비트는 인터럽트 서비스 루틴을 실행하게 되면 다시 0으로 된다. 각 비트에 1을 써도 0으로 된다. 그림 8-9에 EIFR 레지스터를 보였다. 주소는 0x58이다.

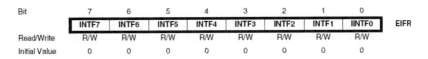

Bit	7	6	5	4	3	2	1	0	
	INTF7	INTF6	INTF5	INTF4	INTF3	INTF2	INTF1	IINTF0	EIFR
Read/Write	R/W	R/W	R/W	R/W	R/W	R/W	R/W	R/W	
Initial Value	0	0	0	0	0	0	0	0	

그림 8-9 EIFR(External Interrupt Flag register) 레지스터

💬 **사용 예:**

8개 외부 인터럽트 중 INT2~INT4의 3개 인터럽트만 허용하려면 여기에 해당하는 EIMSK의 각 비트만 1로 하면 되므로 EIMSK는 2진수로 00011100(= 0x1C)이 된다. 따라서 다음과 같이하면 된다(EIMSK 실제 주소는 0x59이다).

```
LDI R16, $1C
OUT $39, R16      ; EIMSK로 출력
```

8-4 | 병렬 I/O 포트

ATmega128의 병렬 I/O 포트 중 포트 A~포트 F의 6개는 8비트이고 포트 G만 5비트이다. 이들 양방향 병렬 I/O 포트의 각 핀은 병렬 I/O 포트 기능만이 아니라 타이머/카운터, 직렬 포트, A/D 컨버터 등의 신호와 겸용으로 사용된다. 각 병렬 I/O 포트는 3개의 레지스터 (DDR, PORT, PIN)를 가지며 각각 주소를 가진다.

DDR(data direction register) 레지스터는 포트의 입출력 방향을 결정한다. DDR 레지스터의 각 비트는 포트의 각 비트에 대응하며 비트 값이 "0"이면 입력, "1"이면 출력이다. PORT 레지스터는 해당 포트로 데이터를 출력한다. PIN 레지스터는 해당 포트에서 데이터를 입력한다.

포트 A~포트 G의 각 레지스터 주소는 표 8-3과 같다. 포트 A~포트 E의 DDR, PORT,

PIN 레지스터는 모두 메모리 맵 상의 I/O 레지스터 영역에 위치하므로 IN/OUT 명령으로 접근가능하다. 반면 포트 F의 DDR, PORT와 포트 G의 DDR, PORT, PIN 레지스터는 확장 I/O 레지스터 영역에 위치하므로 접근 시 데이터 메모리 액세스 시 사용하는 명령인 LD(load) 와 ST(store)를 사용한다. 그러나 어셈블리 대신 C 사용 시에는 C 컴파일러(AVR C 컴파일러)가 이를 모두 자동으로 처리해준다.

표 8-3 포트 A~포트 G의 각 레지스터 주소

	PORT	DDR	PIN
포트 A	0x3B	0x3A	0x39
포트 B	0x38	0x37	0x36
포트 C	0x35	0x34	0x33
포트 D	0x32	0x31	0x30
포트 E	0x23	0x22	0x21
포트 F	0x62	0x61	0x20
포트 G	0x65	0x64	0x63

💬사용 예:

포트 B를 출력모드로 설정하려면 다음과 같이 하면 된다. 여기서 0x17은 포트 B의 DDR 레지스터의 주소이다(실제 주소는 0x37). 물론 R16 대신 다른 범용 레지스터를 사용해도 된다.

```
LDI    R16, 0xFF
OUT    0x17, R16
```

이후 포트 B로 데이터 0x33을 출력하려면 포트 B의 PORT 레지스터로 다음과 같이 하면 된다. 여기서 0x18는 포트 B의 PORT 레지스터의 주소이다(실제 주소는 0x38).

```
LDI    R16, 0x33
OUT    0x18, R16
```

포트 A를 입력모드로 설정하려면 다음과 같이 하면 된다. 여기서 0x1A는 포트 A의 DDR 레지스터의 주소이다(실제 주소는 0x3A).

```
LDI    R16, 0xFF
OUT    0x1A, R16
```

이후 포트 A로부터 데이터를 입력하려면 포트 A의 PIN 레지스터로부터 다음과 같이 하면 된다. 여기서 0x19는 포트 A의 PIN 레지스터의 주소이다(실제 주소는 0x39).

```
IN    R16, 0x19
```

병렬 I/O 포트 핀의 주요 겸용 신호

ATmega128의 병렬 I/O 포트(포트 A~포트 G)의 각 핀들은 포트 입출력 기능 외에도 타이머/카운터, 직렬 포트, AD 컨버터 등의 신호와 겸용으로 사용된다. 주요 겸용 신호는 다음과 같다. 포트 A의 비트 PA0~PA7는 AD0~AD7 신호와 겸용이다. AD0~AD7 신호는 외부 메모리 인터페이스를 위한 어드레스 버스의 하위 바이트(A0~A7) 및 8비트 데이터 버스(D0~D7) 로서의 기능을 겸해서 가진다.

포트 B의 비트 PB4~PB7는 타이머/카운터 출력신호와 겸용으로 사용된다. 비트 PB0~PB3는 직렬통신의 일종인 SPI(serial peripheral interface) 관련 신호와 겸용으로 사용된다.

포트 C의 비트 PC0~PC7은 A8~A15 신호와 겸용이다. A8~A15 신호는 외부 메모리 어드레스 버스의 상위 바이트이다. 포트 D의 비트 PD0~PD3는 외부인터럽트 INT0~INT3 신호, 시리얼 통신 포트 USART1의 송/수신 겸용으로 사용된다. 비트 PD4는 타이머/카운터1 입력 캡처 핀과 겸용이고, 비트 PD5는 시리얼 통신 포트 USART1의 외부클록과 겸용으로 사용된다. 비트 PD6과 PD7은 각각 타이머/카운터1, 타이머/카운터2의 클록 입력 신호와 겸용이다.

포트 E의 비트 PE4~PE7은 외부 인터럽트 INT4~INT7 신호 및 타이머/카운터3 관련 신호와 겸용으로 사용된다. 포트 F의 비트 PF0~PF7는 내부의 8채널 A/D 컨버터의 8개 아날로그(analog) 입력신호와 겸용이다.

8-5 | 시리얼 포트(USART)

ATmega128 내부에는 동기/비동기(synchronous/asynchronous) 시리얼(serial) 통신 기능을 제공하는 동일한 기능을 가진 두 개의 시리얼 포트가 있다(USART0, USART1). 이들

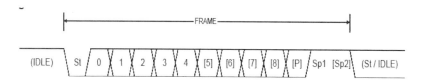

그림 8-10　비동기 시리얼 전송 시 프레임 포맷

포트는 클록발생부, 송신부, 수신부의 3가지 구성 부분으로 이루어진다. 클록발생부는 시리얼 통신의 속도를 정하는 전송률(baud rate) 발생기가 주요 구성 요소이고, 송신부는 송신버퍼, 송신 시프트 레지스터, 패리티 발생기 등으로 구성된다. 수신부는 수신버퍼, 수신 시프트 레지스터, 패리티 체커(checker) 등으로 구성된다.

비동기 시리얼 전송 시 하나의 프레임은 그림 8-10과 같이 1개의 시작 비트, 5~9개의 데이터 비트(보통 8비트를 주로 사용), 1개의 패리티 비트와 1~2개의 정지 비트로 구성된다. 그림에서 St는 시작비트, P는 패리티 비트, Sp는 정지 비트이다.

USART0, USART1을 제어하는 레지스터들은 다음과 같다(n = 0, 1).

» UDRn: USART I/O 데이터 레지스터
» UCSRnA: USART 컨트롤/상태 레지스터 A
» UCSRnB: USART 컨트롤/상태 레지스터 B
» UCSRnC: USART 컨트롤/상태 레지스터 C
» UBRRnH: USART 전송률 레지스터 상위바이트
» UBRRnL: USART 전송률 레지스터 하위바이트

UDRn 레지스터

UDRn 레지스터는 USART 포트의 버퍼 기능을 수행한다. UDR0 주소는 0x2C이고 UDR1 주소는 0x9C이다. 그림 8-11에 이를 보였다.

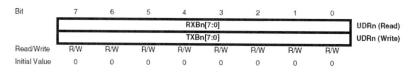

그림 8-11　UDRn 레지스터

여기서 RXBn은 송신 시의 버퍼를 나타내고, TXBn은 수신 시의 버퍼를 나타낸다. 즉 송신/수신 버퍼는 동일한 번지(UDR0 주소는 0x2C, UDR1 주소는 0x9C)를 사용하지만 물리적으로는 두 개의 서로 다른 레지스터이다. UDRn에 데이터를 쓰면(write) 송신 버퍼 TXBn에 들어가 송신되고, UDRn에서 데이터를 읽어오면(read) 수신 버퍼 RXBn에 있는 값(상대방에서 수신된 데이터)이 들어온다.

송신 버퍼에는 컨트롤 레지스터 UCSRnA의 UDREn(USART data register empty) 비트가 1로 되어 있는 경우에만 쓰기(write) 동작이 가능하다. 송신 버퍼에 쓴 데이터는 송신 시프트 레지스터로 전달되어 전송된다.

UCSRnA 레지스터

UCSRnA 레지스터는 송수신 동작 제어 및 상태(status) 저장 기능을 한다. 그림 8-12에 비트 구성을 보였다. 각 비트의 기능은 다음과 같다(n = 0, 1).

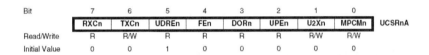

Bit	7	6	5	4	3	2	1	0	
	RXCn	TXCn	UDREn	FEn	DORn	UPEn	U2Xn	MPCMn	UCSRnA
Read/Write	R	R/W	R	R	R	R	R/W	R/W	
Initial Value	0	0	1	0	0	0	0	0	

그림 8-12   UCSRnA 레지스터

- **RXCn(USART receive complete):** USART 수신 완료(receive complete) 비트로서 현재 수신 버퍼(UDRn)에 수신된 데이터가 있고, 이를 아직 CPU에서 읽어가지 않았을 때 1 상태이다. 이때 UCSRnB 레지스터(아래 설명)의 수신완료 인터럽트 인에이블 비트 RXCIE가 1이면 수신완료 인터럽트가 실행된다. 단 SREG의 I 비트도 1이어야한다. CPU에서 수신 버퍼의 내용을 읽어 가면 RXCn 비트는 0이 된다.

- **TXCn(USART transmit complete):** USART 송신 완료(transmit complete) 비트로서 이 비트는 송신 시프트 레지스터(transsmit shift register)에 있는 데이터가 모두 전송되고 아직 새로운 데이터가 송신 버퍼(UDRn)에 들어오지 않은 경우 1 상태이다. 이때 UCSRnB 레지스터의 송신완료 인터럽트 인에이블 비트 TXCIEn가 1이면 송신완료 인터럽트가 실행된다. 단 SREG의 I 비트도 1이어야 한다. 이 비트는 송신완료 인터럽트 서비스루틴이 시작되면 자동으로 0이 된다.

- **UDREn(USART data register empty):** 이 비트는 송신 버퍼(UDRn)가 비어 있어 새로운 데이터를 받아들일 준비가 되어 있을 때 1이 된다. 이때 UCSRnB 레지스터의 데이터 레지스터 empty 인터럽트 인에이블 비트 UDRIEn가 1이면 해당 인터럽트가 실행된다. 단 SREG의 I 비트도 1이어야 한다. 송신 버퍼에 송신할 새로운 데이터를 쓰면 0이 된다.

- **FEn(frame error):** 이 비트는 수신된 문자(character)에서 프레임 에러(frame error)가 발생하면 1이 된다. 프레임 에러는 수신된 문자의 첫 번째 정지(stop)비트가 0일 때 발생한 것으로 인식된다. 수신 신호를 송신 속도에 맞추어 제대로 샘플링하면 정지비트는 항상 1이어야 하는데 0이면 에러 상태인 것이다.

- **DORn(data overrun error):** 이 비트는 오버런(overrun) 에러가 발생하면 1이 된다. 오버런 에러는 수신 버퍼의 내용을 CPU가 읽어가기 전에 새로운 데이터가 수신되어 기존의 데이터가 손실된 경우이다.

- **UPEn(USART parity error):** 패리티 비트를 사용하는 경우 수신 버퍼의 데이터에 패리티 에러가 있으면 1이 된다. 짝수 패리티를 사용하는 경우라면 수신된 데이터의 1의 개수가 짝수이어야 한다. 만일 1의 개수가 홀수이면 비트 에러가 발생한 것이다.

- **U2Xn(double the USART transmission speed):** 이 비트는 비동기식 전송 모드에만 해당되고 이 비트를 1로 하면 USART 내부 클록발생부에서 전송에 사용하는 클록주파수를 2배로 함으로써 전송속도(bps)가 2배로 된다. 실제로는 CPU 클록 ÷ 16 대신 CPU 클록 ÷ 8 하여 전송에 사용한다.

- **MPCMn(multi-processor communication mode):** 이 비트는 멀티프로세서 통신모드를 인에이블시킨다. 멀티프로세서 통신모드에서는 주소 정보를 포함하지 않은 모든 수신된 프레임은 무시된다.

UCSRnB 레지스터

UCSRnB 레지스터의 주요 기능은 USART에서 발생하는 인터럽트를 인에이블/디스에이블(enable/disable)시키거나, 송수신부의 동작을 인에이블/디스에이블시키는 것이다. 그림 8-13에 비트 구성을 보였다. 각 비트의 기능은 다음과 같다(n = 0,1).

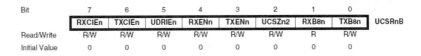

그림 8-13 UCSRnB 레지스터

- **RXCIEn(RX complete interrupt enable):** 이 비트가 1이면 UCSRnA 레지스터의 RXCn 비트가 1로 될 때 수신완료 인터럽트가 실행된다. 단 SREG의 I 비트도 1이어야 한다.

- **TXCIEn(TX complete interrupt enable):** 이 비트가 1이면 UCSRnA 레지스터의 TXCn 비트가 1로 될 때 송신완료 인터럽트가 실행된다. 단 SREG의 I 비트도 1이어야 한다.

- **UDRIEn(USART data register empty interrupt enable):** 이 비트가 1이면 UCSRnA 레지스터의 UDREn 비트가 1로 될 때 데이터 레지스터 empty 인터럽트가 실행된다. 단 SREG의 I 비트도 1이어야 한다.

- **RXENn(receiver enable):** 이 비트가 1이면 USART 수신부가 동작 가능 상태가 된다. RXDn 핀으로 데이터 수신이 가능해지며 RXDn 핀과 함께 사용하는 병렬포트 핀 PE0(RXD0과 겸용), PD2(RXD1과 겸용)는 동작하지 않는다.

- **TXENn(transmitter enable):** 이 비트가 1이면 USART 송신부가 동작 가능 상태가 된다. TXDn 핀으로 데이터 송신이 가능해지며 TXDn 핀과 함께 사용하는 병렬포트 핀 PE1(TXD0과 겸용), PD3(TXD1과 겸용)는 동작하지 않는다.

- **UCSZn2(character size):** 이 비트는 UCSRnC 레지스터의 두 비트 UCSZn1, UCSZn0 와 결합하여 한 프레임당의 비트 개수(예: 8)를 정한다.

- **RXB8n(receive data bit 8):** 프레임당 데이터 비트 개수가 9인 경우 수신된 프레임의 9번째 비트를 나타낸다. 수신 버퍼 크기가 8비트이므로 9비트 프레임의 경우 수신 데이터를 한 번에 저장할 수 없으므로 이 비트를 사용하는 것이다.

- **TXB8n(transmit data bit 8):** 프레임당 데이터 비트 개수가 9인 경우 송신할 프레임의 9번째 비트를 나타낸다. 송신 버퍼 크기가 8비트이므로 9비트 프레임의 경우 이 비트를 사용하는 것이다.

UCSRnC 레지스터

UCSRnC 레지스터는 USART의 동작 모드, 패리티 사용 여부 등을 제어한다. 그림 8-14에 비트 구성을 보였다. 각 비트의 기능은 다음과 같다(n = 0,1).

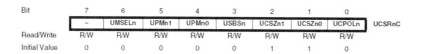

Bit	7	6	5	4	3	2	1	0	
	–	UMSELn	UPMn1	UPMn0	USBSn	UCSZn1	UCSZn0	UCPOLn	UCSRnC
Read/Write	R/W	R/W	R/W	R/W	R/W	R/W	R/W	R/W	
Initial Value	0	0	0	0	0	1	1	0	

그림 8-14 UCSRnC 레지스터

UMSELn(USART mode select) : 이 비트가 0이면 비동기 전송모드이고, 1이면 동기 전송모드이다.

- **UPMn1(parity mode), UPMn0:** 이 두 개 비트는 패리티(parity) 사용 여부 및 even/odd(짝수/홀수) 패리티 선택기능을 한다. 값이 00이면 패리티 사용 않음, 10이면 even(짝수) 패리티 사용, 11이면 odd(홀수) 패리티 사용이다.

- **USBSn(stop bit select):** 이 비트는 송신 시 삽입할 정지 비트의 수를 선택한다. 0이면 1개 정지 비트이고, 1이면 2개 정지 비트이다.

- **UCSZn1(character size), UCSZn0:** 이 두 개 비트는 UCSRnB 레지스터의 UCSZn2 비트와 결합하여 한 프레임당 데이터 비트 수(character size)를 정한다. 대부분 8비트를 가장 많이 사용하며 이때 UCSZn2~UCSZn0 = 011이다.

- **UCPOLn(clock polarity):** 이 비트는 동기 모드에서 클록의 극성(polarity)를 설정한다. 비동기 모드로 사용 시에는 0으로 둔다.

UBRRnH, UBRRnL 레지스터

UBRRnH, UBRRnL 두 개 레지스터는 시리얼 전송속도(bps: bits per second)를 설정한다. 상위바이트 레지스터(UBRRnH)와 하위바이트 레지스터(UBRRnL) 합쳐 16비트 중 12비트만 사용한다. 그림 8-15에 이를 보였다.

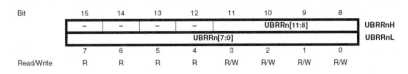

Bit	15	14	13	12	11	10	9	8	
	–	–	–	–		UBRRn[11:8]			UBRRnH
				UBRRn[7:0]					UBRRnL
	7	6	5	4	3	2	1	0	
Read/Write	R	R	R	R	R/W	R/W	R/W	R/W	

그림 8-15   UBRRnH, UBRRnL 레지스터

자주 사용하는 전송속도(bps)에 대한 UBRRnH, UBRRnL 레지스터의 값은 표 8-4과 같다. 여기서는 UCSRnA의 U2Xn = 0이고 CPU 클록은 16MHz인 경우를 보였다.

표 8-4   주요 전송속도(bps)에 대한 UBRRnH, UBRRnL 레지스터의 값

전송속도(bps)	UBRR 레지스터 값
4800	207
9600	103
14400	68
19200	51
28800	34
38400	25
57600	16

예를 들어 UART0의 전송속도를 19200 bps로 하려면 표 8-2에서 UBRR 값이 51이 되어야 하므로 이 값을 16비트로 환산해서 UBRR0H, UBRR0L 레지스터에 각각 넣어주면 된다.

💬 사용 예:

시리얼 통신 포트 USART0를 비동기 전송모드, 전송속도 19200bps, 한 프레임당 데이터 비트 수(character size)는 8, 패리티 비트 사용 안함, 정지 비트 1개로 설정하려 한다. 인터럽트는 사용하지 않는다. 이를 위해 UCSR0C 레지스터, UCSR0B 레지스터, UBRR0H, UBRR0L 레지스터의 해당 비트를 다음과 같이 하여야 한다.

- **UCSR0C 레지스터의 각 비트 설정 내용:**

  » **UMSEL0(USART mode select) 비트(비트 6):** 이 비트가 0이면 비동기 전송모드이고 1이면 동기 전송모드이다. 비동기 전송모드로 설정하여야 하므로 0으로 한다.

» **UPM01, UPM00(parity mode) 비트(비트 5, 비트 4):** 패리티 비트를 사용 안 하는 경우 이 2개 비트를 0, 0으로 한다.

» **USBS0(stop bit select) 비트(비트 3):** 이 비트가 0이면 정지 비트 1개 사용이다(1이면 2개 사용).

» **UCSZ01, UCSZ00(character size) 비트(비트 2, 비트 1):** 이 두 개 비트가 1, 1이면 프레임당 데이터 비트 수 8이다. 단 UCSR0B 레지스터의의 UCSZ02 비트는 0이어야 한다.

» **UCPOLn(clock polarity) 비트(비트 0):** 비동기 모드로 사용 시에는 0으로 둔다.

따라서 UCSR0C 레지스터에 넣어야 할 값은 이진수로 00000110(= 0x06)이다.

- **UCSR0B 레지스터의 각 비트 설정 내용**

  » **RXENn(receiver enable) 비트(비트 4):** 이 비트가 1이면 USART 수신부가 동작 가능 상태가 된다.

  » **TXENn(transmitter enable) 비트(비트 3):** 이 비트가 1이면 USART 송신부가 동작 가능 상태가 된다.

  » **UCSZ02 비트(비트 2):** 이 비트가 0이고 UCSR0C 레지스터의 UCSZ01 = 1, UCSZ00 = 1이면 프레임당 데이터 비트 수 8이다.

  » **UCSR0B 레지스터에서 나머지 비트는 모두 0으로 한다. 따라서 UCSR0B 레지스터에 넣어야 할 값은 이진수로 00011000(= 0x18)이다.**

- **UCSR0A 레지스터의 각 비트 설정 내용**

  » **U2Xn(double the USART transmission speed):** 비동기식 전송 모드에서 비트를 1로 하면 전송에 사용하는 클록주파수가 2배로 되는데 이 기능을 사용하지 않으므로 0으로 둔다.

  » **UCSR0A 레지스터에서 너머지 비트도 모두 0으로 한다. 따라서 UCSR0A 레지스터에 넣어야 할 값은 이진수로 00000000(= 0x00)이다.**

- **UBRR0H, UBRR0L 레지스터 설정 내용**
  전송속도 19200bps를 위해서는 표 12-3에서 이 두 개 레지스터에 십진수 51을 넣어야 한다.
  이를 위한 C 코드는 다음과 같다.

```
UCSR0C = 0x06;    // 비동기 모드, 프레임 당 8비트, 패리티 사용않음, 1 정지비트
UCSR0B = 0x18;    //송수신부 동작 가능
UCSR0A = 0x00;    //클록주파수 2배 기능 사용않음

UBRR0H = 0;        // 전송속도 19200bps
UBRR0L = 51;       // 전송속도 19200bps
```

8-6 | 타이머/카운터

ATmega128은 내부에 4개의 타이머/카운터를 가진다(타이머/카운터0, 1, 2, 3). 이 중 타이머/카운터 0, 2는 8비트 크기이고, 타이머/카운터 1, 3은 16비트 크기이다. 이들 4개 타이머/카운터의 기본 기능은 비트 수를 제외하고는 서로 유사하다. 각 타이머/카운터는 기본적으로는 8비트 또는 16비트 업/다운(up/down) 카운터이며 동작 클록은 프리스케일러(prescaler)를 통하여 기본 클록 주파수를 1~1024 사이로 나눈 후 사용된다. 타이머/카운터의 주요 레지스터 및 신호는 다음과 같다(n = 0~3).

- **TCCRn**: 타이머/카운터 컨트롤 레지스터이다. 타이머/카운터 동작모드를 설정하고 프리스케일러의 분주비를 설정한다.

- **TCNTn**: 타이머/카운터 레지스터이다. 8/16비트 업/다운 카운터의 현재 값을 가진다.

- **OCRn**: 출력비교 레지스터이다. 타이머/카운터 동작중 TCNTn 값과 비교하기 위한 값을 저장한다.

- **OCn**: 타이머/카운터의 외부 출력 신호이다.

- **TIFR**: 타이머/카운터 인터럽트 플래그 레지스터이다. 타이머/카운터 동작중 발생하는 각종 플래그 값을 저장한다.

- **TIMSK**: 타이머/카운터 인터럽트 마스크 레지스터이다. 타이머/카운터에서 발생하는 각종 인터럽트를 인에이블/디스에이블(enable/disable)시킨다.

타이머/카운터 동작 모드

타이머/카운터 동작 모드에는 다음의 4 가지가 있다.

노멀(normal) 모드
CTC(clear timer on compare match) 모드

고속 PWM(pulse width modulation) 모드

phase correct PWM 모드

- **노멀(normal) 모드**

  노멀(normal) 모드에서는 타이머/카운터가 항상 업(up) 카운터로만 동작하고, 8비트 타이머/카운터의 경우 0~0xFF, 16비트 타이머/카운터의 경우 0~0xFFFF의 값으로 카운팅 동작이 반복하여 수행된다. 외부 클록을 입력으로 가해서 입력된 펄스 개수를 카운트하는 용도로 주로 사용한다.

- **CTC 모드**

  이 모드에서는 업 카운트 도중 타이머/카운터 레지스터 TCNTn의 값이 출력비교(output compare) 레지스터 OCRn의 값과 일치하면(이때를 비교 매치(compare match)라 한다) 다음 클록에서 TCNTn이 0으로 된다. 따라서 이 모드에서는 클록 입력에 의하여 항상 0~OCRn 값 사이로 카운트 동작이 반복 수행된다. TCNTn이 OCRn과 일치 할 때(비교 매치) TIFR 레지스터의 출력비교 플래그 OCFn가 1로 된다. 이때 SREG 레지스터의 I 비트가 1이고 TIMSK 레지스터의 OCIEn 비트가 1이면 출력비교 인터럽트가 실행된다. 따라서 이 모드를 사용하면 원하는 주기로 인터럽트를 실행시킬 수 있다.

- **고속 PWM 모드**

  고속 PWM 모드에서는 TCNTn 레지스터(n = 0~4)가 0부터 카운트 최대값 범위에서 업 카운트 동작이 반복적으로 수행된다. 업 카운트 도중 TCNTn이 출력 비교 레지스터 OCRn 값과 일치하면 출력신호 OCn이 0으로 되고, TCNTn가 카운트 최대값에서 0으로 될 때 OCn이 1로 된다.

  CTC 모드에서는 카운트 도중 TCNTn이 출력비교 레지스터 OCRn과 일치하면(비교 매치) TCNTn 값이 0으로 되었으나 고속 PWM 모드에서는 비교 매치 시 출력신호 OCn이 0으로 되고 TCNTn 값은 계속 업 카운트되어 증가한다. 이와 같이 증가하다가 TCNTn 값이 최대치에서 0으로 될 때 OCn이 1로 되는 동작을 반복한다. 단, 이는 TCCRn 레지스터의 비트 COMn1, COMn0 = 1, 0일 경우이고 COMn1, COMn0 = 1, 1이면 OCn이 0과 1로 바뀌는 동작이 반대로 된다.

- **phase correct PWM 모드**

  고속 PWM 모드는 출력신호 OCn을 통해 비교적 높은 주파수 파형을 얻는 데 적합하다면 phase correct PWM 모드는 높은 정밀도(resolution)의 주파수 파형을 얻는 데 적합하다. phase correct PWM 모드에서는 TCNTn 레지스터(n = 0~4)가 0부터 카운

트 최대값 범위에서 업 카운트하였다가 다시 카운트 최대값에서 0으로 다운 카운트하는 동작을 반복적으로 수행한다.

업 카운트 도중 TCNTn이 출력비교 레지스터 OCRn의 값과 일치하면 출력신호 OCn가 0으로 되고, 다운 카운트 도중 TCNTn이 OCRn과 일치하면 OCn가 1로 된다. 단, 이는 TCCRn 레지스터의 비트 COMn1, COMn0 = 1, 0일 경우이고 COMn1, COMn0 = 1, 1이면 OCn이 0과 1로 바뀌는 동작이 반대로 된다.

타이머/카운터0, 2 제어 레지스터

타이머/카운터0,2는 기본적으로 8비트 업/다운 카운터이다. 타이머 기능 시에는 내부 클록(CPU 클록)을 받아서 이 카운터가 동작하고, 카운터 기능 시에는 외부 클록을 받아서 이 카운터가 동작한다. 내부 클록 및 외부 클록 모두 프리스케일러를 통하여 주파수를 1~1024 사이로 나눈 후 카운터에 가해진다.

• **TCCRn 레지스터(n = 0,2)**

TCCRn 레지스터는 타이머/카운터0, 2의 동작모드를 설정하고 프리스케일러의 분주비를 설정한다. 그림 8-16에 TCCR0 레지스터의 비트 구성을 보였다.

Bit	7	6	5	4	3	2	1	0	
	FOC0	WGM00	COM01	COM00	WGM01	CS02	CS01	CS00	TCCR0
Read/Write	W	R/W	R/W	R/W	R/W	R/W	R/W	R/W	
Initial Value	0	0	0	0	0	0	0	0	

그림 8-16 TCCR0 레지스터의 비트 구성

TCCRn 레지스터 각 비트의 기능은 다음과 같다.

» **WGMn1, WGMn0 비트**: 4가지 파형 발생 모드를 설정한다. 다음 표 8-5에 이를 보였다.

표 8-5 타이머/카운터0,2의 파형 발생 모드(n = 0, 2)

WGMn1	WGMn0	모드
0	0	노멀
0	1	phase correct PWM
1	0	CTC
1	1	고속 PWM

» **COMn1, COMn0 비트**: 비교 매치 출력(compare match output) 비트로서, 출력신호 OCn(output compare)의 동작을 설정하며, OCn 동작은 동작 모드에 따라 다르다. 동작모드가 노멀이나 CTC인 경우의 타이머/카운터0,2의 OCn 동작을 다음 표 8-6에 보였다.

표 8-6 노멀/CTC 모드에서의 OCn 동작(n = 0, 2)

COMn1	COMn0	동작
0	0	OCn 출력 사용 않음(병렬 포트로 동작)
0	1	비교 매치 시 OCn 토글
1	0	비교 매치 시 OCn = 0
1	1	비교 매치 시 OCn = 1

» **CS02~CS00 비트**: TCCR0 레지스터의 클록 선택(clock select) 비트로서, 타이머/카운터0의 프리스케일러를 거치는 클록의 분주비를 결정한다. 다음 표 8-7에 클록의 분주비를 보였다. CS02~CS00 = 000이면 클록 입력이 없는 경우이며 이때 타이머/카운터0은 정지 상태이다. CS02~CS00 = 001이면 프리스케일러를 거치지 않고 클록을 직접 사용하는 경우이며, 010이면 프리스케일러를 거치면서 클록 주파수가 1/8로 감소하고 011이면 1/32로 감소한다. 이와 같은 식으로 하여 최대 1/1024까지 클록 분주비를 선택할 수 있다.

표 8-7 타이머/카운터0의 CS02~CS00에 의한 클록 분주비

CS02	CS01	CS00	기능
0	0	0	클록 사용 않음(타이머/카운터0 정지)
0	0	1	÷ 1
0	1	0	÷ 8
0	1	1	÷ 64
1	0	0	÷ 256
1	0	1	÷ 1024
1	1	0	T2 외부 클록(하강 에지)
1	1	1	T2 외부 클록(상승 에지)

» **CS22~CS20 비트**: 타이머/카운터2가 가지고 있는 TCCR2 레지스터의 클록 선택 비트로서 타이머/카운터0의 경우와 유사한 기능을 하지만 표 8-8과 같이 분주비가 약간 다르고 또 T2 핀(병렬포트 PD7과 겸용)으로 입력되는 외부 클록을 선택할 수 있도록 한다. T2 핀 사용 시는 CS22~CS20 = 110(하강 에지)이거나 111(상승 에지)이어야 한다.

표 8-8 타이머/카운터2의 CS22~CS20에 의한 클록 분주비

CS22 CS21 CS20	기능
0 0 0	클록 사용 않음(타이머/카운터2 정지)
0 0 1	÷ 1
0 1 0	÷ 8
0 1 1	÷ 64
1 0 0	÷ 256
1 0 1	÷ 1024
1 1 0	T2 외부 클록(하강 에지)
1 1 1	T2 외부 클록(상승 에지)

- **TCNTn 레지스터**

타이머/카운터0, 2의 현재 8비트 카운터 값을 저장하고 있는 레지스터로서 언제나 값을 읽고 쓸 수 있다.

- **OCRn 레지스터**

출력비교 레지스터로서 타이머/카운터 레지스터 TCNTn 값과 비교할 8비트 값을 저장하고 있다. 카운트 동작중 TCNTn과 일치되었을 때(비교 매치) TIFR 레지스터의 출력 비교 플랙 OCFn가 1로 되며 출력신호 OCn에 주파수와 폭이 변하는 펄스를 발생시키는 데 사용한다. PWM 모드에서 OCRn 값의 업데이트(update)는 카운트 최대값에서 이루어진다.

- **TIMSK 레지스터**

TIMSK는 타이머/카운터0, 1, 2가 발생하는 인터럽트를 개별적으로 허용하는 인터럽트 마스크 기능을 수행한다. 그림 8-17에 비트 구성을 보았다.

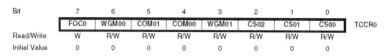

Bit	7	6	5	4	3	2	1	0	
	FOC0	WGM00	COM01	COM00	WGM01	CS02	CS01	CS00	TCCR0
Read/Write	W	R/W	R/W	R/W	R/W	R/W	R/W	R/W	
Initial Value	0	0	0	0	0	0	0	0	

그림 8-17   TIMSK 레지스터 비트 구성

각 비트의 기능은 다음과 같다.

» **OCIE2(output compare match interrupt enable) 비트**: 타이머/카운터2의 출력비교 인터럽트(output compare match interrupt)를 인에이블/디스에이블(enable/disable)한다(1 = 인에이블, 0 = 디스에이블).

» **TOIE2(timer/counter2 overflow interrupt enable) 비트**: 타이머/카운터2의 오버플로우 인터럽트(overflow interrupt)를 인에이블/디스에이블한다.

» **OCIE0 비트**: 타이머/카운터0의 출력비교 인터럽트를 인에이블/디스에이블한다.

» **TOIE0 비트**: 타이머/카운터0의 오버플로우 인터럽트를 인에이블/디스에이블한다.

• **TIFR 레지스터**

TIFR는 타이머/카운터0, 1, 2의 인터럽트 플래그를 저장한다. 그림 8-18에 비트 구성을 보였다.

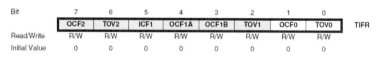

Bit	7	6	5	4	3	2	1	0	
	OCF2	TOV2	ICF1	OCF1A	OCF1B	TOV1	OCF0	TOV0	TIFR
Read/Write	R/W	R/W	R/W	R/W	R/W	R/W	R/W	R/W	
Initial Value	0	0	0	0	0	0	0	0	

그림 8-18   TIFR 레지스터 비트 구성

각 비트의 기능은 다음과 같다.

» **OCF2(output compare match flag) 비트**: 출력 비교 인터럽트 플랙으로서 타이머/카운터2 TCNT2 값이 출력비교 레지스터 OCR2와 일치(비교 매치)할 때 1로 된다. 이때 SREG 레지스터의 글로벌 인터럽트 인에이블 비트 I가 1이고 TIMSK의 OCIE2 비트가 1이면 출력비교 인터럽트가 실행되며 이 경우 이 플래그는 자동으로 0이 된다. 이 비트에 1을 써도(write) 0으로 클리어된다.

» **TOV2(timer/counter2 overflow flag) 비트**: 오버플로우 인터럽트 플랙으로서 타이머/카운터2 오버플로우 발생시 1로 된다. 이때 SREG 레지스터의 글로벌 인터럽트 인에이블

비트 I가 1이고 TIMSK의 TOIE2 비트가 1이면 오버플로우 인터럽트가 실행되며 이 경우 이 플래그는 자동으로 0이 된다. 이 비트에 1을 써도 0으로 클리어된다.

» **OCF0 비트**: 타이머/카운터2의 OCF2와 동일한 기능을 타이머/카운터0에 대해서 한다.

» **TOV0 비트**: 타이머/카운터2의 TOV2와 동일한 기능을 타이머/카운터0에 대해서 한다.

타이머/카운터1,3 제어 레지스터

타이머/카운터1, 3은 기본적으로 16비트 업/다운 카운터이다. 타이머 기능 시에는 내부 클록(CPU 클록)을 받아서 카운터가 동작하고, 카운터 기능 시에는 T1이나 T3 핀으로 외부 클록을 받아서 카운터가 동작한다. 내부 클록은 프리스케일러를 통하여 주파수를 1, 8, 64, 256, 1024 중 하나로 나눈 후 사용되며 외부 클록은 프리스케일러 없이 직접 사용된다.

• **TCCRnA 레지스터(n = 1, 3)**

TCCRnA 레지스터는 타이머/카운터1, 3의 동작모드와 비교출력 방식을 설정한다. 그림 8-19에 TCCR1A의 비트 구성을 보였다.

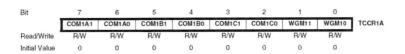

Bit	7	6	5	4	3	2	1	0	
	COM1A1	COM1A0	COM1B1	COM1B0	COM1C1	COM1C0	WGM11	WGM10	TCCR1A
Read/Write	R/W	R/W	R/W	R/W	R/W	R/W	R/W	R/W	
Initial Value	0	0	0	0	0	0	0	0	

그림 8-19   TCCR1A의 비트 구성

TCCRnA 레지스터 각 비트의 기능은 다음과 같다.

» **COMnA1, COMnA0, COMnB1, COMnB0, COMnC1, COMnC0 비트**: 비교 매치 출력(compare match output) 모드 비트로서 COMnA1, COMnA0는 출력신호 OCnA의 동작을 설정하고, COMnB1, COMnB는 출력신호 OCnB의 동작을 설정하며, COMnC1, COMnC0는 출력신호 OCnC의 동작을 각각 설정한다. 이들 OCnA~OCnC 동작은 동작모드(노멀 모드, CTC 모드, 고속 PWM 모드, phase correct PWM 모드)에 따라 다르다. 표 8-9는 노멀모드와 CTC 모드에서의 OCnA~OCnC의 동작이다(표에서 OCnx는 OCnA, OCnB, OCnC를 의미한다).

표 8-9　노멀/CTC 모드에서의 OCnA~OCnC의 동작(n = 1, 3 x = A, B, C)

COMnx1	COMnx0	OCnx 동작
0	0	OCnx 출력 사용하지 않음(그냥 병렬포트로 동작)
0	1	비교 매치에서 OCnx 토글
1	0	비교 매치에서 OCnx 는 0으로 된다.
1	1	비교 매치에서 Ocnx는 1로 된다

　» **WGMn1, WGMn0 비트**: 파형 발생 모드(waveform generation mode) 비트로서 타이머/카운터1,3의 동작모드를 설정한다. 이때 TCCRnB 레지스터의 WGMn3, WGMn2 비트와 합하여 모두 4비트를 사용한다. 표 8-10에 WGMn3~WGMn0 4개 비트에 의한 동작모드 설정을 보였다.

표 8-10　WGMn3~WGMn0에 의한 동작모드 설정(n = 1,3)

모드	WGMn3	WGMn2	WGMn1	WGMn0	동작모드	카운트 최대값
0	0	0	0	0	CTC	0xFFFF
1	0	0	0	1	phase correct PWM(8비트)	0x00FF
2	0	0	1	0	phase correct PWM(9비트)	0x01FF
3	0	0	1	1	phase correct PWM(10비트)	0x03FF
4	0	1	0	0	CTC	OCRnA
5	0	1	0	1	고속 PWM(8비트)	0x00FF
6	0	1	1	0	고속 PWM(9비트)	0x01FF
7	0	1	1	1	고속 PWM(10비트)	0x03FF
8	1	0	0	0	위상/주파수 correct PWM	ICRn
9	1	0	0	1	위상/주파수 correct PWM	OCRnA
10	1	0	1	0	phase correct PWM	ICRn
11	1	0	1	1	phase correct PWM	OCRnA
12	1	1	0	0	CTC	ICRn
13	1	1	0	1	사용 않음	
14	1	1	1	0	고속 PWM	ICRn
15	1	1	1	1	고속 PWM	OCRnA

• **TCCRnB 레지스터(n = 1, 3)**

TCCRnB 레지스터는 타이머/카운터1, 3의 입력 캡처와 프리스케일러 분주비 설정 등을 한다. 그림 8-20에 TCCR1B의 비트 구성을 보였다.

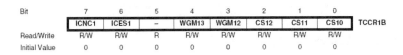

그림 8-20 TCCR1B의 비트 구성

TCCRnB 레지스터 각 비트의 기능은 다음과 같다.

» **WGMn3, WGMn2 비트**: TCCRnA 레지스터의 비트 WGMn1, WGMn0과 함께 표 8-10에 보인 다양한 동작모드를 설정하는 데 사용된다.

» **CSn2~CSn0 비트**: 클록 선택(clock select) 비트로서, 타이머/카운터1,3의 프리스 케일러를 거치는 클록의 분주비를 결정한다. 표 8-11에 클록의 분주비를 보였다. CSn2~CSn0 = 110이나 111일 때는 분주비 설정에 사용되지 않고 Tn 핀(T1은 병렬 포트 PD6과 겸용이고 T3은 PE6과 겸용)으로 입력되는 외부 클록을 사용할 수 있도 록 한다.

표 8-11 CSn2~CSn0에 의한 프리스케일러 클록 분주비(n = 1,3)

CSn2	CSn1	CSn0	기능
0	0	0	클록 사용 않음(타이머/카운터1, 3 정지)
0	0	1	÷ 1
0	1	0	÷ 8
0	1	1	÷ 64
1	0	0	÷ 256
1	0	1	÷ 1024
1	1	0	Tn 외부 클록(하강 에지)
1	1	1	Tn 외부 클록(상승 에지)

» **ICNCn(input capture noise canceler) 비트**: 입력캡처 핀 ICPn으로 들어오는 입력캡처 트리거 신호에 대한 노이즈 제거 기능이 동작하도록 한다.

» **ICESn(input capture edge select) 비트**: 입력캡처 핀 ICPn으로 들어오는 입력캡처 트리거 신호의 동작 에지를 설정한다. 0이면 하강에지이고 1이면 상승에지이다. 입력캡처 트리거 신호가 들어오면 입력캡처 레지스터 ICRn에 현재 카운터 값이 저장되고 이때 입력캡처 플래그 ICFn이 1로 된다. 이때 SREG의 I비트가 1이고 입력캡처 인터럽트 인에이블 비트 TICIEn이 1이면 입력캡처 인터럽트가 실행된다.

- **TCCRnC 레지스터(n = 1, 3)**

  TCCRnC 레지스터는 타이머/카운터1, 3의 비교출력 신호 관련 기능을 설정한다. 비트 5~7의 3비트가 사용되는데, 잘 사용하지 않는 기능이므로 대개 3비트 모두 0으로 둔다.

- **TCNTn 레지스터(n = 1, 3)**

  타이머/카운터1,3의 현재 16비트 카운터 값을 저장하고 있는 레지스터로서 언제나 값을 읽고 쓸 수 있다. TCNTn의 상위 바이트 레지스터는 TCNTnH, 하위 바이트 레지스터는 TCNTnL이다.

- **OCRnA~OCRnC 레지스터(n = 1, 3)**

  3개의 16비트 출력비교 레지스터로서 타이머/카운터 레지스터 TCNTn 값과 비교할 값을 저장한다. 카운트중 서로 일치되었을 때(비교 매치) 비교 매치 플래그이 1로 되거나(이때 비교 매치 플래그 인터럽트가 발생할 수 있다) 각각의 출력 신호 OCnA~OCnC에 주파수와 폭이 변하는 펄스를 발생시키는 데 사용한다.

- **ICRn 레지스터(n = 1, 3)**

  입력캡처 레지스터 ICRn(input capture register)은 입력캡처 핀 ICPn으로 트리거 신호가 들어오면 현재 TCNTn 값을 캡처하여 저장하는 기능을 한다.

- **TIMSK 레지스터**

  타이머/카운터 인터럽트 마스크레지스터 TIMSK는 타이머/카운터0, 1, 2가 발생하는 인터럽트를 개별적으로 허용하는 인터럽트 마스크 기능을 수행한다. 앞의 그림 8-17에 비트 구성을 보였다. 타이머/카운터1에 관련된 비트의 기능은 다음과 같다.

  » **TICIE1(timer/counter1 input capture interrupt enable) 비트**: 타이머/카운터1의 입력캡처 인터럽트(input capture interrupt)를 인에이블/디스에이블한다(1일 때가 인에이블이다).

  » **OCIE1A(output compare A match interrupt enable) 비트**: 타이머/카운터1의 출력비교 A 인터럽트를 인에이블/디스에이블한다.

» OCIE1B(output compare B match interrupt enable) 비트: 타이머/카운터1의 출력비교 B 인터럽트를 인에이블/디스에이블한다.

» TOIE1(timer/counter1 overflow interrupt enable) 비트: 타이머/카운터1의 오버플로우 인터럽트를 인에이블/디스에이블한다

- **TIFR 레지스터**

타이머/카운터0, 1, 2에서 발생하는 인터럽트에 대한 해당 플래그를 저장한다. 앞의 그림 1-8에 비트 구성을 보였다. 타이머/카운터1에 관련된 비트의 기능은 다음과 같다.

» **ICF1(input capture flag) 비트**: 타이머/카운터1 입력캡처 핀 ICP1에 신호가 가해져 입력캡처 동작 수행 시 1로 된다. 또는 입력캡처 레지스터 ICR1이 카운트 최대값으로 사용되는 경우(표 11-10 참조) TCNT1 값이 카운트 최대값이 되면 이 플랙이 1로 된다. 이때 SREG의 I 비트가 1이고 TIMSK의 TICIE1 비트가 1이면 입력캡처 인터럽트가 실행되며 이 경우 이 플래그는 자동으로 0이 된다.

» **OCF1A(output compare A match flag) 비트**: 타이머/카운터1의 TCNT1 값이 출력비교 레지스터 OCR1A과 일치(비교 매치)할 때 1로 된다. 이때 SREG의 I 비트가 1이고 TIMSK의 OCIE1A 비트가 1이면 출력비교 인터럽트가 실행되며 이 경우 이 플래그는 자동으로 0이 된다. 이 비트에 1을 써도(write) 0으로 클리어된다.

» **OCF1B(output compare B match flag) 비트**: 타이머/카운터1의 TCNT1 값이 출력비교 레지스터 OCR1B과 일치(비교 매치)할 때 1로 된다. 이때 SREG의 I 비트가 1이고 TIMSK의 OCIE1B 비트가 1이면 출력비교 인터럽트가 실행되며 이 경우 이 플래그는 자동으로 0이 된다. 이 비트에 1을 써도(write) 0으로 클리어된다.

» **TOV1(timer/counter1 overflow flag) 비트**: 타이머/카운터1 오버플로우 발생 시 1로 된다. 또는 phase correct PWM 모드에서 카운트중 TCNT1 값이 0이 될 때도 1로 된다. 이때 SREG의 I 비트가 1이고 TIMSK의 TOIE1 비트가 1이면 오버플로우 인터럽트가 실행되며 이 경우 이 플래그는 자동으로 0이 된다. 이 비트에 1을 써도(write) 0으로 클리어된다.

- **ETIMSK 레지스터**

ETIMSK 레지스터는 타이머/카운터1, 3이 발생하는 인터럽트를 개별적으로 허용하는 인터럽트 마스크 기능을 수행한다. 이는 TIMSK 레지스터가 타이머/카운터3에 대해서는 인터럽트 마스크 기능을 제공하지 못하므로 이를 보완하기 위한 것이다. 그림 8-21에

비트 구성을 보였다. 비트의 기능은 다음과 같다.

그림 8-21   ETIMSK 레지스터 비트 구성

» **OCIE3A(output compare A match interrupt enable)~OCIE3C 비트**: 타이머/카운터3의
출력비교 A, B, C 인터럽트를 인에이블/디스에이블 시킨다(1일 때가 인에이블이다).

» **OCIE1C(output compare C match interrupt enable) 비트**: 타이머/카운터1의 출력비교
인터럽트를 인에이블/디스에이블시킨다.

» **TICIE3(timer/counter3 input capture interrupt enable) 비트**: 타이머/카운터3의 입력캡
처 인터럽트를 인에이블/디스에이블시킨다.

» **TOIE3(timer/counter3 overflow interrupt enable) 비트**: 타이머/카운터3의 오버플로우
인터럽트를 인에이블/디스에이블시킨다.

• **ETIFR 레지스터**

ETIFR 레지스터는 타이머/카운터1, 3에서 발생하는 인터럽트들에 대한 해당 플래그를
저장한다. TIFR이 타이머/카운터3에 대해서는 인터럽트 플랙 기능을 제공하지 못하므
로 이를 보완하기 위한 것이다. 그림 8-22에 비트 구성을 보였다. 비트의 기능은 다음과
같다.

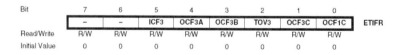

그림 8-22   ETIFR 레지스터 비트 구성

» **OCF3A(output compare A match flag)~OCF3C 비트**: 타이머/카운터3의 출력비교 레지
스터 OCR3A~OCR3C의 비교 매치 시 각각 1로 된다. 이때 SREG의 I 비트가 1이
고 ETIMSK의 OCIE3A~OCIE3C 비트가 1이면 각각의 출력비교 인터럽트가 실행되
며 이 경우 이 플래그는 자동으로 0이 된다. 이 비트에 1을 써도(write) 0으로 클리어
된다.

» **OCF1C(output compare C match flag) 비트**: 타이머/카운터1 출력비교 레지스터 OCR1C의 비교 매치 시 1로 된다. 이때 SREG의 I 비트가 1이고 ETIMSK의 OCIE1C 비트가 1이면 출력비교 인터럽트가 실행되며 이 경우 이 플래그는 자동으로 0이 된다. 이 비트에 1을 써도(write) 0으로 클리어된다.

» **ICF3(timer/counter3 input capture flag) 비트**: 타이머/카운터3 입력캡처 핀 ICP3에 신호가 가해져 입력캡처 동작 수행 시 1로 된다. 또는 입력캡처 레지스터 ICR3이 카운트 최대값으로 사용되는 경우(표 11-10 참조) TCNT3 값이 카운트 최대값이 되면 이 플랙이 1로 된다. 이때 SREG의 I 비트가 1이고 ETIMSK의 TICIE3 비트가 1이면 입력캡처 인터럽트가 실행되며 이 경우 이 플래그는 자동으로 0이 된다.

» **TOV3(timer/counter3 overflow flag) 비트**: 타이머/카운터3 오버플로우 발생시 1로 된다. 또는 phase correct PWM 모드에서 카운트 중 TCNT3 값이 0이 될 때도 1로 된다. 이때 SREG의 I 비트가 1이고 ETIMSK의 TOIE3 비트가 1이면 오버플로우 인터럽트가 실행되며 이 경우 이 플래그는 자동으로 0이 된다. 이 비트에 1을 써도(write) 0으로 클리어된다.

8-7 | A/D 컨버터

ATmega128은 아날로그(analog) 신호를 디지털 값으로 변환시키는 A/D 컨버터를 내부에 가지고 있다. 따라서 온도 센서나 조도 센서 등 각종 센서들로부터 아날로그 신호를 읽어 들여 이를 디지털 값으로 변환 후 처리하는 각종 응용에 편리하게 사용할 수 있다. ATmega128의 A/D 컨버터는 최대 8개까지의 아날로그 신호를 받아들이기 위한 8개 입력 핀이 있고 변환 결과는 10비트 데이터로 저장한다. 아날로그 신호를 받아들이기 위한 8개 입력 핀(AD0~AD7)은 병렬포트 A의 핀(PA0~PA7)과 겸용이다.

A/D 컨버터 동작 모드는 프리러닝 모드(free running mode)와 싱글변환 모드(single conversion mode) 두 가지가 있다. 프리러닝 모드는 최초 A/D 변환 동작을 시작시키면 그 다음부터는 자동으로 계속적인 A/D 변환이 행해지는 것을 말한다. 싱글변환 모드는 매번 변환 시마다 A/D 컨버터 제어 레지스터인 ADCSRA의 ADSC(ADC start conversion) 비트를 1로 해주어야 한다.

A/D 컨버터 관련 레지스터로는 다음과 같은 것들이 있다.

- » **ADMUX**: A/D 변환 멀티플렉서 레지스터
- » **ADCSRA**: A/D 변환 제어 및 상태 레지스터
- » **ADCH, ADCL**: A/D 변환 데이터 레지스터

- **ADCH, ADCL 레지스터**

  10비트 A/D 변환 결과를 저장하기 위한 데이터 레지스터이다. 8비트 레지스터 두 개를 묶어 16비트를 구성하여 이 중 10비트만 사용한다. 상위 바이트 레지스터가 ADCH이고 하위 바이트 레지스터가 ADCL이다.

- **ADMUX 레지스터**

  ADMUX 레지스터의 주요 기능은 A/D 컨버터의 8개 아날로그 입력을 선택하는 것이다. 그림 8-23에 비트 구성을 보였다.

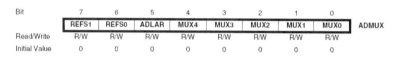

그림 8-23 레지스터

각 비트의 기능은 다음과 같다.

- » **MUX4(analog channel and gain selection bits)~MUX0 비트**: 이 5개 비트는 아날로그 신호 입력을 선택한다. 5개 비트 중 일반적으로 사용하는 싱글엔디드 방식의 경우 MUX2~MUX0의 3개 비트를 사용하여 8개 아날로그 입력 채널 중 하나를 선택한다. 표 8-12에 이를 보였다. MUX4, MUX3 비트는 디퍼런셜(differential) 방식에서 사용된다.

표 8-12 아날로그 신호 입력 선택(싱글엔디드 방식의 경우)

MUX2 MUX1 MUX0	아날로그 신호 입력 선택
0 0 0	ADC0
0 0 1	ADC1
0 1 0	ADC2
0 1 1	ADC3
1 0 0	ADC4

1 0 1	ADC5
1 1 0	ADC6
1 1 1	ADC7

» **REF1(reference selection bits), REF0 비트**: A/D 컨버터의 기준전압(reference voltage)
을 선택한다. REF1, REF0 = 0, 0이면 외부의 AREF 핀에 가해진 전압이 기준전압이
되고 REF1, REF0 = 0, 1이면 외부의 AVCC 핀에 가해진 전압이 기준전압이 된다.
REF1, REF0 = 1, 1이면 ATmega128 내부의 2.56V 기준전압을 사용한다. REF1,
REF0 = 1, 0은 사용하지 않는다.

» **ADLAR(ADC left adjust result) 비트**: A/D 변환 결과(10비트)가 저장되는 방식을 지정
한다. 이 비트가 0이면 16비트 ADC 데이터 레지스터(8비트 ADCH, ADCL 레지스
터 두 개로 구성)의 LSB부터 저장된다(상위 6비트는 사용하지 않는다). 이 비트가 1이
면 반대로 MSB부터 저장된다(하위 6비트는 사용하지 않는다).

• **ADCSRA 레지스터**

ADCSRA 레지스터는 A/D 컨버터의 제어 및 상태를 표시한다. 각 비트 구성을 그림
8-24에 보였다.

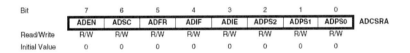

Bit	7	6	5	4	3	2	1	0	
	ADEN	ADSC	ADFR	ADIF	ADIE	ADPS2	ADPS1	ADPS0	ADCSRA
Read/Write	R/W	R/W	R/W	R/W	R/W	R/W	R/W	R/W	
Initial Value	0	0	0	0	0	0	0	0	

그림 8-24 ADMUX 레지스터

» **ADEN(ADC enable) 비트**: A/D 컨버터를 인에이블하기 위해서는 이 비트를 1로 한다.
이 비트가 0이면 A/D 컨버터는 OFF 상태로 된다.

» **ADSC(ADC start conversion) 비트**: A/D 변환 동작을 시작시킨다. 싱글변환 모드
(single conversion mode)에서는 매 변환 시마다 이 비트를 1로 하여야 하고, 프리런
닝 모드(free running mode)에서는 최초 이 비트를 1로 하면 자동적으로 계속 변환
이 행해진다. A/D 변환 1회에는 13 클록이 소요되며 단 최초 변환 시에는 25 클록이
소요된다. A/D 변환 도중에 이 비트는 1로 있으며 변환이 완료되면 0으로 된다.

» **ADFR(ADC free running select) 비트**: 프리러닝 모드(free running mode)와 싱글변환 모드(single conversion mode) 중 선택한다. 이 비트가 1이면 프리러닝 모드이고 0이면 싱글변환 모드이다.

» **ADIF(ADC interrupt flag) 비트**: A/D 변환 동작이 완료되어 결과가 데이터 레지스터(ADCH, ADCL)에 써지면 1로 된다. 이때 ADIE 비트와 SREG 레지스터의 I 비트가 모두 1이면 A/D 변환완료 인터럽트가 실행된다. A/D 변환완료 인터럽트 서비스 루틴이 실행되면 이 비트는 자동으로 0이 된다. 이 비트에 1을 써도 0으로 된다.

» **ADIE(ADC interrupt enable) 비트**: A/D 변환완료 인터럽트를 인에이블시킨다. 실제 인터럽트 실행을 위해서는 SREG 레지스터의 I 비트도 1이어야 한다.

» **ADSP2(ADC prescaler select bits)~ADSP0 비트**: 이 3개 비트는 A/D 컨버터 동작 클록의 분주비율을 설정한다. 시스템 클록을 이 분주비율로 나누어 A/D 컨버터에 가해진다. 표 8-13에 분주비율을 보였다.

표 8-13 A/D 컨버터 동작 클록 분주비율

ADSP2 ADSP1 ADSP0	분주비율
0 0 0	2
0 0 1	2
0 1 0	4
0 1 1	8
1 0 0	16
1 0 1	32
1 1 0	64
1 1 1	128

센서노드 기본
프로그래밍

9-1 | 시리얼 출력 프로그래밍

USART 포트를 직접 제어하는 시리얼 출력 프로그램 예

여기서는 시리얼 출력을 위해 운영체제(NanoQplus)의 API를 사용하지 않고 ATmega128의 USART 포트를 직접 제어하는 프로그램 예를 먼저 설명한다. ATmega128은 8장에서 설명한대로 두 개의 시리얼 통신 포트(USART0, USART1)를 가지며 여기서는 USART1을 사용하는 것으로 한다.

프로그램에 필요한 USART 포트 제어 레지스터는 다음과 같다(8-5절에 상세한 내용이 나와 있다).

- **UCSRnA**: USART 컨트롤 및 상태 레지스터 A (n = 0,1)

  UCSRnA 레지스터는 송수신 동작 컨트롤 및 송수신 상태(status) 저장 기능을 한다. 그림 9-1에 비트 구성을 보였고 각 비트의 동작은 다음과 같다.

Bit	7	6	5	4	3	2	1	0	
	RXCn	TXCn	UDREn	FEn	DORn	UPEn	U2Xn	MPCMn	UCSRnA
Read/Write	R	R/W	R	R	R	R	R/W	R/W	
Initial Value	0	0	1	0	0	0	0	0	

그림 9-1   UCSRnA 레지스터

- » **RXCn(USART receive complete)**: USART 수신 완료(receive complete) 비트로서 현재 수신 버퍼(UDRn)에 수신된 데이터가 있고, 이를 아직 CPU에서 읽어가지 않았을 때 1 상태이다.

- » **TXCn(USART transmit complete)**: USART 송신 완료(transmit complete) 비트로서 이 비트는 송신 시프트 레지스터에 있는 데이터가 모두 전송되고 아직 새로운 데이터가 송신 버퍼(UDRn)에 들어오지 않은 경우 1 상태이다.

- » **UDREn(USART data register empty)**: 이 비트는 송신 버퍼(UDRn)가 비어 있어 새로운 데이터를 받아들일 준비가 되어 있을 때 1이 된다.

- » **FEn(frame error)**: 이 비트는 수신된 문자(character)에서 프레임 에러(frame error)가 발생하면 1이 된다.

- » **DORn(data overrun error)**: 이 비트는 오버런(overrun) 에러가 발생하면 1이 된다.

» **UPEn(USART parity error)**: 패리티 비트를 사용하는 경우 수신 버퍼의 데이터에 패리티 에러가 있으면 1이 된다.

» **U2Xn(double the USART transmission speed)**: 이 비트는 비동기식 전송 모드에만 해당되고 이 비트를 1로 하면 USART 내부 클록발생부에서 전송에 사용하는 클록주파수를 2배로 함으로써 전송속도(bps)가 2배로 된다.

» **MPCMn(multi-processor communication mode)**: 이 비트는 멀티프로세서 통신모드를 인에이블시킨다.

- **UCSRnB**: USART 컨트롤 및 상태 레지스터 B(n = 0, 1)

그림 9-2에 UCSRnB 레지스터의 비트 구성을 보였고 각 비트의 동작은 다음과 같다.

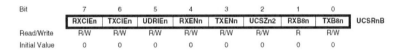

그림 9-2   UCSRnB 레지스터

» **RXCIEn(RX complete interrupt enable)**: 이 비트가 1이면 UCSRnA 레지스터의 RXCn 비트가 1로 될 때 수신완료 인터럽트가 실행된다.

» **TXCIEn(TX complete interrupt enable)**: 이 비트가 1이면 UCSRnA 레지스터의 TXCn 비트가 1로 될 때 송신완료 인터럽트가 실행된다.

» **UDRIEn(USART data register empty interrupt enable)**: 이 비트가 1이면 UCSRnA 레지스터의 UDREn 비트가 1로 될 때 데이터 레지스터 empty 인터럽트가 실행된다.

» **RXENn(receiver enable)**: 이 비트가 1이면 USART 수신부가 동작 가능 상태가 된다.

» **TXENn(transmitter enable)**: 이 비트가 1이면 USART 송신부가 동작 가능 상태가 된다.

» **UCSZn2(character size)**: 이 비트는 UCSRnC 레지스터의 두 비트 UCSZn1, UCSZn0 와 결합하여 한 프레임당의 비트 개수(예: 8)를 정한다.

» **RXB8n(receive data bit 8)**: 프레임당 데이터 비트 개수가 9인 경우 수신된 프레임의 9

번째 비트를 나타낸다.

» **TXB8n(transmit data bit 8)**: 프레임당 데이터 비트 개수가 9인 경우 송신할 프레임의 9
번째 비트를 나타낸다.

- **UCSRnC**: USART 컨트롤 및 상태 레지스터 C(n = 0, 1)

그림 9-3에 UCSRnC 레지스터 비트 구성을 보였고 각 비트의 동작은 다음과 같다.

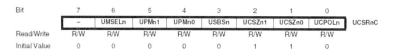

그림 9-3   UCSRnC 레지스터

» **UMSELn(USART mode select)**: 이 비트가 0 이면 비동기 전송모드이고, 1 이면 동기 전
송모드이다.

» **UPMn1(parity mode), UPMn0**: 이 두개 비트는 패리티(parity) 사용여부 및 even/
odd(짝수/홀수) 패리티 선택 기능을 한다. 값이 00이면 패리티 사용 않음이다.

» **USBSn(stop bit select)**: 이 비트는 송신 시 삽입할 정지 비트의 수를 선택한다. 0이면 1
개 정지 비트이다.

» **UCSZn1(character size), UCSZn0**: 이 두개 비트는 UCSRnB 레지스터의 UCSZn2
비트와 결합하여 한 프레임당 데이터 비트 수(character size)를 정한다.
UCSZn2~UCSZn0 = 011이면 8 비트이다.

» **UCPOLn(clock polarity)**: 이 비트는 동기 모드에서 클록의 극성(polarity)을 설정한다.
비동기 모드로 사용 시에는 0으로 둔다.

- **UBRRnH, UBRRnL**: USART Baud Rate 레지스터(n = 0, 1)
직렬 전송속도(bps)를 설정한다. 상위바이트(UBRRnH)와 하위바이트(UBRRnL)를 합
쳐 16비트 중 12비트만 사용한다. 이때 전송속도와 UBRR 레지스터의 값의 관계는 다
음 식으로 주어진다. 여기서 fosc는 CPU 클록 주파수이다.

```
UBRR = fosc/(16 x 전송속도) - 1
```

예를 들어 CPU 클록 주파수 = 8MHz, 전송속도 = 38400bps이면 UBRR의 값은
0x0C이다.

프로그램 주요 소스는 다음과 같다(CPU 클록 주파수 = 8MHz, 전송속도 = 38400bps 로 설정한 경우이다).

```
..................
void init_usart( unsigned int ubrr ) {
UBRR1H = (unsigned char)(ubrr>>8);   //UBRR 상위바이트 레지스터 값 설정
UBRR1L = (unsigned char)ubrr;        //UBRR 하위바이트 레지스터 값 설정
UCSR1B = 0x18;                       //송수신 인에이블(RXEN1=1, TXEN1=1)
}
void transmit( unsigned char data ) {
while ((UCSR1A & 0x20) == 0x00) ;    // 송신완료 대기(TXC1=1)
UDR1 = data;                         //데이터 레지스터로 전송
}
void msg_send(unsigned char * msg) {
..................
 transmit(msg[i]);
.................. }

int main(void) {
unsigned int ubrr_val = 0x0C;
init_usart(ubrr_val);                     //전송속도 38400bps로 설정
msg_send("serial port test ....\n");//테스트 메시지 전송
return 0;
}
```

프로그램 소스 입력을 위해서는 먼저 설치된 개발환경 창에서 Nano Esto Application → Esto C Project 선택 후 프로젝트 이름(예: USART_test)을 입력한다. 여기서는 NanoQplus 커널을 사용하지 않으므로 커널 선택부분은 그냥 넘어간다. 이후 생성된 프로젝트에서 마우스 오른쪽 버튼 → New → File 메뉴에서 파일(예: usart.c)을 생성하고 위 소스를 입력한다.

운영체제(NanoQplus)의 API를 사용하여 시리얼 통신하는 예

여기서는 운영체제(NanoQplus)의 API를 사용하는 경우이며 이를 위해 타겟빌더(Target Builder)를 사용한다. 타겟빌더는 NanoQplus의 커널 설정 과정에서 각 항목들을 쉽게 선택할 수 있게 하고 선택된 항목들의 의존성 검사를 하며 최종 타겟 이미지를 자동 생성하는 기능을 제공한다.

프로그램 작성을 위해서는 먼저 커널 프로젝트를 생성하고 이어서 응용프로그램 프로젝트를 생성해야 한다. 커널 프로젝트를 생성하기 위해서는 먼저 메인화면의 새 프로젝트 생성 창에서 타겟빌더인 Qplus Target Builder를 선택한다. 프로젝트 종류로 Nano Q + System Project 선택 후 프로젝트 이름(예: Serial_knl)을 입력한다. 그림 9-4에 보인 메인화면의 에디터에서 Enable UART module과 Enable LED module 항목을 더블 클릭하여 선택 후 결과를 저장한다. 마지막으로 메인화면의 Build Nano Qplus 메뉴로 커널 프로젝트를 빌드한다.

응용프로그램 프로젝트를 생성하기 위해서는 메인화면의 새 프로젝트 생성 창에서

Nano Esto Application → Esto C Project 선택 후 프로젝트 이름(예: Serial_Appl)을 입력하고 이어서 Next 버튼을 누른다. 이때 나타나는 커널 프로젝트 선택 창에서 앞에서 생성한 커널 프로젝트(Serial_knl)를 선택 후 종료 버튼을 누르면 응용프로그램 프로젝트가 생성된다. 이때 소스파일(Serial_Appl.c)도 함께 생성된다. 단, 커널 프로젝트에서 Rapid Prototyping Enable 항목을 선택한 경우에 해당한다.

다음 그림 9-5의 메인화면 중앙창에서 생성된 파일(Serial_Appl.c)의 소스를 입력한다. 여기서는 initialize_nano_resources() 함수를 호출 후 바로 puts()함수를 사용하여 시리얼 출력을 하고 있다. 이와 같이 운영체제(NanoQplus)가 제공하는 API를 사용하는 경우 앞에서 직접 시리얼포트(USART)를 제어하는 예와 달리 Atmega128의 USART 레지스터를 사용자가 일일이 제어할 필요가 없으므로 훨씬 편리하다.

화면에서 입력된 소스(Serial_Appl.c)를 저장하면 자동 컴파일된다. 컴파일 결과로 이클

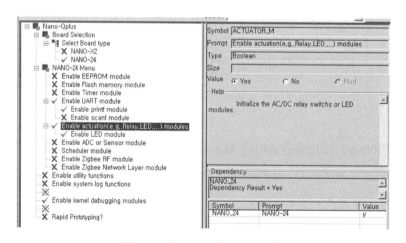

그림 9-4   커널 프로젝트 생성화면 예

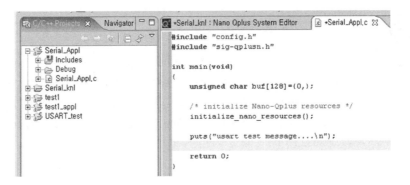

그림 9-5 소스 입력 화면 예

립스 작업 폴더 내의 workspace\Serial_Appl\Debug 폴더에 Serial_Appl.rom 파일이 생성된다. 이 파일은 Atmega128 실행파일이므로 타겟보드(센서보드)로 전송해서 실행시킨다. 타겟보드(센서보드)로의 전송을 위해서는 메인 화면에서 Tools → Fusing Tool 메뉴를 실행하여 나오는 그림 9-6의 화면에서 Serial_Appl.rom 선택 후 다운로드하면 된다.

동작 확인을 위해 타겟보드(센서보드)를 PC와 USB(시리얼)로 연결하고 시리얼 통신 프로그램을 실행시켜 타겟보드로부터의 시리얼 출력을 화면에 표시한다.

모든 시리얼 통신 프로그램은 사용할 시리얼 포트번호(예:COM1, COM5 등)와 전송속도(예: 38400bps)를 설정하는 메뉴가 반드시 있으며 연결된 타겟보드(센서보드)에 맞추어 이를 설정해 주면 된다.

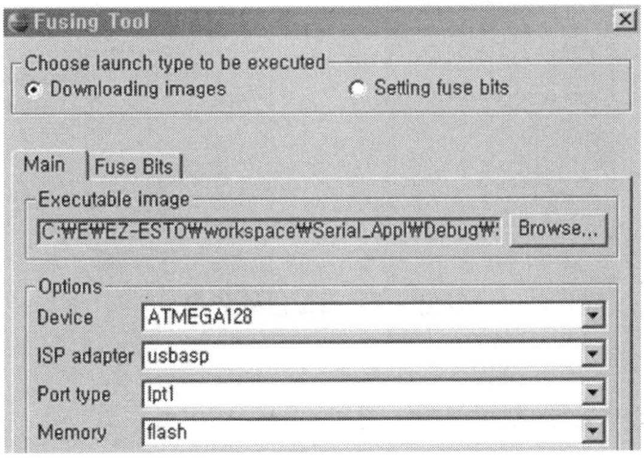

그림 9-6 Fusing Tool 메뉴 실행 화면

[참고]

윈도우 XP까지 제공하던 시리얼 통신 프로그램인 하이퍼터미널은 윈도우 7, 윈도우 8 등에서
는 제공하지 않는다. 따라서 별도의 시리얼 통신 프로그램을 사용하든지 윈도우 XP의 하이퍼
터미널 파일을 그대로 복사해서 사용해도 된다. 윈도우 XP의 하이퍼터미널은 실행파일명이 hy-
perterm.exe이고(Program Files₩Windows NT 폴더에 있다) 실행 시 DLL 파일인 hyperterm.
dll(Winodws₩System32 폴더에 있다)도 함께 필요하다.

9-2 | 조도 센서 응용프로그래밍

타겟보드(센서노드)에 장착된 조도센서를 이용한 조도 측정 프로그램 예이다. 그림 9-7에 구
성을 보였다. 조도 측정 프로그램은 ATmega128 내부의 A/D 컨버터를 사용해 조도 센서
값을 읽어와 결과 값을 시리얼 포트로 출력한다.

A/D 컨버터의 8개 아날로그 신호는 ATmega128의 병렬포트 F(PF0~PF7)와 겸용
(ADC0~ADC7)이며 조도센서는 병렬포트 PF1(ADC1) 핀에 연결되어 있는 것으로 설정하
였다. 센서노드의 각 센서에는 파워 ON/OFF를 위한 스위치가 연결되어 있는데 조도센서의
경우 파워 ON/OFF 스위치는 병렬포트 A의 PA1에 연결되어 있는 것으로 설정하였다. 센서
보드가 다르면 여기서 사용하는 병렬포트 PF1, PA1 부분이 달라진다.

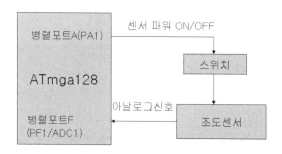

그림 9-7 조도센서 연결

먼저 커널 프로젝트를 생성한다. 이를 위해 메인화면의 새 프로젝트 생성 창에
서 Qplus Target Builder → Nano Q + System Project 선택 후 프로젝트 이름(예:

LightSensor_knl)을 입력한다. 다음 그림 9-8의 메인화면 중앙의 에디터에서 Enable UART module, Enable LED module을 선택하고 Enable ADC or Sensor module 아래의 Enable Light sensor 항목도 선택한다. 다음 파일 저장 후 Target Builder → Build Nano Qplus 메뉴로 커널 프로젝트를 빌드한다.

다음 응용프로그램 프로젝트를 생성한다. 이를 위해 메인화면의 새 프로젝트 생성 창에서 Nano Esto Application → Esto C Project 선택 후 프로젝트 이름(예: LightSensor_Appl)을 입력하고 그림 9-9의 커널 프로젝트 선택 창에서 앞에서 생성한 커널 프로젝트(LightSensor_knl)를 선택 후 종료 버튼을 누르면 응용프로그램 프로젝트가 생성된다. 이때 프로젝트 폴더에 init.c 파일과 LightSensor_Appl.c 파일도 함께 생성된다. LightSensor_Appl.c 파일은 커널 프로젝트에서 Rapid Prototyping 기능을 인에이블한 경우에 자동 생성된다.

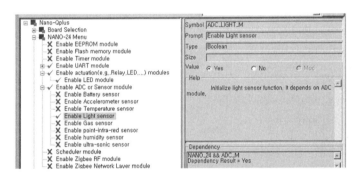

그림 9-8 조도 센서 커널 프로젝트 생성화면

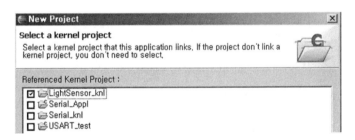

그림 9-9 조도 센서 커널 프로젝트 선택 창

다음은 init.c 파일 내용 중 일부이다.

```
#include "config.h"

.......
extern void _initialize_uart(void);
//extern void _initialize_printf(void);
extern void _initialize_adc(void);
//extern void _initialize_adc_ir(void);
//extern void _initialize_ultrasonic_sensor(void);
extern void _initialize_led(void);
..........

void initialize_nano_resources (void)
{
 .......
 _initialize_uart();
// _initialize_printf();
 _initialize_adc();
 //_initialize_adc_ir();
 //_initialize_ultrasonic_sensor();
 _initialize_led();
 .......
 /* enable global interrupt */
 sei();

}
```

커널 프로젝트에서 인에이블시킨 항목만 주석 표시가 제외되어 있음을 알 수 있다(예:
UART 모듈은 _initialize_uart();). 자동 생성된 LightSensor_Appl.c 파일에는 헤더 부
분과 main() 함수의 기본 골격이 포함되어 있어 필요한 부분만 추가하면 된다. 다음은
LightSensor_Appl.c 파일의 주요 소스 내용이다.

LightSensor_Appl.c 소스(주요부분):

```
void read_light_sensor(void) {
unsigned int val_light;
BYTE buf[10]={0,};
```

```
val_light = get_light_adc_raw_data();

puts("조도값 : ");
itoa(val_light, buf, 10);
puts(buf);
puts(" 룩스\n");
return;
}

int main(void) {
unsigned int i;

initialize_nano_resources();
powerOn_light_sensor(); //조도 센서 파워 ON

halWait(50000); halWait(50000);   //시간 지연

i = 10;
LED_PROCESSING();

while(1) {
if (i == 0) {
  i = 10;
  TOGGLE_LED1();
  read_light_sensor();
}
halWait(50000);
i--;
}
return 0;
}
```

메인 함수에서는 initialize_nano_resources() 함수를 호출해 운영체제(NanoQplus)의 각종 자원들을 초기화시킨다. initialize_nano_resources() 함수는 응용 프로그램 프로젝트 폴더(LightSensor_Appl)의 init.c 파일에 구현되어 있다. 여기서는 앞에서 설명한 대로 다음 예와 같이 커널 프로젝트에서 설정한 각 모듈의 초기화 작업을 수행한다.

💬 예: USART 사용: _initialize_uart();
　　　 A/D 컨버터 사용: _initialize_adc();

powerOn_light_sensor() 함수는 조도 센서에 파워를 ON시킨다. 이를 위하여 ATmega128의 병렬포트 A의 PA1 신호에 1을 출력한다. while() 문에서 일정 시간 간격으로 read_light_sensor() 함수를 호출하고 여기에서는 get_light_adc_raw_data() 함수를 사용해 A/D 컨버터에서 조도센서의 값을 읽어온다. A/D 변환결과는 12비트이므로 0~1023(= 0x03FF) 값을 가진다. 이 값을 조도값으로 직접 사용하며 itoa() 함수를 사용해 ASCII 값으로 변환 후 puts() 함수를 사용해 USART 포트를 통해 시리얼 출력한다.

9-3 | 온도 센서 응용프로그래밍

타겟보드(센서노드)에 장착된 온도센서를 이용한 온도 측정 프로그램 예이다. 그림 9-10에 구성을 보였다. 온도 측정 프로그램은 ATmega128 내부의 A/D 컨버터를 사용해 온도 센서 값을 읽어와 결과 값을 시리얼 포트로 출력한다.

온도센서는 병렬포트 PF0(ADC0) 핀에 연결되어 있는 것으로 설정하였다. 온도센서의 파워 ON/OFF 스위치는 병렬포트 A의 PA0에 연결되어 있는 것으로 설정하였다. 센서보드가 다르면 여기서 사용하는 병렬포트 PF0, PA0 부분이 달라진다.

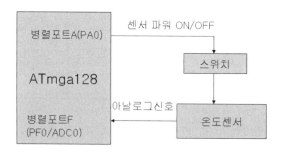

그림 9-10   온도센서 연결

먼저 커널 프로젝트를 생성한다. 이를 위해 메인화면의 새 프로젝트 생성 창에서 Qplus Target Builder → Nano Q + System Project 선택 후 프로젝트 이름(예: TempSensor_knl)을 입력한다. 그림 9-11의 메인화면 중앙의 에디터에서 Enable UART module, Enable LED module 항목을 선택하고 Enable ADC or Sensor module 아래의 Enable Temperature sensor 항목도 선택한다. 파일 저장 후 Target Builder → Build Nano

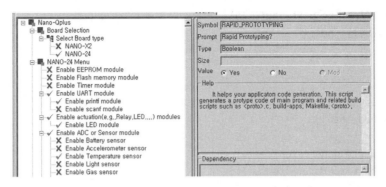

그림 9-11   온도 센서 커널 프로젝트 생성화면

Qplus 메뉴로 커널 프로젝트를 빌드한다.

다음 응용프로그램 프로젝트를 생성한다. 이를 위해 메인화면의 새 프로젝트 생성 창에서 Nano Esto Application → Esto C Project 선택 후 프로젝트 이름(예: TempSensor_Appl)을 입력하고 9-2절과 같이 커널 프로젝트 선택 창에서 앞에서 생성한 커널 프로젝트(TempSensor_knl)를 선택 후 종료 버튼을 누르면 응용프로그램 프로젝트가 생성된다. 이때 프로젝트 폴더에 init.c 파일과 TempSensor_Appl.c 파일도 함께 생성된다.

자동 생성된 TempSensor_Appl.c 파일에는 헤더 부분과 main() 함수의 기본 골격이 포함되어 있어 필요한 부분만 추가하면 된다. 다음은 TempSensor_Appl.c 파일의 주요 소스 내용이다.

```c
void read_temp_sensor(void) {
 unsigned int val_sensor, calibr, integer_part, fraction_part;
 BYTE    buf[10]={0,};

 val_sensor = get_temperature_adc_raw_data();
 calibr = (((val_sensor * 1000l) * 2.56) / 1024l);
 calibr -= 600;

 integer_part = calibr / 10;
 fraction_part = calibr % 10;

 puts("\n현재 온도 : ");
 itoa(integer_part, buf, 10);
 puts(buf); puts(".");
```

```
  itoa(fraction_part, buf, 10);
  puts(buf); puts(" 도 \n");
  return;
}

int main(void) {
unsigned int j;

initialize_nano_resources();
powerOn_temperature_sensor();
halWait(50000);halWait(50000);

j = 10;
LED_PROCESSING();

while(1) {
if (j==0) {
  j=10;
  TOGGLE_LED1();
  read_temp_sensor();
}
halWait(50000);
j--;
}
return 0;
}
```

메인 함수에서는 initialize_nano_resources() 함수를 호출해 프로그램에서 필요한 운영체제(NanoQplus)의 자원(USART 포트 , A/D 컨버터, 센서 모듈)들을 초기화한다. powerOn_temperature_sensor() 함수는 온도 센서의 파워를 ON시킨다. 이를 위하여 ATmega128의 병렬포트 A의 PA0 신호에 1을 출력한다.

read_temp_sensor()에서는 get_temperature_adc_raw_data() 함수를 사용해 A/D 컨버터에서 온도센서 값을 읽어온다. A/D 변환결과는 10비트이므로 0~1023(= 0x03FF) 값을 가진다. A/D 컨버터의 아날로그 입력이 A/D 컨버터의 내부 기준전압(= 2.56V)일 때 A/D 변환결과가 최대값이 되고 온도센서(여기서는 모델명: LM61)는 섭씨 온도 T일 때 출력전압이 10mv x T + 600mv 로 주어지므로 이 관계를 이용하면 A/D 변환값에서 온도를 계산할 수 있다. 아래는 소스에서 이를 구현한 부분이다.

```
val_sensor = get_temperature_adc_raw_data();
calibr = (((val_sensor * 1000l) * 2.56) / 1024l);
calibr -= 600;
```

다음 문에서 온도 값을 정수 부분과 소수점 이하 부분으로 나누고

```
integer_part = calibr / 10;
fraction_part = calibr % 10;
```

다음 문 itoa()로 정수 값과 소수점 이하 값을 ASCII 타입으로 변환 후 puts() 함수를 사용해 USART 시리얼 포트를 통해 출력한다.

```
itoa(integer_part, buf, 10);
puts(buf); puts(".");
itoa(fraction_part, buf, 10);
puts(buf); puts(" 도 \n");
```

센서노드 응용
프로그래밍

10-1 | 초음파 센서 응용

타겟보드(센서노드)에 장착된 초음파센서를 이용한 거리 측정 프로그램 예이다. 거리 측정을 위해 ATmega128 내부의 타이머/카운터와 외부 인터럽트를 사용한다. 초음파센서(여기서는 MA40B)는 송신용과 수신용 두 개로 구성되어 있다.

송신용 초음파센서에서 초음파 발신을 시작하고 동시에 카운터 동작을 시작한다. 초음파가 물체에 부딪친 후 반사되어 올 때까지 시간 지연이 발생한다. 수신용 초음파센서에 반사된 초음파가 수신되면 외부인터럽트를 사용해 카운터를 정시시키고 이때의 카운터 값으로 초음파 왕복 시간을 알 수 있으므로 이 왕복 시간에서 거리측정이 가능해진다.

여기서 송신용 초음파센서의 시작신호 ON/OFF는 병렬포트 F의 PF5 핀에 연결되어 있는 것으로 설정하였고 수신용 초음파센서의 수신음파 검출 신호는 외부 인터럽트7(INT7) 입력(병렬포트 E의 PE7과 겸용)에 연결되어 있는 것으로 설정하였다. 그림 10-1에 구성을 보였다. 센서보드가 다르면 여기서 사용하는 병렬포트 PF5, PE7 부분이 달라진다.

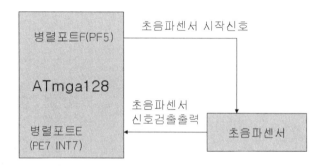

그림 10-1 초음파센서 구성

거리 측정을 위한 순서는 다음과 같다.

- 병렬포트 F의 데이터 방향을 설정하는 레지스터 DDRF(data direction register F)의 비트5를 1로 하여 PF5가 출력으로 동작하게 한다.
- 타이머/카운터3을 초기화한다.
- 외부 인터럽트 7(INT7)을 인에이블시킨다.
- 송신용 초음파센서 시작을 위해 병렬포트 F의 PF5로 1을 출력한다.
- 타이머/카운터3을 시작시킨다.

- INT7 발생 때까지 대기한다(카운트 업 동작은 계속된다).
- INT7이 발생하면 서비스루틴에서 타이머/카운터3을 정지시키고 그때의 TCNT3 레지스터 값을 읽어온다.
- 읽어온 값을 초 단위 시간(T)으로 환산 후 다음 식으로 거리를 계산한다.

$$거리 = T \times (음파의\ 1초간\ 전달속도)/2$$

(음파의 초속은 미터 단위로 $331.5 \times 0.61 \times$ 온도이며 15도에서 340m이다.)

초음파센서 관련 타이머/카운터3 제어 레지스터들의 기능은 다음과 같다.

- **TCNT3 레지스터**: 타이머/카운터3의 현재 16비트 카운터 값을 저장한다. 이 레지스터는 언제라도 읽기/쓰기가 가능하다.
- **TCCR3B 레지스터**: 프리스케일러 분주비, 동작모드 등을 설정한다. 그림 10-2에 각 비트를 보였다.

Bit	7	6	5	4	3	2	1	0	
	ICNC3	ICES3	–	WGM33	WGM32	CS32	CS31	CS30	TCCR3B
Read/Write	R/W	R/W	R	R/W	R/W	R/W	R/W	R/W	
Initial Value	0	0	0	0	0	0	0	0	

그림 10-2 TCCR3B 레지스터 각 비트

주요 비트 기능은 다음과 같다.

» **WGM33, WGM32 비트**: TCCR3A 레지스터의 비트 WGM31, WGM30과 함께 다양한 동작모드를 설정하는 데 사용한다. 4비트 모두 0이면 노멀(normal) 모드이다.

» **CS32~CS30 비트**: 클록 선택(clock select) 비트로서, 표 10-1과 같이 타이머/카운터의 프리스케일러를 거치는 클록의 분주비를 결정한다(1,0,0이면 분주비 256). 이 3개 비트가 모두 0,0,0이면 타이머/카운터 정지

표 10-1 클록 선택 비트

CS32 CS31 CS30	기능
0 0 0	타이머/카운터3 정지
0 0 1	÷ 1
0 1 0	÷ 8
0 1 1	÷ 64
1 0 0	÷ 256
1 0 1	÷ 1024

- **TCCR3A 레지스터**(timer/counter control register): 동작모드와 출력신호 동작을 설정한다. 그림 10-3에 각 비트를 보였다.

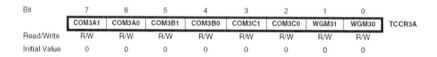

그림 10-3 TCCR3A 레지스터 각 비트

주요 비트 기능은 다음과 같다.

WGM31,WGM30이 모두 0,0이고 TCCR3B 레지스터의 비트 WGM33, WGM32도 0,0이면 노멀(normal) 모드이다. 노멀 모드에서는 TCNT3레지스터가 계속 증가(count up)하며 최대값 0xFFFF에서 0으로 될때 오버플로우(overflow) 인터럽트가 발생한다.

- **ETIMSK 레지스터**

  확장 타이머 인터럽트 마스크 레지스터이며 타이머/카운터1,3이 발생하는 인터럽트를 개별적으로 허용하는 인터럽트 마스크 기능을 수행한다. 타이머/카운터3의 오버플로우 인터럽트를 인에이블(enable)하기 위해서는 TOIE3비트를 1로 한다. 그림 10-4에 각 비트를 보였다.

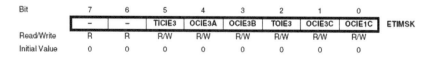

그림 10-4 ETIMSK 레지스터 비트

- **EICRB(external interrupt control register B) 레지스터**: 외부 인터럽트 INT4~INT7을 제어한다. 그림 10-5에 각 비트를 보였다.

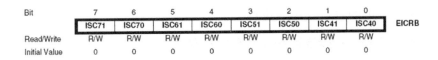

그림 10-5   EICRB 레지스터 각 비트

주요 비트 기능은 다음과 같다.

ICS71, ICS70가 외부인터럽트 INT7의 인터럽트 검출을 위한 에지(edge)/레벨(level)방식을 설정한다. ICS71, ICS70 = 1, 0이면 하강에지(falling edge)이고 1,1이면 상승에지에서 인터럽트를 검출한다. 외부인터럽트 INT7을 하강에지에서 동작시키려면 다음과 같이 EICRB 레지스터에 0x80을 넣으면 된다.
EICRB = 0x80; // INT7 하강에지에서 동작

- **EIMSK(external Interrupt mask register) 레지스터**: 외부 인터럽트 INT0~INT7을 개별적으로 마스크한다. 해당 비트가 1이면 인에이블(enable), 0이면 디스에이블(disable)이다. 그림 10-6에 각 비트를 보였다.

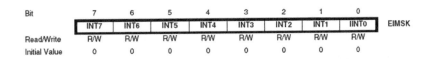

그림 10-6   EIMSK 레지스터 비트

외부 인터럽트 INT7을 인에이블로 설정하려면 다음과 같이 EIMSK 레지스터에 0x80을 넣으면 된다.
EIMSK = 0x80; //INT7 인에이블 설정

초음파센서를 사용한 거리 측정을 위한 타이머/카운터3 설정(초기화)은 다음과 같다.

- **타이머/카운터3은 노멀(normal) 모드로 사용**

  TCCR3B의 WGM33=0, WGM32=0, TCCR3A의 WGM31=0, WGM30=0

- **타이머/카운터3의 TCNT3을 0으로 한다.**

  TCNT3H=0x00; TCNT3L=0x00;

- **타이머/카운터3 오버플로우 인터럽트를 인에이블한다.**

  ETIMSK 레지스터의 TOIE3=1

  초음파센서에서 송신 시작 후 TCNT3가 0부터 카운트업이 시작되어 최대값 0xFFFF를 넘을 때까지 수신신호가 없으면 측정 실패이므로 이때 오버플로우 인터럽트가 발생한다.

- **프리스케일러 클록 분주비는 256으로 한다.**

  TCCR3B의 CS32, CS31, CS30 = 1, 0, 0

  이 값을 TCCR3B에 넣으면(TCCR3B = 0x04;) 이때부터 카운트업이 시작된다.

  CPU 클록 8MHz이고 분주비 256이면 카운터 클록은 8000000 ÷ 25 6= 31250Hz 즉 TCNT3레지스터는 1/31250 초마다 1씩 증가(count up).

  이후 INT7 발생 때까지 대기하고 INT7 발생하면 서비스루틴에서 타이머/카운터3을 정지시키고(TCCR3B = 0x00;) 그때의 TCNT3 레지스터 값을 읽어온다.

  읽어온 값을 31250으로 나누어 초 단위 시간(T)으로 환산 후 거리를 계산한다.

  거리 = T × (음파의 1초간 전달속도)/2
  (음파의 초속은 331.5 × 0.61 × 온도이며 15도에서 340m)

  거리측정을 위한 초음파 센서 프로그램 작성을 위해 먼저 커널 프로젝트를 생성한다. 메인화면에서 새 프로젝트 생성 메뉴를 실행해 Qplus Target Builder → Nano Q+ System Project 선택 후 프로젝트 이름(예: UltrasonicSensor_knl)을 입력한다. 그림 10-7의 메인화면 중앙의 에디터에서 Enable UART module, Enable LED module 및 Enable ADC or Sensor module 아래의 Enable ultra-sonic sensor 항목을 선택한다. 파일 저장 후 Target Builder → Build Nano Qplus 메뉴로 커널 프로젝트를 빌드한다.

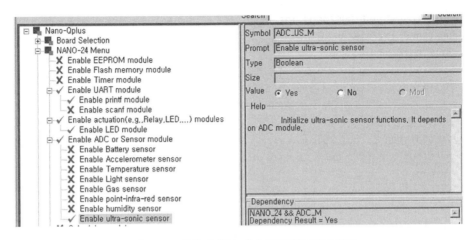

그림 10-7 초음파 센서 커널 프로젝트 생성 화면

　　다음 응용프로그램 프로젝트를 생성한다. 이를 위해 메인화면의 새 프로젝트 생성 창에서 Nano Esto Application → Esto C Project 선택 후 프로젝트 이름(예: UltrasonicSensor_Appl)을 입력하고 커널 프로젝트 선택 창에서 앞에서 생성한 커널 프로젝트(UltrasonicSensor_knl)를 선택 후 종료 버튼을 누르면 응용프로그램 프로젝트가 생성된다. 이때 프로젝트 폴더에 기본 골격만 갖춘 UltrasonicSensor_Appl.c 파일도 함께 생성된다.

　　다음은 UltrasonicSensor_Appl.c 파일의 주요 소스 내용이다.

```
extern volatile BYTE US_SIGNAL_DETECT_FLAG;

void sensor_start(void) {
us_timer3_cnt = 0;

US_SENSOR_TX_OFF();              // 센서 송신신호 OFF
US_TIMER_CNT_CLEAR();            // 타이머/카운터3 TCNT3 레지스터 0
US_TIMER_INTERRUPT_ENALBE();     // 타이머/카운터3 오버플로우 인터럽트 인에이블
US_RX_INTERRUPT_ENABLE();        // 외부인터럽트 INT7 인에이블
US_TIMER_START();                // 타이머/카운터3 시작
US_SENSOR_TX_ON();               // 센서 송신신호 ON
asm("sei");                      // 글로벌 인터럽트 인에이블(SREG의 I 비트=1)
}
```

```
void result_out(unsigned int count){
unsigned int distance;
BYTE buf[10]={0,};

distance = (((count * 340l * 100l) /31250l) / 2); //거리계산

puts("측정거리= ");
itoa(distance, buf,10);
puts(buf); puts(" cm"); puts("\n");
return;
}

int main(void) {
unsigned int i, ct3_val = 0;

initialize_nano_resources();
LED_PROCESSING();
for (i=0; i<10; i++) { halWait(50000); halWait(50000); }

sensor_start();                                    //센서 시작
while(1) {
 if (US_SIGNAL_DETECT_FLAG == 1){
     ct3_val = get_us_timer3_cnt();
     result_out(ct3_val);
     US_SIGNAL_DETECT_FLAG = 0;
     for (i=0; i<10; i++)   {
      halWait(50000); halWait(50000); }
     sensor_start();
     }
 }
return 0;
}
```

메인 함수에서 initialize_nano_resources() 함수를 호출해 운영체제(NanoQplus)의 각종 자원들을 초기화하고 다음 문에서 센서 안정을 위한 대기시간을 준다.

```
for (i=0; i<10; i++) { halWait(50000); halWait(50000); }
```

다음 sensor_start() 함수에서 초음파센서를 시작시킨다. 다음 US_SIGNAL_ DETECT_FLAG이 1이 될 때까지 while() 문에서 대기한다. 이 플랙은 초음파센서에서 나

온 신호가 물체에 부딪쳐 다시 수신되어 외부 인터럽트 INT7 발생시 1이 된다. 이 플래그이 1이 되면 get_us_timer3_cnt()함수에서 타이머/카운터3의 현재 TCNT3 레지스터값을 가져온다.

외부 인터럽트 INT7 서비스루틴인 ultrasonic_sensor_isr()은 타이머/카운터3을 정지시키고 그때의 TCNT3 값을 변수 us_timer3_cnt에 넣고 US_SIGNAL_DETECT_FLAG 플래그를 1로 한다. ultrasonic_sensor_isr()은 NanoQplus 설치 시 함께 설치된 adc_ultrasonic.c 파일 내에 위치하고 소스는 다음과 같다.

```
unsigned int us_timer3_cnt;

void ultrasonic_sensor_isr(void) {

US_TIMER_STOP();                  // 타이머/카운터3 정지
US_RX_INTERRUPT_DISABLE();        // 외부인터럽트 INT7 디스에이블
US_TIMER_INTERRUPT_DISALBE();     // 타이머/카운터3 오버플로우 인터럽트 디스에이블
asm("cli");                       // 글로벌 인터럽트 디스에이블(SREG의 I 비트=0)
us_timer3_cnt = TCNT3;            // 타이머/카운터3 TCNT3 레지스터값 읽어오기
US_SENSOR_TX_OFF();               // 센서 송신신호 OFF
US_SIGNAL_DETECT_FLAG = 1;
}
```

외부 인터럽트 INT7 서비스루틴에서 가져온 타이머/카운터3의 현재 TCNT3값을 result_out()함수로 보내어 여기서 다음 식으로 TCNT3값에서 거리를 환산한다.

```
distance = (((count * 340l * 100l) /31250l) / 2); //거리계산
```

다음 itoa()에서 ASCII 코드로 변환 후 puts() 사용해 결과를 시리얼 포트로 출력한다. 위 식에서 변수 count는 카운트 정지 시의 TCNT3 값이며 이를 31250으로 나누면 음파 왕복시간이 나온다. CPU 클록 8MHz이고 분주비 256이면 1/31250 초마다 1씩 카운트 값이 증가한다.

측정 거리는 (정지시의 TCNT3 값/31250) × (음파의 초속)/2이고 음파의 초속은 온도 15도일 때 340m이므로 위 식에서는 100을 곱하여 cm 단위로 환산하였다. 단 음파의 초속은 온도에 따라 다르므로(초속 = 331.5 × 0.61 × 온도) 정확도를 높이려면 현재 온도에 대한 음파의 초속을 환산할 필요가 있다.

10-2 | 센서네트워크 응용프로그램 예제 1

여기서는 센서네트워크 응용 프로그램의 예로써 그림 10-8과 같이 싱크(sink)노드와 두 개의 센서노드로 구성된 Zigbee 네트워크를 설명한다. Zigbee 네트워크는 구성이 소규모이고 노드 간 짧은 거리인 경우 이 그림과 같이 중앙에 데이터를 수집하는 역할을 하는 싱크노드와 주위에 다수의 센서노드가 위치한 스타 토폴로지(star topology) 형태로 흔히 구성된다. 이 경우 싱크노드가 Zigbee 네트워크 전체를 제어하는 PAN 코디네이터(coordinator)로 동작한다.

이 그림에서 타겟보드 1개는 싱크노드, 두 개는 센서노드로 각각 동작시켜 센서노드로부터 송신된 측정 데이터를 싱크노드가 수신해 결과를 서버(PC)로 시리얼 출력한다.

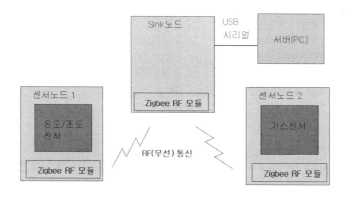

그림 10-8   센서네트워크 예 1

이 그림에서 싱크노드의 기능은 다음과 같다.

- PAN 코디네이터이며 고유한 16비트 단축 MAC 주소를 가진다.
- Zigbee 네트워크 전체 동작을 제어한다.
- 센서노드로부터 데이터를 수신하고 수신된 센서 값을 시리얼 포트를 통해 서버에게 출력한다.

센서노드 기능은 다음과 같다.

- PAN 코디네이터에게 Zigbee 네트워크 참가를 요청하고 16비트 단축 MAC 주소를 부여 받는다. 이를 association 동작이라고 한다.

- 코디네이터와 통신할 때만 수신 기능을 ON하여 전력소모를 감소한다.
- 센서로부터의 입력된 데이터를 무선으로 싱크노드(코디네이터)에게 전송한다.

싱크노드와 센서노드 사이의 데이터 전송에 사용되는 패킷 구조의 예를 그림 10-9에 보였다. 여기서 노드 ID는 각 노드를 구분하기 위한 것이고 센서 ID는 노드에서의 각 센서를 구분하기 위한 것이며 ADC는 센서의 A/D 변환결과(10비트)를 상위바이트와 하위바이트로 나누어 넣은 것이다.

8비트	8비트	8비트	8비트	8비트	8비트	
노드ID	패킷타입	센서개수	센서ID	ADC(상위)	ADC(하위)	....

그림 10-9 패킷 구조의 예

싱크노드 커널 프로젝트 생성과정은 다음과 같다.

- 새 프로젝트 창에서 프로젝트 이름(예: SinkTest_knl)을 입력한다.
- 그림 10-10과 같이 메인화면 중앙의 에디터에서 Enable UART module, Enable LED module 및 Enable Zigbee RF module을 선택하고 Enable Zigbee RF module 아래의 IEEE 802.15.4 MAC module 항목을 선택한 후 다음 항목을 추가로 입력한다.

Node Type = SINK
Default Application Node ID = 0
Is it PAN Coordinator node = TRUE

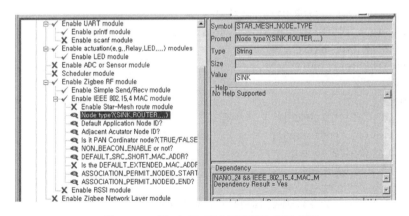

그림 10-10 싱크노드 커널 프로젝트 생성 화면

ASSOCIATION_PERMIT_NODEID_START = 0001

ASSOCIATION_PERMIT_NODEID_END = 0007

- 위와 같이 설정 후 File → Save하여 저장하고 Target Builder → Build Nano Qplus 메뉴로 커널 프로젝트를 빌드한다.

싱크노드 응용프로그램 프로젝트 생성을 위해서는 앞에서의 예들과 마찬가지로 메인화면 새 프로젝트 창에서 Nano Esto Application → Esto C Project 선택 후 프로젝트 이름 (예: SinkTest_Appl)을 입력하고 커널 프로젝트 선택 창에서 앞에서 생성한 커널 프로젝트 (SinkTest_knl)를 선택 후 종료 버튼을 누르면 프로젝트가 생성된다. 다음 골격만 생성된 SinkTest_Appl.c 파일에 필요한 소스 부분을 추가한다.

다음은 SinkTest_Appl.c의 주요 소스 내용이다.

```c
void recv_data_proc(ADDRESS* srcAddr, UINT8 nbyte, BYTE* pMsdu){
BYTE pk_tmp, pk_tmp2, k, id ;
BYTE buffer[10]={0,};

pk_tmp = (BYTE)(pMsdu[0]);
itoa(pk_tmp, buffer,16);
puts(buffer); puts("/");

pk_tmp2 = (BYTE)(pMsdu[1]);
itoa(pk_tmp2, buffer,16);
Puts(buffer); puts("/");
k = 2;
if(pk_tmp2 == SENSOR_DATA_PACKET) {
  pk_tmp = (BYTE)(pMsdu[k]); //sensor 갯수
  itoa(pk_tmp, buffer,16);
  puts(buffer); puts("/");
  k++;
  do{
    id = (BYTE)(pMsdu[k]);//센서 ID
    itoa(id, buffer,16);
    puts(buffer); puts("/");
    if(id==0) break;

    pk_tmp = (BYTE)(pMsdu[k+1]); //A/D 변환 상위바이트
```

```
            itoa(pk_tmp, buffer,16);
            puts(buffer); puts("/");

            pk_tmp = (BYTE)(pMsdu[k+2]); //A/D 변환 하위바이트
            itoa(pk_tmp, buffer,16);
            puts(buffer); puts("/");

            k+=3;
            id=(BYTE)(pMsdu[k]);
        }while(id!=0);
    }
    puts("\n");
}

void rf_recv_data(ADDRESS *srcAddr, INT8 nbyte, BYTE *data) {

    recv_data_proc(srcAddr,nbyte,data);
    return;

}

int main(void) {

    initialize_nano_resources();
    halWait(50000); halWait(50000);

    mlme_ll_link_start(NULL,rf_recv_data);

    return 0;
}
```

메인 함수에서는 initialize_nano_resources() 함수를 호출해 운영체제(NanoQplus)의 각종 자원들을 초기화한다. 다음 mlme_ll_link_start()에서는 MAC 링크층의 데이터 수신 동작을 시작한다. 센서노드가 보내온 패킷이 수신되면 rf_recv_data() 함수가 실행되고 이 함수 내에서 다시 recv_data_proc() 함수가 호출된다. 이 함수에서는 수신된 패킷에서 그림 10-10에 보인 패킷 구조에 따라 각 부분의 데이터를 추출한다. recv_data_proc() 함수에서 먼저 pk_tmp = (BYTE)(pMsdu[0]); 문에서 노드 ID를 추출한 후 itoa()에서 ASCII로 변환 후 puts()로 시리얼 출력한다. 다음 pk_tmp2 = (BYTE)(pMsdu[1]); 문에서

패킷타입을 추출한 후 itoa()에서 ASCII로 변환 후 puts()로 시리얼 출력한다. 각 데이터 사이에는 '/'를 넣는다. 이와 같은 과정을 수신패킷의 나머지 부분에 대해서도 반복한다.

다음 문에서 수신패킷에서 추출한 패킷타입이 유효한 값이면 센서 개수를 추출하고 do() 루프에서 각 센서에 대해 센서 ID, A/D변환 상위바이트, A/D변환 하위바이트를 각각 추출하여 itoa()에서 ASCII로 변환 후 puts()로 시리얼 출력한다

```
if(pk_tmp2 == SENSOR_DATA_PACKET) {
  pk_tmp = (BYTE)(pMsdu[k]); //sensor 갯수
  itoa(pk_tmp, buffer,16);
  puts(buffer); puts("/"); k++;
  do{
      id = (BYTE)(pMsdu[k]);
      ..............
      pk_tmp = (BYTE)(pMsdu[k+1]);
      ..............
      pk_tmp = (BYTE)(pMsdu[k+2]);

 }while(id!=0);
```

전체 노드 동작 시 서버의 터미널화면 출력 예는 다음과 같다.

1/1/2/1/0/2a/2/0/1c

여기서 노드 ID가 1인 센서노드가 패킷 타입 1인 패킷을 보내왔으며 센서개수는 2개, 센서 ID 1인 온도센서의 A/D변환 상위바이트 = 0, A/D변환 하위바이트 = 0x2a이고 센서 ID 2인 조도센서의 A/D변환 상위바이트 = 0, A/D변환 하위바이트 = 0x1c임을 나타낸다.

싱크노드 응용프로그램 프로젝트에서 생성된 init.c 소스의 initialize_nano_resources() 에서는 커널 설정 과정에서 그림 10-10과 같이 Zigbee 항목(Enable Zigbee RF module)을 선택했으므로 다음 함수들이 추가되었다.

```
_initialize_zigbee();
_initialize_app_node_param();
_initialize_mac_protocol();
```

init.c 소스의 주요부분은 다음과 같다.

```
extern void _initialize_mac_protocol(void);
void initialize_nano_resources (void)
{
.........
 _initialize_uart();
// _initialize_printf();
 //_initialize_adc();
_initialize_led();
 //_initialize_scheduler();
 _initialize_zigbee();
 _initialize_app_node_param();
 _initialize_mac_protocol();
.........
sei();
}
```

위에서 _initialize_app_node_param() 함수는 아래와 같은데 여기 있는 항목들은 앞에서 설명한 커널 프로젝트 생성 시 입력한 값들인 것을 알 수 있다.

```
void _initialize_app_node_param(void) {
  DEFAULT_APPLICATION_NODE_ID = 0;
  ADJACENT_ACTUATOR_NODE_ID = 0;
  THIS_IS_ACTUATOR_NODE = FALSE;
  THIS_NODE_PAN_COORDINATION_ENABLE = TRUE;
  DEFAULT_SRC_SHORT_MAC_ADDR = 0x0000+DEFAULT_APPLICATION_NODE_ID;
  DEFAULT_COORD_SHORT = DEFAULT_SRC_SHORT_MAC_ADDR;
  ASSOCIATION_PERMIT_NODEID_START = 0001;
  ASSOCIATION_PERMIT_NODEID_END = 0007;
}
```

첫 번째 센서노드 커널 프로젝트 생성 과정은 다음과 같다.

• 새 프로젝트 창에서 프로젝트 이름(예: Sensor_1Test_knl)을 입력한다.

• 그림 10-11과 같이 메인화면 중앙의 에디터에서 Enable UART module, Enable LED module 선택하고 Enable ADC or Sensor module 아래의 Enable Temperarure sensor와 Enable Light sensor를 선택한다. 다음 Enable Zigbee RF module을 아래의 IEEE 802.15.4 MAC module 항목을 선택한 후 다음 항목을 추가로 입력한다.

Node Type = SENSOR

Default Application Node ID = 1

Is it PAN Coordinator node = FALSE

- 위와 같이 설정하여 File → Save하여 저장 후 Target Builder → Build Nano Qplus메 뉴로 커널 프로젝트를 빌드한다.

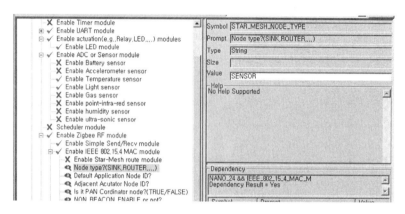

그림 10-11 첫 번째 센서노드 커널 프로젝트 생성 화면

첫 번째 센서노드 응용프로그램 프로젝트 생성을 위해서는 앞에서의 예들과 마찬가지로 메인화면 새 프로젝트 창에서 Nano Esto Application → Esto C Project 선택 후 프로젝트 이름(예: Sensor_1Test_Appl)을 입력하고 다음 커널 프로젝트 선택 창에서 앞에서 생성한 커널 프로젝트(Sensor_1Test_knl)를 선택 후 종료하면 프로젝트가 생성된다. 다음 골격만 생성된 Sensor_1Test_Appl.c 파일에 필요한 소스 부분을 추가한다.

다음은 Sensor_1Test_Appl.c의 주요 소스 내용이다.

```
BYTE tmpbuf[RF_MAX_PAYLOAD_SIZE];
void send_sensor_data(void) {
unsigned int adc_val, j, k, m;
BYTE tmpbyte; BYTE sbuf[15];
BYTE sindex; BYTE num;

for(j=0; j<MAX_PACKET_BUFF_SIZE; j++) tmpbuf[j] = 0;
for(j=0; j<15; j++) sbuf[j]=0;
```

```
k = 0; num = 0; m = 0;

tmpbyte = DEFAULT_APPLICATION_NODE_ID;
tmpbuf[k] = tmpbyte; //노드 ID
k++;

tmpbyte = SENSOR_DATA_PACKET;
tmpbuf[k] = tmpbyte; //패킷 타입
k++;
adc_val = get_temperature_adc_raw_data();

num++;   //센서개수
tmpbyte = (BYTE)TEMP_SENSOR;
sbuf[m] = tmpbyte; //Sensor ID=1
m++;
sbuf[m] = (BYTE)(0xFF&(adc_val >>8));
m++;
sbuf[m] = (BYTE)(0xFF& adc_val);
m++;
adc_val = get_light_adc_raw_data();
num++; //센서개수 1증가

tmpbyte = (BYTE)LIGHT_SENSOR;
sbuf[m]= tmpbyte; //센서 ID=2
m++;
sbuf[m] = (BYTE)(0xFF&(adc_val >>8));
m++;
sbuf[m] = (BYTE)(0xFF& adc_val);

m++;

tmpbuf[k] = num; //센서개수=2
k++;

 for(j=0; j<m; j++) {
   tmpbuf[k] = sbuf[j]; //sensor data
   k++;
 }

nano_rf_send_pkt(&global_my_coordAddr, k, tmpbuf, TX_OPT_ACK_REQ));
return;
```

```
}

int main(void) {
unsigned int k;
initialize_nano_resources();

powerOn_temperature_sensor();
powerOn_light_sensor();
halWait(50000); halWait(50000);

mlme_ll_link_start(NULL,rf_recv_data);

k = 20;
while(1) {
if (k==0) {
  k=20;
 send_sensor_data();
}
halWait(50000);
k--;
}
return 0;
}
```

메인 함수에서는 initialize_nano_resources() 함수를 호출해 운영체제(NanoQplus) 의 각종 자원들을 초기화한다. 다음 powerOn_temperature_sensor()와 powerOn_ light_sensor()를 사용해 온도센서와 조도센서의 파워를 ON한다. mlme_ll_link_start() 에서는 MAC 링크층의 데이터 수신 동작을 시작한다. 다음 while() 루프 내에서 주기적으로 send_sensor_data() 함수를 실행하여 센서에서 입력된 데이터를 송신한다.

send_sensor_data()에서는 A/D 컨버터에서 센서값을 가져와 상위바이트와 하위바이트 별로 그림 10-10에 보인 패킷 포맷에 넣는 과정을 전체 센서에 대해 반복한다.

```
adc_val = get_temperature_adc_raw_data();
     ...........
m++;
sbuf[m] = (BYTE)(0xFF&(adc_val >>8)); //ADC 상위바이트
m++;
sbuf[m] = (BYTE)(0xFF& adc_val);       //ADC 하위바이트
```

다음 문에서는 수집된 센서 데이터를 임시버퍼 tmpbuf[]에 넣은 후 nano_rf_send_pkt ()함수를 사용해 무선으로 전송한다.

```
for(j=0; j<m; j++) {
  tmpbuf[k] = sbuf[j];
  k++;
}
nano_rf_send_pkt(&global_my_coordAddr, k, tmpbuf, TX_OPT_ACK_REQ));
```

임시버퍼 tmpbuf[]에는 그림 10-10에 보인 패킷 포맷에 따라 노드 ID, 패킷 타입, 센서 개수, 센서 ID, ADC 상위 바이트, ADC 하위 바이트 순으로 들어간다. 여기서 노드 ID는 앞의 커널 프로젝트 설정 과정에서 입력한 Default Application Node ID 값이며(=1) 패킷 타입=1, 센서 개수 = 2, 센서 ID는 온도센서 = 1, 조도센서 = 2이다.

두 번째 센서노드 커널 프로젝트 생성 과정은 다음과 같다.

- 새 프로젝트 창에서 프로젝트 이름(예: Sensor_2Test_knl)을 입력한다.
- 메인화면 중앙의 에디터에서 Enable UART module, Enable LED module을 선택하고 Enable ADC or Sensor module 아래의 Enable Gas sensor를 선택한다. 다음 Enable Zigbee RF module을 선택하고 Enable Zigbee RF module 아래의 IEEE 802.15.4 MAC module 항목을 선택한 후 다음 항목을 추가로 입력한다.

Node Type = SENSOR
Default Application Node ID = 2(첫 번째 센서노드는 1이었다.)
Is it PAN Coordinator node = FALSE

- 위와 같이 설정 후 File → Save하여 저장한 후 Target Builder → Build Nano Qplus 메뉴로 커널 프로젝트를 빌드한다.

두 번째 센서노드 응용프로그램 프로젝트 생성을 위해서는 앞에서의 예들과 마찬가지로 메인화면 새 프로젝트 창에서 Nano Esto Application → Esto C Project를 선택한 후 프로젝트 이름(예: Sensor_2Test_Appl)을 입력하고 Next 버튼을 누른 후 커널 프로젝트 선택 창에서 앞에서 생성한 커널 프로젝트(Sensor_2Test_knl)를 선택하여 Finish 버튼을 누르면 프로젝트가 생성된다. 다음 골격만 생성된 Sensor_2Test_Appl.c 파일에 필요한 소스 부분을 추가한다.

다음은 Sensor_2Test_Appl.c의 주요 소스 내용이다.

```c
BYTE tmpbuf[RF_MAX_PAYLOAD_SIZE];

void send_sensor_data(void) {
 unsigned int adc_val, j, k, m;
 BYTE tmpbyte; BYTE sbuf[15];
 BYTE sindex; BYTE num;

 for(j=0; j<MAX_PACKET_BUFF_SIZE; j++) tmpbuf[j] = 0;

 for(j=0; j<15; j++) sbuf[j]=0;
 k = 0; num = 0; m = 0;

 tmpbyte = DEFAULT_APPLICATION_NODE_ID;
 tmpbuf[k] = tmpbyte;
 k++;

 tmpbyte = SENSOR_DATA_PACKET;
 tmpbuf[k] = tmpbyte;
 k++;
adc_val = get_gas_adc_raw_data();

 num++;   //센서갯수

tmpbyte = (BYTE)GAS_SENSOR;
sbuf[m] = tmpbyte; m++;
sbuf[m] = (BYTE)(0xFF&(adc_val >>8));
m++;
sbuf[m] = (BYTE)(0xFF& adc_val);
m++;

tmpbuf[k] = num; //센서갯수=1
k++;

 for(j=0; j<m; j++) {
   tmpbuf[k] = sbuf[j];
   k++;
 }
```

```
    nano_rf_send_pkt(&global_my_coordAddr, k, tmpbuf, TX_OPT_ACK_REQ));
    return;
}

int main(void) {
unsigned int k;

initialize_nano_resources();

powerOn_gas_sensor();

halWait(50000); halWait(50000);

mlme_ll_link_start(NULL,rf_recv_data);

k = 20;
while(1) {
if (k==0) {
  k=20;
 send_sensor_data();
}
halWait(50000);
k--;
}
return 0;
}
```

메인 함수에서는 initialize_nano_resources() 함수를 호출해 운영체제(NanoQplus)
의 각종 자원들을 초기화한다. 다음 powerOn_gas_sensor() 함수를 사용해 가스센서의
파워를 ON한다. mlme_ll_link_start()에서는 MAC 링크층의 데이터 수신 동작을 시작한
다. 다음 while() 루프 내에서 주기적으로 send_sensor_data() 함수 실행하여 센서에서 입
력된 데이터를 송신한다.

send_sensor_data()에서는 그림 10-10 패킷 포맷에 따라 노드 ID, 패킷 타입, 센서 개
수, 센서 ID, ADC 상위바이트, ADC 하위바이트를 임시버퍼 tmpbuf[]에 넣고 nano_
rf_send_pkt() 함수로 송신한다. 여기서 노드 ID는 커널 프로젝트 설정 과정에서 입력한
Default Application Node ID 값이며(= 2), 패킷 타입은 1, 센서 개수는 1, 센서 ID는 가
스센서의 경우 5이다.

10-3 | 센서네트워크 응용프로그램 예제 2

여기서는 센서네트워크 응용 프로그램의 예로써 그림 10-12와 같이 싱크노드와 1개의 액츄에이터(actuator) 노드, 1개의 센서노드로 구성된 Zigbee 네트워크 응용 프로그램 예를 설명한다. 센서노드는 Zigbee 네트워크 전체를 제어하는 PAN 코디네이터(coordinator)인 싱크노드에게 센서값을 송신하고 싱크노드는 이 값에 의해 액츄에이터 노드에게 제어 데이터를 보내어 릴레이를 ON/OFF시켜 여기에 부착된 기기를 제어한다. 예를 들어 조도센서노드에서 전송된 값이 기준치 이하이면 싱크노드는 액츄에이터 노드에게 제어신호를 보내 전등을 ON시킨다.

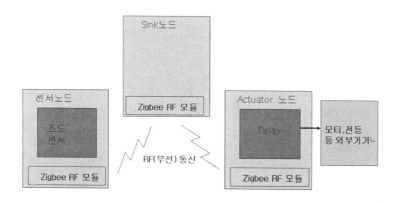

그림 10-12   센서네트워크 예 2

싱크노드와 액츄에이터 노드 및 센서노드 사이에 전송되는 패킷구조 예를 그림 10-13에 보였다. 여기서 노드 ID는 각 노드를 구분하며 명령어 타입은 명령어를 구분하고 디바이스 타입은 액츄에이터 노드인지 센서노드인지를 구분한다. 데이터는 센서노드인 경우 센서의 A/D 변환값이고 액츄에이터 노드인 경우 상태(status) 값이다.

8비트	8비트	8비트	8비트	가변길이
0x00	노드 ID	명령어타입	디바이스타입	데이터

그림 10-13   패킷구조 예

싱크노드 커널 프로젝트 생성 과정은 10-2절의 경우와 동일하며 아래에 다시 보였다.

- 새 프로젝트 창에서 프로젝트 이름(예: SinkTest_knl)을 입력한다.
- 메인화면 중앙의 에디터에서 Enable UART module, Enable LED module, Enable Zigbee RF module을 선택하고 Enable Zigbee RF module 아래의 IEEE 802.15.4 MAC module 항목을 선택한 후 다음 항목을 추가로 입력한다.

Node Type = SINK
Default Application Node ID = 0
Is it PAN Coordinator node = TRUE
ASSOCIATION_PERMIT_NODEID_START = 0001
ASSOCIATION_PERMIT_NODEID_END = 0007

- 위와 같이 설정한 후 File → Save하여 저장 후 Target Builder → Build Nano Qplus 메뉴로 커널 프로젝트를 빌드한다.

싱크노드 응용프로그램 프로젝트 생성 과정도 10-2절의 경우와 동일하다. 즉 메인화면 새 프로젝트 창에서 Nano Esto Application → Esto C Project를 선택 후 프로젝트 이름(예: SinkTest_Appl)을 입력하고 다음의 커널 프로젝트 선택 창에서 앞에서 생성한 커널 프로젝트(SinkTest_knl)를 선택 후 종료하면 프로젝트가 생성된다. 다음 골격만 생성된 SinkTest_Appl.c 파일에 필요한 소스 부분을 추가한다.

다음은 SinkTest_Appl.c의 주요 소스 내용이다.

```
.........
#define LIGHT_THRESHOLD  300

unsigned char tmp_buff[20];
unsigned char index = 0;

void rf_recv_data(ADDRESS *srcAddr, INT8 nbyte, BYTE *data) {
 unsigned char node_id, cmd = 0, status = 0;

 node_id = data[1]; // 노드 ID
 cmd = data[2];     // 명령어 타입

 if(cmd==0xFF) act_control(data); // 센서노드 0xFF
 else if(cmd== 0x00) {
```

```
    status = data[4];
    if(status == 0xFF) puts("스위치 ON\n");          //엑추에이터 ON
    else if(status == 0x00) puts("스위치 OFF\n"); //엑추에이터 OFF
    else puts("상태 에러\n");
}

void act_control(unsigned char *data) {
 unsigned int adc_val = 0;
 adc_val = (data[4] * 0x100) + data[5]; //조도센서 A/D변환값

 if(adc_val < LIGHT_THRESHOLD) {
     index = 0;
     tmp_buff[index] = 0x00;
     index++;
     tmp_buff[index] = 0x02;    //노드 ID
     index++;
     tmp_buff[index] = 0x00;    //명령어 타입(엑추에이터 노드)
     index++;
     tmp_buff[index] = 0x01;    //디바이스 타입
     index++;
     tmp_buff[index] = 0xFF;    //엑추에이터 ON
     index++;
     send_packet(); }
 else {
     index = 0;
     tmp_buff[index] = 0x00;
     index++;
     tmp_buff[index] = 0x02;    //노드 ID
     index++;
     tmp_buff[index] = 0x00;    //명령어 타입(엑추에이터 노드)
     index++;
     tmp_buff[index] = 0x01;    //디바이스 타입
     index++;
     tmp_buff[index] = 0x00;    //엑추에이터 OFF
     index++;
     status = 0x01;
     send_packet();
 }
}

void send_packet() {
 unsigned int k = 0;
```

```
    ADDRESS destAddress;

    for(k = 0; k < 20; k++)
        buffer[k] = 0;

    for(k = 0; k < index; k++)
        buffer[k] = tmp_buff[k];

    destAddress.Short = (WORD)(buffer[1] + ASSOCIATION_BASE_ADDRESS);

    nano_rf_send_pkt(&destAddress, index, buffer, TX_OPT_ACK_REQ);

    index = 0;
    return;
}

int main(void) {
    initialize_nano_resources();

    mlme_ll_link_start(NULL,rf_recv_data);

    puts("싱크노드 시작... \n");
    while(1) {
        halWait(1000);
    }

    return 0;
}
```

메인 함수에서는 initialize_nano_resources() 함수를 호출해 운영체제(NanoQplus)의 각종 자원들을 초기화한다. mlme_ll_link_start()에서는 MAC 링크층의 데이터 수신 동작을 시작한다. 센서노드가 보내온 패킷이 수신되면 rf_recv_data() 함수가 실행된다.

rf_recv_data()에서는 그림 10-13의 패킷 구조를 가진 수신된 패킷에서 노드 ID와 명령어 타입을 추출하고 명령어 타입이 0xFF이면 센서에서 보내온 데이터패킷으로 인식해서 act_control() 함수를 호출한다.

act_control() 함수에서는 adc_val = (data[4] * 0x100) + data[5]; 문을 사용해 16비트 조도센서 값(실제는 10비트)을 얻는다. 이 값이 조도 기준치보다 작으면 액츄에이터 노드로 전송할 패킷의 데이터 부분에는 0xFF를 넣고(스위치 ON 동작), 조도센서 값이 조도 기준치보다 크면 데이터 부분에 0x00을 넣어(스위치 OFF 동작) send_packet() 함수를 호출한다. send_packet() 함수에서는 nano_rf_send_pkt() 함수를 사용해 액추에이터 노드에게 실제 패킷을 송신한다.

센서노드 커널 프로젝트 생성과정은 다음과 같다.

- 새 프로젝트 창에서 프로젝트 이름(예: SensorTest_knl)을 입력한다.
- 10-2절의 그림 10-11과 같이 메인화면 중앙의 에디터에서 Enable UART module, Enable LED module을 선택하고 Enable ADC or Sensor module 아래의 Enable Light sensor를 선택한다. 다음 Enable Zigbee RF module 아래의 IEEE 802.15.4 MAC module 항목을 선택한 후 다음 항목을 추가로 입력한다.

Node Type = SENSOR
Default Application Node ID = 1
Is it PAN Coordinator node = FALSE

- 위와 같이 설정한 후 File → Save하여 저장 후 Target Builder → Build Nano Qplus 메뉴로 커널 프로젝트를 빌드한다.

센서노드 응용프로그램 프로젝트 생성을 위해서는 앞에서의 예들과 마찬가지로 메인화면 새 프로젝트 창에서 Nano Esto Application → Esto C Project를 선택 후 프로젝트 이름(예: SensorTest_Appl)을 입력하고 다음 커널 프로젝트 선택 창에서 앞에서 생성한 커널 프로젝트(SensorTest_knl)를 선택 후 종료하면 프로젝트가 생성된다. 다음 골격만 생성된 SensorTest_Appl.c 파일에 필요한 소스 부분을 추가한다.

다음은 SensorTest_Appl.c의 주요 소스 내용이다.

```
...........
BYTE tmpbuf[20];

void *start(void *arg) {
 unsigned int j = 0;

 while(1) {
   for(j = 0; j < 10; j++) {
     halWait(50000); }
```

```
        send_sensor_data(NULL);
 }
 return NULL;
}

void send_sensor_data(void *arg) {
 light_sensor_packet_send();
 return ;
}

void light_sensor_packet_send(void) {
 unsigned int adc_val, i;
 BYTE tmpbyte, k;

 for(i=0; i<20; i++) tmpbuf[i] = 0;
 k = 0;

 tmpbuf[k] = 0x00; //패킷 첫 번째 바이트
 k++;

 tmpbuf[k] = 0x01; //노드 ID=1
 k++;

 tmpbuf[k] = 0xFF; //명령어 타입=0xFF(센서)
 k++;

 tmpbuf[k] = 0x01; //디바이스 타입
 k++;

 adc_val = get_light_adc_raw_data();
 tmpbuf[k] = (BYTE)(0xFF&(adc_val >>8)); //센서 A/D 변환값 상위바이트
 k++;
 tmpbuf[k] = (BYTE)(0xFF& adc_val);        //센서 A/D 변환값 하위바이트
 k++;

 nano_rf_send_pkt(&global_my_coordAddr, k+2, tmpbuf, TX_OPT_ACK_REQ);

 return;
}

int main(void) {
```

```
    initialize_nano_resources();
    powerOn_light_sensor();

    mlme_ll_link_start(NULL,rf_recv_data);

    (*start)((void *)0);

    return 0;
}
```

메인 함수에서는 initialize_nano_resources() 함수를 호출해 운영체제(NanoQplus)
의 각종 자원들을 초기화하고 powerOn_light_sensor() 함수로 센서 파워를 ON한다.
mlme_ll_link_start() 함수에서는 MAC 링크층의 데이터 수신 동작을 시작한다.

함수 start()에서는 while() 문에서 주기적으로 send_sensor_data( )함수를 호출하고
이 함수에서는 light_sensor_packet_send()를 사용해 조도센서 데이터 패킷을 전송한다.
light_sensor_packet_send()에서는 임시버퍼에 그림 10-13의 패킷 구조에 따라 노드 ID,
명령어 타입(0xFF일 때 센서노드 패킷), 디바이스 타입을 각각 넣고 get_light_adc_raw_
data() 함수를 사용해 얻은 조도센서 값을 데이터 부분에 2바이트로 넣는다. 이와 같이 구
성된 데이터를 nano_rf_send_pkt() 함수를 사용해 실제 패킷으로 송신한다.

액츄에이터 노드 커널 프로젝트 생성 과정은 다음과 같다. 액츄에이터 노드는 4개의 릴
레이가 장착되어 있어 여기에 부착된 외부 디바이스의 ON/OFF를 제어한다. 액츄에이터 노
드는 싱크노드와 Zigbee 무선 통신을 하므로 커널 프로젝트 설정 시 Zigbee RF module
을 인에이블 상태로 선택해야 한다.

- 새 프로젝트 창에서 프로젝트 이름(예: ActuatorTest_knl)을 입력한다.
- 그림 10-14와 같이 메인화면 중앙의 에디터에서 Enable UART module, Enable LED
  module, Enable Zigbee RF module을 선택하고 Enable Zigbee RF module 아래의
  IEEE 802.15.4 MAC module 항목을 선택한 후 다음 항목을 추가로 입력한다.

  Node Type = ACTUATOR
  Default Application Node ID = 2
  Is it PAN Coordinator node = FALSE

- 위와 같이 설정한 후 File → Save하여 저장 후 Target Builder → Build Nano Qplus
  메뉴로 커널 프로젝트를 빌드한다.

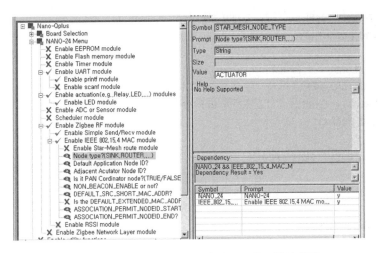

그림 10-14 액츄에이터 노드 커널 프로젝트 생성 화면

액츄에이터 노드 응용프로그램 프로젝트 생성을 위해서는 앞에서의 예들과 마찬가지로 메인화면 새 프로젝트 창에서 Nano Esto Application → Esto C Project를 선택 후 프로젝트 이름(예: ActuatorTest_Appl)을 입력하고 다음 커널 프로젝트 선택 창에서 앞에서 생성한 커널 프로젝트(ActuatorTest_knl)를 선택 후 종료하면 프로젝트가 생성된다. 다음 골격만 생성된 ActuatorTest_Appl.c 파일에 필요한 소스 부분을 추가한다.

다음은 ActuatorTest_Appl.c의 주요 소스 내용이다.

```
.............
BYTE status = 0x00;

void rf_recv_data(ADDRESS *srcAddr, INT8 nbyte, BYTE *data) {
 BYTE cmd = 0, val = 0;
 unsigned char buff[7];

 cmd = data[2];
 if((cmd == 0x00) puts("명령어 OK\n"); //엑추에이터 명령어
 else { puts("잘못된 명령어\n"); return;}

 val = data[4];      //엑추에이터 ON(=0xFF)/OFF(=0x00)

 if(val == 0xFF) {
  ACTUATOR1_ON();    //릴레이(엑추에이터) 1번 ON
```

```c
        status = 0xFF;    // 릴레이 ON 상태
        send_packet();
   }
   else if(val == 0x00){
      ACTUATOR1_OFF();
      status = 0x00;    // 릴레이 OFF 상태
      send_packet();
   }
   else { puts("잘못된 값\n"); return; }


}

BYTE tmpbuf[20];

void send_packet() {
 unsigned int k = 0;
 BYTE tmpbyte = 0;

 for(k = 0; k < 20; k++)
     tmpbuf[k] = 0;
 k = 0;

 tmpbuf[k] = 0x00;
 k++;

 tmpbuf[k] = 0x02;    //노드 ID
 k++;

 tmpbuf[k] = 0x00;    //명령어 타입(엑추에이터 노드=0x00)
 k++;

 tmpbuf[k] = 0x01;    //디바이스 타입
 k++;

 tmpbuf[k] = status; //데이터 부분
 k++;

 nano_rf_send_pkt(&global_my_coordAddr, k, tmpbuf, TX_OPT_ACK_REQ))
 }

int main(void) {
```

```
    initialize_nano_resources();

    mlme_ll_link_start(NULL,rf_recv_data);

    while(1) {
        halWait(50000);
    }

    return 0;
}
```

메인 함수에서는 initialize_nano_resources() 함수를 호출해 운영체제(NanoQplus)
의 각종 자원들을 초기화한다. mlme_ll_link_start() 함수에서는 MAC 링크층의 데이터
수신 동작을 시작한다. 싱크노드가 보내온 패킷이 수신되면 rf_recv_data() 함수가 실행된다.

rf_recv_data()에서는 그림 10-13의 패킷 구조를 가진 수신된 패킷에서 명령어 타입
을 추출하고 조건이 맞으면 데이터 부분의 값이 0xFF인지 0x00인지 확인해 0xFF이면
ACTUATOR1_ON() 함수를 불러 엑추에이터 노드의 릴레이 1번을 ON시킨다. 릴레이에
는 전등 스위치가 연결되어 있어 전등이 켜진다. 이는 센서노드에서 측정한 조도 값이 기준
치 이하이어서 싱크노드에서 패킷의 데이터 부분의 값을 0xFF로 한 패킷을 전송한 경우이
다. 수신된 패킷의 데이터 부분 값이 0x00이면 ACTUATOR1_OFF() 함수를 불러 엑추에
이터 노드의 릴레이 1번을 OFF 시킨다. 이는 센서노드에서 측정한 조도 값이 기준치 이상
이어서 싱크노드에서 패킷의 데이터부분의 값을 0x00으로 한 패킷을 전송한 경우이다.

send_packet() 함수에서는 싱크노드에게 전송할 패킷을 구성해서 송신한다. 그림
10-13의 패킷 구조에 따라 임시버퍼 tmpbuf[]에 노드 ID, 명령어 타입 등을 넣고 마지막 데
이터 부분에 릴레이 ON/OFF 상태를 나타내는 값을 넣은 후 nano_rf_send_pkt()함수를
사용해 송신한다.

찾아보기